DELIUS KLASING

MARC BIELEFELD

Logbuch der Leidenschaft

GESCHICHTEN, DIE NUR DAS SEGELN SCHREIBEN KANN

DELIUS KLASING VERLAG

**»ES GEHT SCHNELL,
DAS LEBEN!«**
GUY DE MAUPASSANT

**»IM HAFEN IST EIN SCHIFF SICHER,
DOCH DAFÜR WURDE ES NICHT GEBAUT.«**
JOHN AUGUSTUS SHEDD

INHALT

VORWORT

10

Da sage einer: Geht nicht. Zu weit, zu teuer, zu gefährlich, zu ungewiss, zu verwegen, zu kalt, zu nass, zu stürmisch, zu verrückt. Dann antworte: Doch, das geht. Und füge hinzu: Du brauchst nur eines, davon jedoch am besten ein ganzes Fass voll. Nein, nein, kein Geld. Gefragt ist auch kein Todesmut, keine besondere Zauberformel, nicht einmal großes technisches Geschick oder dergleichen. Nur über eines solltest du verfügen: Leidenschaft – das kostenlose und unschätzbare Talent, für eine Sache zu brennen.

Dann geht so ziemlich alles. Dann kommst du los und irgendwann auch wieder an. Dann kannst du dir das schönste Schiff bauen, von dem du geträumt hast. Dann kannst du dir den ganzen Pazifik schnappen. Kannst den Albatrossen beim Fliegen über dem Südmeer zuschauen, es in einer Jolle bis nach Island schaffen oder deinem Chef Lebewohl sagen, die Segel setzen und in ein neues Leben kreuzen. Das alles geht. Wenn nur die Triebfeder stimmt.

Tatsächlich ist kaum zu glauben, was Menschen schon alles gemacht und auch geschafft haben – war die Lunte erst entzündet und das Abenteuer nicht mehr aus ihren Köpfen zu bekommen. Da ist zum Beispiel einer wie Frank Dye, der mit seiner winzigen Wayfarer-Jolle mehrmals über den Nordatlantik segelte, nach Schottland, nach Norwegen und sogar bis nach Island. Die Zeitungen in England erklärten ihn für verrückt. Er nannte das: »nette Sommerurlaube«.

Geht nicht? Doch, geht.

Da ist eine wie die Baronin Adeline von Schimmelmann, die sich vor über 100 Jahren einen Seekutter zulegte und mit ihrem stolzen Schiff über die Ostsee kreuzte, um fortan im Namen Gottes die Seelen verarmter Fischer zu retten – und dies zu einer Zeit, als kaum jemand das Wort »Emanzipation« überhaupt nur buchstabieren konnte.

Dann ist da einer wie der bodenständige Lehrer Hans Rogge. Der Deutsche wanderte in den 1960er-Jahren nach Namibia aus, baute sich in der Wüste seine eigene Yacht und besegelte damit 20 Jahre lang den Südatlantik. Von Windhuk bis nach Brasilien fuhr er, von Sankt Helena bis zu den einsamen Inseln im Golf von Guinea und dann wieder nach Südamerika, bis hinein in die Flussmündung des Essequibo. Er tat es einfach.

Wahnsinn? Weltflucht? Eine unverhoffte Erbschaft? Nein, nichts dergleichen. Leidenschaft feuerte ihn an. Rogge hatte sich ins Segeln verguckt. Ins Meer, in den Wind.

Das funktioniert übrigens auch heute noch. Denn da gibt es wirklich einen wie Matthes Sierk, der noch vor ein paar Jahren, gerade mal 25 Jahre jung, vom Segeln mehr oder weniger keine Ahnung hatte. Sein Abitur und sein Studium hatte er mit Bestnoten absolviert, nun erwartete ihn eine Traumkarriere in einem Weltunternehmen. Doch er entschied sich dafür, den Schreibtisch gegen eine Navigationsecke einzutauschen. Er kündigte. Kaufte sich inmitten der Coronapandemie eine gebrauchte Yacht und brach in ein neues Leben auf. Nun lebt er oben in den schwedischen Schären auf seinem Schiff, den Kopf voller Pläne und Ideen.

Matthes Sierk brannte fürs Segeln, noch bevor er segeln konnte. Dafür braucht man schon das entsprechende Organ: ein entflammbares Herz.

Wie schön, wie poetisch. Wie entschieden kraftvoll. Vom Rest aller Motivationskategorien, die den Menschen treiben, haben wir schließlich schon genug auf der Welt: Effizienz, Performance, Gewinnsteigerung. Zahlen, Prozente, börsennotierte Kurse. Gier, Macht.

Wie steril. Wie tödlich langweilig.

Der Publizist und Vordenker Roger Willemsen dachte in seinem 2016 erschienenen Buch *Wer wir waren* über unsere Zeiten nach. Er drückte es so aus: »Nichts weist darauf hin, dass wir in unserer Zukunft sicherer, gesünder, freier, friedlicher leben werden – bequemer, das ja, effizienter, unsentimentaler, all das, aber wessen Himmel bevölkern schon die Sachverwalter des Pragmatismus?«

Wie wahr. Pragmatismus in allen Ehren. Doch damit bewegt man nicht die guten und die schönen Dinge. Und schon gar keine Segelschiffe. Dafür braucht es mehr. Dafür braucht es das genaue Gegenteil von allem Pragmatismus: Herzblut. Lust. Begierde. Sehnsucht. Von mir aus auch dies: Mut, vielleicht einen Schuss Wahnsinn, dazu immer gern einen Sinn für das Schöne, das Unerklärliche jenseits der Worte. All das, was unter dem Rubrum der Leidenschaft pocht. Der ganze Rest – er kommt lange danach.

Der Pilot und Schriftsteller Antoine de Saint-Exupéry sagte es auf seine Weise. Wir alle kennen seine Worte. Und weil sie so schön wahr sind, hier sind sie noch mal: »Wenn du ein Schiff bauen willst, dann trommle nicht Männer zusammen, um Holz zu beschaffen, Aufgaben zu vergeben und die Arbeit einzuteilen, sondern lehre die Männer die Sehnsucht nach dem weiten, endlosen Meer.«

Die in diesem Buch versammelten Porträts und Reportagen zeigen, was sich mit einer guten Portion Hingabe und Verve am Ende alles anstellen lässt. Manchmal ist das verwegen und wirklich mutig. Manchmal schier unglaublich. Dann wieder auch still, im Ergebnis eher leise und lyrisch, dabei nicht weniger mitreißend. Niemand Geringeres als Fontane lockte es schon auf eine Segelyacht. Von den Farben des Wassers und den Schattierungen des Windes ließ er sich auf seine Weise inspirieren. Zu Kunst – zu Literatur.

Natürlich geht es auch anders. Wenn heute zum Beispiel einer wie der Franzose François Gabart in einem gewaltigen Trimaran solo um die Welt segelt und das moderne Hochseesegeln auf eine andere Ebene hebt. Oder wenn einer wie Rudolf Ude in den 1930er-Jahren aufbricht und zu einem der ersten deutschen Fahrtensegler wird. Ohne Geld, ohne Sponsoren. Sein erstes Segel schnitt er sich als Junge aus der Küchenschürze seiner Oma. Bald aber segelte er los. Kurs Nordsee, Kurs Mittelmeer. Und natürlich kommen wir um ihn nicht herum: den sagenhaften Bernard Moitessier, der auf der ersten Einhandregatta um die Erde kurz vor dem Ziel seinen Sieg verschenkte und lieber nach Tahiti abdrehte. Was für ein Statement – Leidenschaft im ozeanischen Format.

Dann ist da der zeitgenössische Haudegen zur See Yvan Bourgnon, der in einem offenen Strandkatamaran um die Erde segelte. Da ist eine wie Suzanne van der Veeken. Die junge Holländerin trampt auf Segelschiffen durch die Weltgeschichte und begreift Leistungssteigerung eher als eine Form der Schmälerung. Seit Jahren kauft sie kein Plastik mehr, befreit das Meer, wo sie nur kann, von Müll und ermutigt Menschen auf ihre Weise, Leidenschaft zu entwickeln. Fürs Segeln, fürs Wasser.

Das alles geht. Sicher, Foils aus Carbon sind eine schöne Sache, die Physik des Vortriebs zu optimieren und die Kunst des Kreuzens zu perfektionieren, eine hehre Angelegenheit. Doch das alles ist nichts, wenn das Feuer nicht brennt. Der erste und wichtigste Treibstoff besteht darum noch immer aus dieser sonderbaren inneren Wucht namens Passion. Wie sagte Einstein? »Ich habe keine besondere Begabung, ich bin nur leidenschaftlich neugierig.« Heinrich Heine wurde deutlicher: »Ich bin das Schwert, ich bin die Flamme.«

Es sind Sätze, die zu hören in unseren glatten, digitalen, bequemen, aber auch auf neue Weise bedrohlichen Zeiten manchmal ganz guttut. Weil sie uns dazu animieren, die Temperatur hier und da wieder ein wenig hochzufahren. Weil sie anspornen, für Gutes zu glühen, statt im Pragmatischen zu versanden und immer nur auf dem schnellsten und kürzesten Weg zum nächsten Erfolg zu marschieren.

Und was wäre für diese kleine Leibesübung besser geeignet als das Segeln? In den meisten Fällen kommt es ohne große Maschinerie aus. Ohne Lärm, ohne Gestank, ohne Protz. Neben Leidenschaft und Entschlossenheit ist vor allem er die treibende Kraft: der Wind. Das Wunder strömender Luft. Auch und gerade wegen dieses Phänomens sind die vorliegenden Geschichten solche, die nur das Segeln schreiben kann. Kein Asphalt, kein Stadion, kein lautes Publikum. Da sind nur Wind und Meer. Die größte, älteste und göttlichste Bühne, die wir kennen. Sie derart zu befahren und zu bereisen, das ist elegant im erhabensten Sinne dieses Wortes. Für ihre Unterfangen – welcher Natur sie auch waren und sind – nutzten die beschriebenen Damen und Herren das wundersamste aller Antriebsmittel. Das Unsichtbare.

Und wenn nun auch Leidenschaft eine Form von Antrieb bedeutet: Gibt es eine schönere Entsprechung? Eine feinere Symbiose? Wenn die Motoren verstummen und der Wind übernimmt?

Die in diesem Buch beschriebenen Persönlichkeiten stammen aus den verschiedensten Epochen, sie besitzen die unterschiedlichsten Biografien, Berühmtheiten sind darunter, aber auch gänzlich unbekannte Namen – und doch verbindet sie alle diese eine Qualität. Sie alle sind dem Wasser auf besondere Weise verbunden. Sie alle haben ihre ganz eigenen Affären mit Wind und Wellen. Denn sie alle brennen für diese eine Sache, die wir gemeinhin Segeln nennen.

Natürlich ließen sich die Leben, Reisen und Abenteuer noch vieler anderer Seegehender hier aufnehmen: ob Magellan, Joshua Slocum, Éric Tabarly, Sir Peter Blake, Wilfried Erdmann, Ellen MacArthur, Laura Dekker oder Boris Herrmann. Was ist mit einem wie Reid Stowe? Jenem Mann, der das Sein auf dem Wasser zu einem Dauerzustand erhob, länger als jeder andere segelnde Mensch auf Erden.

Im April 2007 verließ der US-Amerikaner mit seinem gaffelgetakelten Schoner den Hafen von Hoboken in New Jersey und segelte hinaus auf die sieben Meere. Nicht, um irgendwo anzukommen, sondern um nicht anzukommen. Über drei Jahre verbrachte er mit seiner über 20 Meter langen ANNE auf den offenen Ozeanen. Genauer: 1.152 Tage. Dabei segelte er nicht nur und kreuzte hin und her – über Monate ließ er sich mit den großen Strömungen treiben. Im Zuge seiner Drift über die Ozeane »malte« er Bilder in die weite See. Motive, die seine Kurslinien am Ende ergaben. Skizzen aus sich fügenden Koordinaten. Ein Herz segelte er auf diese Weise in den Südatlantik, 3.000 Seemeilen groß, einen Wal in den Pazifik, im Umfang und in seinen angedeuteten Linien über 4.500 Seemeilen messend. Stowe nannte dies seine Art von Kunst, und niemand weiß, wie weit es mit ihm schon gewesen sein muss da draußen. Er sah in diesen drei Jahren nur einmal Land und legte kein einziges Mal an. An Bord seiner Yacht malte er, hörte Musik, tanzte. Er schrieb, züchtete Salat, zwei Kilo Parmesankäse hatte er gebunkert. Wild sah seine ANNE am Ende aus, als sie wieder in New York festmachte.

So weit kann es also kommen mit der lieben Leidenschaft. Weit, sehr weit. Und was ist mit all den Unbekannten? Ich erinnere mich an den Bootsmakler Peter Gregson aus dem südenglischen Dartmouth. Er, der wohl jede nennenswerte Segelgeschichte und jede klassische Yacht in europäischen Gewässern seit über sieben Jahrzehnten kannte, erzählte mir einmal von einem Segler, den er eines Tages in einem Hafen an der Kanalküste getroffen hatte. Ein stiller

Herr, eher wortkarg, gut gekleidet. So saß er auf seiner Yacht, einer gerade mal acht Meter langen Vertue, designt von Laurent Giles. Peter Gregson hatte diesen Mann noch nie gesehen. Er fragte ihn, wo er denn segeln würde, woher er mit seinem schönen alten Boot gerade komme. Der Mann sagte: »Ach, ich bin in den letzten drei Jahren mit meinem Schiff einmal um die Welt gesegelt. Vor gerade einer Woche bin ich wieder hier zu Hause angelandet. Ich muss sagen, es war eine herrliche Reise.«

Peter Gregson raucht nicht. Hätte er geraucht, wäre ihm wohl die Zigarre aus dem Mund gefallen. Denn die Reise des besagten Herrn zeichnete sich durch eine heutzutage außerordentliche Qualität aus. Kein Artikel, keine Meldung. Kein Foto, kein Post. Da waren nur das Meer, der Mensch und die Reise.

Nicht die gleichen, aber doch ähnliche Geschichten erzählen die Protagonisten dieses Buches. Weil sie tun, was sie nicht lassen können, nicht lassen wollen und auch nicht lassen sollten. Ihre Lebensläufe und ihre Lebensentwürfe geben uns eine Vorstellung davon, was Leidenschaft bedeutet und was sie bewegen kann. Um Pokale und Preisgelder ging und geht es dabei wohl keinem dieser so herrlich Windverrückten. Dafür ist das Segeln dann doch wieder: zu nass, zu windig, zu wackelig, zu verrückt und, sowieso, viel zu schön.

Marc Bielefeld
Sardinien, im April 2022

DER BUDDHA DER MEERE

BERNARD MOITESSIER

18

Der Franzose Bernard Moitessier, braun gebrannt und hager, sitzt an diesem Morgen in seinem Stammbistro in Toulon, er beißt in ein Croissant, nippt an seinem Milchkaffee und hat noch keine Ahnung, dass dieser Tag ein besonderer werden soll. Ein Tag, der ihn zu einem der sagenumwobensten Segler aller Zeiten machen wird.

Moitessier blickt durch das Fenster auf die blaue Côte d'Azur. Es ist noch früh, der Mistral hat noch nicht eingesetzt. Vor der Hafenmole liegen die Yachten an den Muringbojen, darunter seine JOSHUA. Das Boot, auf dem er lebt. Das Boot, das ihm alles bedeutet. Eine 14 Meter lange rote Ketsch mit zwei Masten, gebaut aus Stahl, schlicht und einfach ausgerüstet, aber sehr robust. Moitessier ist damit schon um Kap Hoorn gesegelt, nonstop von Tahiti bis ins spanische Alicante. Ein Törn von über 14.000 Seemeilen, der ihn in diesen Tagen bereits zu einem bekannten Hochseesegler gemacht hat.

Es ist das Jahr 1968, die Zeit des Eisernen Vorhangs, die Epoche des Vietnamkriegs und der Hippiebewegung. Die Amerikaner bereiten sich auf den Flug zum Mond vor, in Europa formieren sich Studenten gegen den Kapitalismus. Es ist eine Welt im Aufbruch, eine Welt in Aufruhr. Einige Herren aber denken in völlig anderen Dimensionen. Denken lieber ans Meer, an die großen Ozeane, darunter Moitessier.

Er und ein Engländer namens Bill King, so munkelt man in der Segelszene, planen ein ganz großes Ding. Sie wollen versuchen, was noch nie ein Mensch zuvor gewagt hat: um die ganze Welt segeln – ohne Stopp, ohne auch nur einmal an Land zu gehen. Sie wollen auf diesem Trip um die Erde ganz allein segeln auf ihren kleinen Yachten, die im Innern kaum mehr Platz bieten als ein VW-Bus.

Ein irrwitziger Gedanke und bisher nur ein Gerücht. Zu vermessen klingt das Ganze. Zu unmöglich, zu groß. Die Männer wären auf so einer Reise monatelang unterwegs, vielleicht würden sie ein ganzes Jahr lang nichts als Meer und Himmel sehen. Sie könnten keinerlei Hilfe beanspruchen, hätten keine Möglichkeiten für eine Proviantaufnahme. Sie müssten Regen auffangen und trinken. Im Polarmeer würden brutale Stürme wüten, auf den offenen Ozeanen zehn, 20 Meter hohe Wellen über die Schiffe hereinbrechen.

Könnte ein Mensch so etwas überhaupt aushalten? Physisch, aber auch psychisch? Schon nach vier, fünf Monaten der völligen Isolation würden selbst gestandene Abenteurer den Verstand verlieren, befürchteten Psychologen damals. Eine solche Reise in die Einsamkeit hatte zuvor noch nie ein Mensch unternommen. Kein Bergsteiger, kein Astronaut, kein noch so asketischer Mönch.

Bernard Moitessier arbeitet zu dieser Zeit gelegentlich als Segellehrer an der Côte d'Azur, wohnt seit Jahren auf seinem Schiff und hat zwei Bücher über seine frühen Segelreisen geschrieben. Ein sonderbarer Bursche. Ein Freigeist, ohne Zweifel, aber auch ein Eigenbrötler, der in seiner eigenen Gedankenwelt zu leben scheint. Zu Freunden sagt er manchmal beim Wein, versunken in eine ferne Vergangenheit: »Die Götter meines Asiens, wo ich geboren bin, sind nicht die gleichen wie hier in Frankreich.«

Als er an diesem Februarmorgen in Toulon in seinem Bistro sitzt, kommt plötzlich ein Mann auf ihn zu, bleibt an seinem Tisch stehen und fragt: »Sind Sie Bernard?«

Der Mann ist Redakteur der Londoner *Sunday Times* und eigens nach Frankreich gereist. Er setzt sich zu Moitessier an den Tisch, druckst ein wenig herum, dann packt er aus. Seine Zeitung hat von dem Unterfangen, um die Welt zu segeln, Wind bekommen.

Nun will das Blatt ein Rennen ausloben, will die erste Nonstop-Umsegelung der Erde zu einer Regatta ausrufen. Zu einem medialen Ereignis. Der Redakteur ist Feuer und Flamme von der

Idee, spricht von einem Ereignis, das die Welt noch nicht gesehen habe. Damit nicht genug. Einen Pokal erhalte, wer als Erster zurückkomme, 5.000 Pfund Siegesprämie, wer der Schnellste sei. Zu dieser Zeit ist das eine Menge Geld, in Großbritannien ein gutes Jahreseinkommen.

»Wir wären froh, Sie dabeizuhaben«, sagt der Redakteur nach einer Weile und blickt Moitessier aufgekratzt an. »Viele kommen für ein Abenteuer dieses Ausmaßes schließlich nicht infrage.«

Moitessier, 45 Jahre alt, legt sein Croissant zur Seite und schweigt. Der englische Redakteur hat keine Ahnung, wer da vor ihm sitzt. Er weiß nicht, was für eine Vergangenheit dieser Mann hat.

Moitessier wurde in Indochina geboren – ein Kind, das in Saigon aufwuchs, später in den Fischerdörfern Vietnams lebte und mit den Sagen und Mythenwelten Asiens groß wurde. Ein Kind der Natur, das schon früh eine beinahe mystische Beziehung zum Meer und zum Dschungel aufbaute. Er war der Sohn eines strengen französischen Vaters, der in Indochina Handel betrieb, Plantagen führte und Geschäfte machte. Als Teenager erlebte Moitessier den Krieg gegen Japan mit, bei dem viele seiner Freunde starben. Schon früh entwickelte er eine Abneigung gegen Waffen, gegen Gewalt, gegen die gesamte Raserei der westlichen Welt.

Schon als Knirps saß Moitessier in den Pirogen der Fischer, heuerte später lieber auf chinesischen Dschunken an, als im Geschäft seines tüchtigen Vaters zu helfen. In den 1950er-Jahren segelte er als junger Mann im Golf von Siam, beförderte Fracht nach Kambodscha. Ein Querkopf, in dessen Adern französisches Blut floss, dessen Geist jedoch von einer asiatischen Spiritualität beseelt war.

Der normalen Menschenwelt entfloh er schon früh. Mit dem ersten ersparten Geld kaufte er sich im Alter von 20 Jahren eine eigene Dschunke, bald eine erste Yacht. Damit vagabundierte er jahrelang über die See, besegelte das Südchinesische Meer und wagte sich zu den gottverlassenen Atollen der Korallensee zwischen Java, Papua-Neuguinea und Australien. Er lebte von Büchern, die sich in Frankreich gut verkauften. Ansonsten fing er Fische, holte sich Kokosnüsse und Obst von den Bäumen.

Der Redakteur hat es mit einem Hippie der Sonderklasse zu tun. Mit einem Priester der ganz großen Freiheit, der die Albatrosse des Südmeers vergöttert und sich in der ozeanischen Einsamkeit wohler fühlt als unter Menschen.

Nach einigen Minuten hebt Moitessier zu einer Antwort an. »Ich finde Ihre Idee zum Kotzen«, sagt er. »Sie haben kein Recht, eine so schöne Sache mit gierigen Händen in den Dreck zu ziehen.« Er spricht von der Weltumsegelung als einer Reise an die Grenzen des Ichs, einem Trip jenseits der Zeit. Das Meer sei ein letztes heiliges Refugium. »Und Sie machen daraus einen Zirkus mit Clowns, die sich unter dem Tamtam der Medien um einen Pokal prügeln.« Schimpfend verlässt Moitessier das Bistro, zurück bleibt ein völlig konsternierter Redakteur.

Dennoch erscheint am 17. März 1968 die Ankündigung in der *Sunday Times:* Das Golden Globe Race soll tatsächlich stattfinden, und jeder kann mitmachen. Es gibt nur wenige Regeln. Start und Ziel müssen ein und derselbe Hafen in England sein, den Starttermin kann bis Ende Oktober 1968 jeder für sich wählen. Danach allerdings ist kein Stopp mehr erlaubt, darf niemand mehr die Hilfe eines anderen Bootes in Anspruch nehmen.

Der vor den Seglern liegende Weg um die Erde würde die sogenannte Klipperroute sein: von England um das südafrikanische Kap der Guten Hoffnung, durch den Indischen Ozean südlich an

Australien und Neuseeland vorbei, durch den Pazifik, rund Kap Hoorn und anschließend durch den Atlantik wieder zurück nach England.

Ein Monstertörn, damals ohne GPS, ohne moderne Seekarten. Ein Ritt zwischen Stürmen, rauschhaften Höhenflügen und mentalen Abgründen. Das Risiko: durchaus tödlich. Dies ist die radikalste Regatta, die jemals ausgerufen worden ist. Ein Meilenstein der Sportgeschichte, aber auch ein Drama historischen Ausmaßes. Hier wartet eine der letzten noch nicht bestandenen Pioniertaten. Es ist ein bisschen wie der Flug zum Mond.

Neun Männer melden sich am Ende und brechen auf. Die Ersten, die im Juni 1968 in England in See stechen, sind John Ridgway, 29, und Chay Blyth, 28, zwei Freude und Abenteurer, die schon im Ruderboot über den Atlantik gefahren sind. Nun wirft ein jeder für sich die Leinen los, in einem Segelboot. Als Dritter startet der Engländer Robin Knox-Johnston, ein 29-jähriger Offizier der britischen Handelsmarine und ausgemachter Patriot. Mit seiner selbst gebauten Yacht SUAHELI, einem klobigen Zehn-Meter-Boot, war er bereits von Indien nach England gesegelt.

Ebenfalls auf die Reise wagen sich der Engländer Bill King, mit 57 der älteste der Teilnehmer, und Nigel Tetley, 44, ein Offizier der britischen Marine. Weil er wenig Geld und keinen Sponsor gefunden hat, segelt er mit seinem alten zwölf Meter langen Trimaran los, auf dem er seit fünf Jahren mit seiner Frau wohnt.

In der *Sunday Times* erscheinen derweil detaillierte Porträts der Segler, die Regatta wird in Berichten angekündigt, die Route beschrieben und die Risiken erklärt. Das Ganze erinnert an eine frühe Form heutiger Realityshows und Liveübertragungen im Internet, wo viele Zuschauer haarsträubende Abenteuer gebannt verfolgen.

Als tragischste Figur des Golden-Globe-Rennens soll sich ein weiterer Brite erweisen. Donald Crowhurst hatte sich als Erster öffentlich für das Rennen gemeldet, fährt jedoch als Letzter los. Er ist ein Mann ohne Hochseeerfahrung, ohne Boot und ohne Geld. Dafür hat Crowhurst einen Berg Schulden am Hals und zudem eine Frau sowie vier kleine Kinder zu versorgen.

Erst später kommt heraus, worauf Crowhurst sich eingelassen hat. Der Inhaber einer kleinen Firma für Schiffselektronik setzt bei diesem Segelrennen alles auf eine Karte. Er muss diesen Trip nicht nur überleben, sondern auch die 5.000 Pfund kassieren, um seine Existenz zu retten. Ansonsten wartet der Ruin. Crowhurst findet Sponsoren, nimmt eine Hypothek auf, plant einen PR-Coup und lässt sich einen Zwölf-Meter-Trimaran bauen. Doch bleibt ihm kaum Zeit für die Vorbereitung, vieles läuft schief, und schon die erste Probefahrt endet im Desaster. Seiner Frau gesteht er eines Nachts seine Zweifel. »Es geht nicht«, sagt er und beginnt zu weinen.

Crowhurst, damals 36 Jahre alt, hat sich schon vor dem Rennen in eine Lage manövriert, aus der er nicht mehr herauskommt. Er muss starten. Sonst würde er, neben seinen Schulden, auch noch das gesamte geliehene Geld zurückzahlen müssen. Am 31. Oktober 1968 schleppen Helfer und Freunde letzten Proviant an Bord seiner TEIGNMOUTH ELECTRON, einen Wust an Ausrüstung und Seekarten, dann verschwindet Crowhurst in den grauen Wellen vor dem Hafen von Teignmouth. Am selben Tag verlässt schließlich auch noch Alex Carozzo England, ein versierter, ebenfalls 36 Jahre alter italienischer Solosegler.

Zuvor – wenn auch leiser, unbemerkter – sind am 22. August 1968 noch zwei weitere Segler zu ihrer Reise um den Planeten aufgebrochen. Der Franzose Loïck Fougeron – und sein bester Freund: Bernard Moitessier. Nach seinem Wutausbruch im Bistro von Toulon hatte er Tage und Nächte mit sich gerungen, sich in seiner Koje hin und her gedreht und sich selbst ins Gebet genommen, um sich nach einer Woche doch für die Regatta zu entscheiden. Ein jäher Sinneswandel. Aber war es das wirklich?

Eine stillschweigende Testfahrt mit seiner JOSHUA zum möglichen Start nach Plymouth – rund Gibraltar und durch die tückische Biskaya – kommt ihm gerade gelegen. Endlich kann er wieder ein paar Seemeilen machen, allein an Bord, allein mit der See.

Moitessiers Gedanken müssen auf dieser Etappe um sein Boot gekreist sein wie Eissturmvögel. Er muss, während er in die Segel schaute und sein Schiff durch die See rauschte, all seine Weltansichten in die Waagschale geworfen haben. Und es gab wohl keinen besseren Tempel auf der Welt als das Meer selbst, um sich seiner Sache ganz sicher zu werden und einen Entschluss zu fassen. Er würde dieses bigotte Rennen um die Erde also mitmachen. Ja, er würde von England aus aufbrechen, so wie die anderen auch; allerdings würde er die Regatta nach seinen eigenen Maßstäben angehen. Moitessier ist kein Freund von Normen, kein Bejaher von Beschränkungen jedweder Art.

Zu dem Redakteur sagt er, als dieser ihm vor dem Start noch einmal über den Weg läuft: »Gehen wir einmal davon aus, dass die Götter mir hold sind, ich zurückkehre und noch dazu der Erste oder Schnellste bin – dann würde ich den Scheck einstecken, den Pokal versteigern, ohne ein Dankeswort, ohne der *Sunday Times* einen Blick zuzuwerfen. Damit könnte ich sogar öffentlich zeigen, wie wenig ich von der Initiative Ihrer Zeitung halte.«

Moitessier weiß, dass das Rennen mit einer herkömmlichen Regatta wenig zu tun hat. Er würde monatelang keine Menschenseele sehen, mit niemandem sprechen. Dieser Trip würde vielmehr eine Reise zu sich selbst werden. Ein Flug zu den Göttern.

Im November 1968, über England senkt sich der Winter, sind schließlich alle unterwegs. Neun Männer haben sich auf die Ozeane hinausgewagt und segeln auf dem Atlantik steil gen Süden. Von England nach England, einmal um den gesamten Globus, nur mit dem Wind.

Auf der halben Welt, vor allem in England, verfolgt man das irre Rennen. Einige der Segler geben ihre Positionen gelegentlich per Funk durch, andere nehmen Kontakt zu Frachtern auf. Die Leser an Land fragen sich: Wo sind die Männer wohl gerade? Ist schon einer gesunken? Wer liegt vorn?

Auf den Meeren erleben die Abenteurer derweil brutale Strapazen. Sie durchfahren Stürme und Flauten, müssen die Segel wechseln, reffen, nähen. Sie müssen Wache gehen, steuern, ständig verschlissene Teile reparieren. Einhandsegeln auf hoher See bringt radikalen Schlafentzug mit sich, schlechte Ernährung und, vor allem in den hohen Breiten, erbärmliche Kälte und Nässe.

Hinzu kommen Verletzungen, vom Salzwasser entzündete Haut und oft genug blanke Angst. Einige Solosegler berichteten schon von Halluzinationen, von der ständigen Sorge um das Schiff, die sie fast in den Wahnsinn trieb. Um sie herum nichts als Ozean. Tausende Meter tief, gleichgültig und unerbittlich.

Ende November haben fünf Segler bereits aufgegeben. Bei Bill King ist der Mast gebrochen, der Italiener Carozzo muss wegen eines Magenschwürs Portugal anlaufen, und Ridgways Boot erweist sich schon im Atlantik als seeuntüchtig. Der Franzose Fougeron steuert nach einer Beinahekenterung Land an, und Chay Blyth ist immerhin bereits ums südafrikanische Kap der Guten Hoffnung gekommen, als er wegen eines Ruderschadens nach 9.000 Seemeilen abbrechen muss.

Schon der Atlantik hat bald seinen Tribut gefordert. Nach einem Drittel der Strecke sind nur noch vier Mann im Rennen: Die drei Briten Knox-Johnston, Crowhurst und der Offizier Tetley; dazu der Franzose Moitessier. Oft weiß über Wochen und Monate niemand, wo die vier segeln, ob sie noch am Leben sind. Immer wieder fallen die Funk- und Radiogeräte an Bord aus, und Moitessier zieht es sowieso vor, mit dem Meer allein zu sein. Funk hat er von vornherein kategorisch abgelehnt. Lediglich einige handgeschriebene Nachrichten schießt er mit einer Schleuder auf die Decks vorbeiziehender Frachtschiffe, die seine Position weiterfunken. Zudem: Moitessiers seltene Botschaften von See sind nur an seinen Buchverleger gerichtet. Kein Wort an die *Sunday Times,* kein Zeichen seiner Absichten im Rennen.

Zu Weihnachten 1968 sehen die Astronauten von Apollo 8 erstmals die Rückseite des Mondes und begeben sich in die Umlaufbahn des Himmelskörpers. Eine halbe Million Kilometer sind sie von der Erde entfernt, und doch weiß die Menschheit mehr über die Mondfahrer als über die vier Segler, die irgendwo auf hoher See um ihr Leben kämpfen. Ohne Kontakt, ohne Liveübertragungen. Und ab jetzt nimmt das Rennen einen so kuriosen wie dramatischen Verlauf.

Knox-Johnston liegt vorn. Er hat den südlichen Pazifischen Ozean durchsegelt, nähert sich bereits Kap Hoorn und stößt zu Weihnachten auf die Queen an. Tetley befindet sich auf halbem Weg zwischen Afrika und Australien, Moitessier steht südwestlich von Neuseeland und steuert durch den südlichen Pazifik. Seine JOSHUA ist enorm schnell, er schafft Etmale von 160 Seemeilen, über 290 Kilometer in 24 Stunden. An Weihnachten trinkt er Champagner an Bord, isst Yorker Schinken.

Crowhurst, der als Letzter losgefahren ist, gibt an, nahe Kapstadt zu stehen, doch in Wahrheit liegt er erst nahe der brasilianischen Küste – noch immer im mittleren Atlantik. Der bankrotte Familienvater ist verzweifelt, sein Boot untauglich und langsam. Um die großen Kaps scheint er sich nicht zu trauen. Und was tut er? Er fälscht sein Logbuch, gibt falsche Positionen an. Niemand ahnt es zu diesem Zeitpunkt, doch Crowhurst plant einen gigantischen Betrug zur See. Er will im Atlantik warten, bis der Erste Kap Hoorn gerundet hat, und sich dann vor ihn setzen, um England als vermeintlicher Sieger zu erreichen.

Auf dem Meer muss er mit sich ins Gericht gehen. Was tun, um sich aus seiner finanziellen Lage zu Hause zu befreien? Was tun, um den Preis zu gewinnen – ohne ums Leben zu kommen, ohne sein Gesicht zu verlieren und als Gauner entlarvt zu werden? Einmal geht er in Südamerika angeblich sogar an Land, um Proviant zu bunkern. Eine fürchterliche Schmach.

Nach Monaten auf See können die Segler die Positionen der anderen nur noch schätzen. Knox-Johnston hat inzwischen Kap Hoorn gerundet und segelt in Richtung England. Moitessier allerdings ist ihm auf den Fersen, er segelt schnell und beständig und überholt den in seiner Heimat bereits als Volkshelden gefeierten Knox-Johnston. Moitessier und seine JOSHUA liegen nun vorn, vergrößern den Abstand. Alle Welt rechnet inzwischen mit dem Sieg des Franzosen, die europäische Presse stimmt sich auf eine große Siegesfeier ein. Auf See aber geschieht nun etwas Unerwartetes. Das Unglaubliche. Moitessier segelt plötzlich offenbar auf einem völlig anderen Kurs weiter. Er scheint abgedreht zu sein. Frachter melden, er ziehe gen Süden.

An Land kursieren Gerüchte. Was ist da los? Was reitet den Franzosen? Diesen Priester des Windes, der in einem seiner Bücher geschrieben hatte: »Ich bin Bürger des schönsten Landes der Erde« – womit er nichts anderes meinte als den Ozean.

Am 22. April 1969 erreicht Knox-Johnston den Hafen von Falmouth in England. Nach 312 Tagen, nach über zehn Monaten auf See, hat er 30.123 Seemeilen im Kielwasser und gewinnt den Pokal für den Ersten, der es tatsächlich geschafft hat, die Welt mit dem Wind zu umrunden. Die Siegprämie für die schnellste Weltumsegelung allerdings steht noch aus. Darum kämpfen die verbleibenden Tetley und Crowhurst – das zumindest glauben die Segelfans zu Hause und die Leser der *Sunday Times*. Als der Offizier Tetley über das Radio erfährt, dass er nach acht Monaten auf See noch im Rennen ist, gibt er alles. Er prügelt seinen Trimaran zum Schluss dermaßen über den Atlantik, dass das eh schon geschundene Schiff langsam in seine Bestandteile zerfällt. Nur 1.000 Seemeilen vor dem Ziel sinkt Tetleys Yacht; er selbst kann gerettet werden.

Was aber ist mit Donald Crowhurst geschehen? Nach elf Wochen Funkstille morst er am 9. April 1969 eine wirre Nachricht nach England. Demnach scheint er sogar vor Tetley zu liegen und segelt erstaunlich schnell nach Norden in Richtung England.

Doch die Wahrheit sieht anders aus. Crowhursts Trimaran ist arg angegriffen, als er von Brasilien gen Norden segelt. Das Boot nimmt Wasser, die Segel sind gerissen. Er und sein Schiff sind nicht einmal dem Atlantik gewachsen; weiter als Argentinien ist er in Wahrheit nie gekommen.

Crowhurst müssen auf See entsetzliche Selbstzweifel heimgesucht haben. Ein Mann, der mit sich und dem Schicksal einen einsamen Kampf austrägt. Er ahnt, dass er mit seinen gefälschten Logbüchern nicht durchkommen, dass bei seiner Rückkehr nur noch mehr Schande über ihn kommen würde. Seine Logbucheinträge, die man später bergen konnte, waren immer wirrer geworden. Sein letzter Eintrag lautet: »1. Juli 1969. Es ist zu Ende. Es ist die Gnade.« Zuvor hatte Crowhurst fast 100 Seiten vollgekritzelt. Kaum lesbare Zeilen, Gedanken über kosmische Intelligenz, Notizen zu Tod und Auferstehung.

Am 10. Juli 1969 sichtet ein
englisches Postschiff sein Boot
fast 2.000 Seemeilen südwestlich von
England. Crowhurst, den Bekannte
später als einen charismatischen
Mann voller Ideen und Tatendrang
beschreiben, weilt nicht mehr an Bord.
Er ist in die See gesprungen
Und Moitessier?
Der Franzose segelt immer noch..

Am 10. Juli 1969 sichtet ein englisches Postschiff sein Boot fast 2.000 Seemeilen südwestlich von England. Crowhurst, den Bekannte später als einen charismatischen Mann voller Ideen und Tatendrang beschreiben, weilt nicht mehr an Bord.

Er ist in die See gesprungen.

Und Moitessier? Der Franzose segelt immer noch. Segelt weiter und weiter, als habe er da draußen einen seltsamen Frieden gefunden. Allerdings auf seinem eigenen Kurs. Auf einer Route fernab aller Siege, auf einer Reise jenseits aller Trophäen und Konventionen. Nach der Rundung von Kap Hoorn, aus dem Südpazifik kommend, hat er bereits 204 Tage auf See verbracht. Nunmehr im Atlantik, nähert er sich einem Fischerboot, ruft den Männern an Bord kurz etwas zu und wirft ihnen einen Kanister hinüber. In diesem wasserdichten Behältnis steckt eine handgeschriebene Nachricht an die *Sunday Times.* Auf dem feuchten, spakigen Papier steht zu lesen: »Von Plymouth nach Plymouth zu segeln bedeutet, von Nirgendwo nach Nirgendwo zu fahren. Ich habe mich für die See und mein Schiff entschieden, gegen den Rummel und die falschen Götter des Westens. Auf See bin ich glücklich. Und vielleicht tue ich dies auch, um meine Seele zu retten.«

Moitessiers Liebesgrüße vom Meer.

Es ist eine unfassbare seglerische Geste. Ein Wink der Demütigung an die *Sunday Times,* die aus dem Segeln einen Wettkampf um Leben und Tod gemacht hatte. Moitessier rauscht indes weiter durch die Wasserwüsten. Er flickt seine Segel, steckt in seinem alten Ölzeug, angelt, fängt Regen auf, betakelt mit rissigen Händen seine Stropps und Schoten, er kauert unten neben seinem selbst gebastelten Kocher und der torkelnden Petroleumlampe, geht durch einen nächsten Sturm, fliegt über die Dünungen, ist eins mit sich, dem

Boot, dem nassen Universum. Seine Kurslinie zieht sich erneut an Südafrika vorbei, führt weiter gen Osten, abermals nach Australien, abermals auf den Stillen Ozean. Er äußert kein weiteres Wort, beschreibt kein weiteres Stück Papier. Da ist nur Schweigen.

Erst im Juni 1969, nach 303 Seetagen und 37.000 Seemeilen, lässt Moitessier in einer Lagune vor Tahiti den Anker fallen – er ist am Ende nicht nur einmal, sondern mehr als anderthalbmal um die Welt gesegelt. Ohne Pokal, ohne Geld, ohne schnellen Ruhm einzufahren.

Viele Monate bleibt Moitessier allein in der Südsee. Er lebt weiter an Bord seiner JOSHUA, holt sich Kokosnüsse von den Palmen, harpuniert Fische in den Lagunen. Unten in seinem spartanischen Salon, im Licht einer ebenfalls selbst gebauten Paraffinlampe, beugt er sich in dieser Zeit über Stapel leerer Blätter und schreibt sein berühmtestes Buch *La longue route*, zu Deutsch: *Der verschenkte Sieg*.

Das Buch ist eine Liebeserklärung an die See und eine Abfuhr an jede Form von Wettkampf und Kommerz. Mehr als seine Motive zu schildern, beschreibt Moitessier in seinem Buch das Meer der südlichen Halbkugel. Die Schraffuren der Wellen, die Farben der Wolken, den Zug der Vögel und Fische. Erde und Himmel im Schöpfungszustand. Es ist die Kontemplation eines Entflogenen, der auf seinem kleinen Boot da draußen im Nichts für eine Weile seinen Frieden findet.

Im fernen England entscheidet sich der offizielle Sieger des Golden Globe zu einer stillen Tat anderer Art. Robin Knox-Johnston, von der Queen nach dem Rennen zum Commander of the British Empire ernannt, kassiert die 5.000 Pfund Siegprämie, spendet sie jedoch komplett der Familie Crowhurst. Der Frau und den vier Kindern des auf See gebliebenen Vaters, der an das wunderschöne Märchen geglaubt hatte, mit dem Segeln sein Leben retten zu können.

Die *Sunday Times* berichtet eifrig über das Geschehen. Dutzende Interviews und Artikel erscheinen, die Zeitung kann ihre Auflage steigern und hebt die moderne Berichterstattung auf eine neue Ebene. Der in der Südsee verschollene Franzose hat derweil sein eigenes Vokabular gefunden. Eine Sprache, die aus nichts als Wind und Salzwasser besteht.

Wie ein mächtiger Schatten legt sich Moitessiers ozeanischer Rückzug über das Geschehen. Das Rennen hat er zu einer Farce erklärt, die anderen Segler auf seine Weise gedemütigt. Obendrein formuliert er mit seiner Entsagung ein beinahe politisches Statement. Einen Abgesang auf alles Streben nach Reichtum, Ruhm und Sieg.

Moitessier, der Buddha der Meere.

GEDANKEN-WENDE

MATTHES SIERK

34

An einem kalten, grauen Tag Mitte November marschiert ein hochgewachsener Mann durch den Yachthafen von Strömstad und blickt mit seinen dunklen Augen in einen Himmel, der keine Konturen besitzt, keine Farben, keine Zeichnung. Der Mann geht auf ein blaues Segelschiff zu, das am Ende des Steges liegt, neben rostigen Fischkuttern, Hummerkörben, Reusen und seit Langem geschlossenen Buden. Die Segelsaison ist seit Monaten vorbei, die Luft schneidend kalt, über Schweden zieht der Winter herauf.

Vorgestern ist der Wind noch mit Stärke 7 über die Schären gefegt, aus dem Skagerrak rollten drei Meter hohe Wellen über die schwedische Felsenwelt nördlich von Göteborg. Heute ist es still, aber zwei Tage später soll der Wind schon wieder zurückkehren, 8 eisige Beaufort, die mit einer vergnüglichen Segelreise absolut nichts zu tun haben.

Der Mann trägt Sandalen, dicke Socken, Mütze, eine dünne Daunenjacke über dem Norwegerpulli. Seine Brille beschlägt, als er auf der Yacht das Schiebeluk öffnet, hinab in den Salon steigt, eine Kerze anzündet und es sich in seinem neuen, dem alten Leben enthobenen Zuhause gemütlich macht. Er hat seine Gitarre dabei, seine Ukulele, seinen Laptop, in den Schapps liegen viele Bücher: *Haben und Sein* des Philosophen Erich Fromm, *Würde*, verfasst vom Neurobiologen Gerald Hüther. *Walden* von Henry David Thoreau habe er kürzlich gelesen, sagt der Mann mit dem schwarzen Schnurrbart, mit Rousseau wolle er sich demnächst beschäftigen.

Es sind keine bunten Bücher, von denen die Rede ist, auch keine sonnigen Törnberichte über das lustige Dasein auf einem Segelschiff. Es sind Bücher, die sich mit größeren Fragen beschäftigen. Mit gesellschaftlichen Irrwegen, mit dem Für und Wider eines raumgreifenden, prägenden und hier und da womöglich leicht pathologischen Zeitgeschehens. Aus heutiger Sicht geht es in diesen Büchern durchaus um noch mehr. Um den Seelenzustand einer geprellten

Generation. Um den Versuch, Perspektiven zu finden, irgendeinen Weg aus dem Schlamassel.

Es ist das Jahr 2021. Dies ist das dritte Jahrzehnt des dritten Jahrtausends, die Ära des Klimawandels, der Pandemie, der Zeitenwenden.

Die Fenster der Kajüte sind beschlagen, nasse Schlieren rinnen herab. Drinnen ist es warm, draußen kalt. Vor einigen Wochen besuchte ihn eine Freundin aus der Heimat auf dem Schiff. Sie kochten zusammen, schlenderten durchs Dorf, dann war er wieder allein. Vor Kurzem kam ein Reporter vom Lokalblatt *Strömstads Tidning* zu ihm an Bord und wollte wissen, was ihn nach Schweden verschlagen habe. Diesen einsamen deutschen Segler, mitten in die nördliche Schärenwelt, im tiefsten Herbst, auf einer zehn Meter langen Yacht. Noch dazu ein junger Mann: Matthes Sierk ist erst 26 Jahre alt.

Normalerweise tauchen deutsche Segler nur im Sommer hier oben auf, wenn es warm ist und der Himmel gnädig, und in der Regel sind diese Segler schon eine Spur älter. Jetzt im Herbst tuckern höchstens ein paar Norweger über die Grenze, um günstiges Bier zu kaufen, Wein und Schnaps.

Und jetzt der hier.

Der Lokalreporter stellte seine Fragen und schrieb anschließend einen Artikel über diesen jungen deutschen Kerl, der sich auf seinem Segelboot nach Strömstad verirrt hatte. Doch die Hälfte in dem Text stimmte am Ende nicht, war zusammenfabuliert – nett, aber falsch. Nur eines stimmte: dass sich hier einer davongemacht hat. Dass hier einer seinen formidablen Job bei einem weltbekannten Unternehmen geschmissen hat, trotz Karriere und rosiger Aussichten, und dass dieser junge Mann mit seiner Yacht nun ausgerechnet in der schwedischen Region Bohuslän gelandet ist.

So weit, so gut. Doch natürlich ist die Geschichte in Wahrheit verworrener, stellen sich die Fakten komplexer dar. Die Fakten, die Gefühle und auch jener nur schwer zu fassende Seelenzustand, der in diesen nicht wenig zerrissenen Zeiten schon mal den einen oder anderen heimsuchen und offenbar sogar dazu führen kann, dass ein junger, aufstrebender Mann in Anzug und weißem Oberhemd alles hinschmeißt, sich eine Yacht kauft und die Biege in ein neues Leben wagt.

Matthes Sierk, geboren in Itzehoe, Abiturnote 1,3, spricht von einer »Gedankenwende«, sagt, dass er sich dazu entschlossen habe, bestimmte Dinge nicht mehr zu tun, sich für falsche Ziele nicht mehr zu verkaufen. Er sagt das ruhig, mit keiner Silbe missionarisch oder allwissend, und doch ist es, als spräche hier die Stimme einer globalen Generation, die noch viele Jahre auf diesem Planeten leben will und ein gewisses Spiel immer rigoroser ablehnt. Von einer Kultur des Aufhörens reden längst einige Vordenker, von einer notwendigen Abkapselung aus der Rasanz und Gier unserer Zeit.

Matthes Sierk sitzt mit seiner Ukulele auf seinem Segelschiff inmitten des schwedischen Inselreichs, er wirkt wie der Argonaut einer Zukunft, die auf dem Spiel steht und die manche, anstatt auf die Straße zu gehen, lieber mit einem leisen Statement des Entzugs gestalten wollen. Nein, so kann es nicht weitergehen. Ohne mich. Ich bin raus.

Das Vehikel seines Ausbruchs ist eine Reinke S10, 1991 gebaut, aus Stahl, knapp elf Meter lang, 3,47 Meter breit, zehn Tonnen schwer. Er sah das Schiff in Hooksiel an der Nordsee liegen, das war an einem Sonntag im Mai 2021. Eine Woche später gehörte die blaue ANNA-LENA ihm. Er besaß zu diesem Zeitpunkt weder Segelschein noch Funkschein, hatte insgesamt keinen Schimmer von dieser ganzen Angelegenheit namens Segeln. Als Junge saß er ein-, zweimal auf einem alten Sportkatamaran und lernte später Kitesurfen. Das war's.

Lange interessierten Matthes Sierk die Schulnoten mehr als die See, nahmen die Überstunden im Büro den Raum in seinem Leben ein, nicht Knoten und Wind. Zu seiner Yacht kam er am Ende wie ein Gestrandeter zu einem Rettungsboot. Nun aber lebt er auf seinem Schiff, ein Frischling, der vor nicht einmal fünf Monaten zum ersten Mal behutsam seine Hand auf ein Steuerrad legte.

Ein kleiner Heizlüfter bläst warme Luft in die Kajüte. Der neue Eigner sitzt auf den Polstern der Dinette und blickt auf den Kartentisch am Niedergang. In der Navigationsecke sind das Funkgerät, ein Weltempfänger, Echolot und Navtex installiert. Durch einen schmalen Gang gelangt er in die Kombüse, ins Vorschiff. Spaghettischachteln, Töpfe, eine kleine Spüle. Die ANNA-LENA ist jetzt sein Raumschiff, seine einzige Bleibe; die Wohnung im schicken Hamburg-Ottensen hat er längst gekündigt. Matthes Sierk sagt: »An Bord habe ich alles, was ich brauche, und ich frage mich heute sehr genau, was das eigentlich ist.« Draußen herrschen an diesem Abend im schwedischen November 4 °C. Gefühlt sind es null.

Am nächsten Morgen – noch sagt der Windbericht 2 bis 3 Beaufort voraus – macht Matthes Sierk die Segel klar und legt die Schoten parat. Er will raus, ein bisschen segeln, rüber zu den Kosterinseln vor der Küste. Unter Motor fährt er aus dem Hafen, hinaus in die eisige Stille. Unbemannt dümpeln ein paar Boote an den Bojen und Schwimmstegen, doch bald lugen nur noch Felsen aus der winterlichen See. Hier und da kreist eine Seemöwe durch die Welt, die roten Sommerhäuser Schwedens sind jetzt Winterhäuser. Leer, verwaist, ausgekühlt. Da ist fast nichts mehr. Keine Menschenseele, kein Seekajak, keine duftende Kaffeebude. Da ist nur nur noch die kalte, graue Meereswelt, und der Anlass muss dir schon anständig in den Knochen stecken, damit es dich jetzt noch hierher verschlägt, allein, auf einem kleinen Segelschiff.

Der Autopilot steuert das Boot durch die Rinnen, hinaus auf offenes Wasser. Matthes Sierk schaut auf den Plotter, fiert die Genua, belegt die Schot, korrigiert den Kurs. Die Handgriffe sitzen fast schon wie im Schlaf. Nur fünf Monate hatte er bisher, um zum Segler zu werden. Vom Schreibtischmenschen zum Meeresaufsucher, vom Karrieretyp zu einem, der sich dafür entschieden hat, lieber ins Off zu kreuzen, um dort ein wenig nachzudenken. Sierk steht am Steuer. Handschuhe, Stoppelbart, rote Mütze. Er wirkt seelenruhig.

Und dann erzählt er ein wenig.

Er sei ein eher stiller Teenager gewesen, sagt er, mit 16, 17, es ist gar nicht lange her. Doch der Druck war schon zu spüren. Der Druck aus unsichtbaren Sphären, und mit den Noten in der Schule wollte er es allen zeigen. Er lernte, er war gut. Einsen, mal eine Zwei. Er las damals schon Managermagazine, Wirtschaftsblätter, interessierte sich für Aktien, ETFs, die aufkommenden Kryptowährungen. Nach dem Abitur kein Atemholen. Sierk schlüpfte nahtlos in ein duales Studium bei einem der größten Flugzeughersteller der Welt. Er studierte Wirtschaftsingenieurwesen, garniert mit einer Übernahmegarantie.

Mit 19 Jahren stand er unter der Ägide eines Unternehmens, das 130.000 Mitarbeiter in aller Welt beschäftigte. Luftfahrt, Raumfahrt. Internationales Standing, börsennotierte Welten. Sein Vokabular veränderte sich. Ebenso sein Outfit. Er kaufte sich Oberhemden, dunkle Hosen und schwarze Lederschuhe. Seinen Bachelor machte er nach dreieinhalb Jahren. »Es fühlte sich an wie totales Durchstarten, ohne Pause.«

Mit 23 trat er seinen ersten Job an. Er war nun ein junger Supply Management Officer, zuständig dafür, die Kabinenfenster der Flugzeuge zu bestellen. Ein schönes Büro in Finkenwerder an der Elbe, nette Kollegen, Vorgesetzte, die den bestandenen »Dualis« den Himmel auf Erden vorbeteten. Sie seien die Manager von morgen, hörten sie, die Entscheider, die Chefs der Zukunft. Es ging runter wie Honig.

Sierk steuert ein paar Grad nach Backbord, dreht am Autopiloten, schaut in die Segel. Er sagt: »Ich hatte von meinem Büro Blick aufs Wasser, ich konnte die Schiffe sehen, die großen Maschinen, wenn sie über die Elbe flogen.« Sahnelage, Sahnejob, Sahnegeld. Er verdiente gut, schon in diesen frühen Jahren. Er verdiente weit mehr als ein Krankenpfleger, ein Lehrer oder ein Zimmermann am Ende der Laufbahn.

Draußen in Schweden schneidet die Luft ins Gesicht, die Kosterinseln liegen noch vier, fünf Seemeilen vor dem Bug, das Meer eine grafitgraue Fläche mit feiner, leicht gewellter Schraffur. Sierk zieht sich Handschuhe an, blickt durch die Scheibe des Steuerstands. Da steht er nun und sagt: »Mit 19 ist man heute völlig überfordert. Was will man, was soll man, wer ist man? Da verlierst du dich schnell in einer Situation, in der du nicht mehr hinterfragst, sondern dich dem allgemeinen Kosmos anpasst.« Dann sagt er noch: »Das Gehalt war völlig übertrieben, es war ungerecht.« Der eiskalte Wind würgt dem Satz beinahe die Luft ab, einsam segelt er hinaus in die Schärenwelt.

In der Arbeitswelt hatte er es bald mit neuen Begrifflichkeiten zu tun. »Set company objectives«, »Standards for delivering value«, »Key Performance Indicators« – Instrumente, mit deren Hilfe die Effizienz der Mitarbeiter gemessen wird. Er musste Bestellungen platzieren, Liefertermine garantieren, Kontakte pflegen. Sieben, acht Stunden vor dem Computer. Ein schnelles Geschäft, ausnahmslos den Zahlen unterworfen, den Margen und dem Prinzip der Gewinnmaximierung. Als Sierk das sagt, zieht er in der Kälte kurz die Nase hoch.

In seinem und auch in anderen Unternehmen habe derweil eine Erzählung die Köpfe erobert: die einer VUCA-Welt, vor der man die Mitarbeiter schützen müsse. Das Akronym stammt aus dem Militärischen und setzt sich aus den Begriffen Volatility (Volatilität), Uncertainty (Unsicherheit), Complexity (Komplexität) und Ambiguity (Mehrdeutigkeit) zusammen. Dies, so die Unternehmenssemantik, seien die wesentlichen Merkmale einer inzwischen undurchschaubaren, unscharfen, unsteten, schnellen und wenig linearen Welt, und gegen diese ziemlich ungemütliche Moderne müsse man ein Wir-Gefühl im Unternehmen aufbauen, eine Art familiäres Band gegenseitiger Bekräftigung. Das geschah dann auch. Auf dem Plan standen Well-being-Angebote für die Mitarbeiter, Sprachkurse, Sportkurse, Yoga.

»Alles letztlich im Namen der Optimierung«, sagt Matthes Sierk heute. »Alles im Strudel einer gnadenlosen Leistungsgesellschaft.« Aber was wusste er schon? Er ging gerade mal auf Mitte 20 zu. Er klebte vor den Zahlen, sollte sein Potenzial entfalten. Hier und da hörte er von Burn-outs, Shareholder Value, dann wieder von Mindfulness und Awareness. Es waren jetzt ungeheuer moderne und flexible Zeiten. Die glasglatte Oberfläche eines Spiels, dessen Zentrifugalkräfte wie Zaubertrank wirken und dessen Physik und Symptomatiken nicht ganz leicht zu verstehen sind.

»Es dauerte ziemlich lange, bis ich den Erfolgsmodus einmal ausschalten konnte«, sagt Matthes Sierk. »Bis ich merkte, dass das alles nichts mit mir zu tun hatte. Es war Augenwischerei. Ich war nichts als ein Tool zur Gewinnsteigerung.«

Während eines Auslandssemesters in Australien fand er zum ersten Mal ein wenig Zeit, ein wenig Abstand. Von seinem Zimmer aus konnte er das Meer hören und musste nicht jeden Morgen aus dem Bett schießen, hinein in einen 14-Stunden-Tag. Am anderen Ende der Welt kam er mit anderen Themen in Berührung, dachte intensiver über das Wort Nachhaltigkeit nach und lotete erstmals auch den Begriff der intrinsischen Motivation aus. Er fragte sich: Was mache ich eigentlich in meinem Leben? Mit meinem Leben? Was will ich machen? Worin liegt der Sinn? Und was sagt eigentlich: mein Herz?

Er las viel in dieser Zeit, verschlang die Bücher regelrecht. Keine Wirtschaftslektüre mehr, sondern aufreibendere Themen. Irgendwann wanderten seine Augen über einen Satz von Erich Fromm: »Wer bin ich, wenn ich bin, was ich habe, und dann verliere, was ich habe?« Der Satz traf. Er ließ ihn nicht mehr los. Matthes Sierk las weiter, holte Luft. Manchmal saß er da unten in Australien am Strand und blickte aufs Meer.

Zurück in Deutschland und im Job sah er die Dinge fortan zunehmend anders. Sich selbst in einem anderen Licht, die Kollegen, die Mechanismen, die Welt, die Grammatik des großen Spiels. Natürlich drohten längst noch andere Themen am Himmel: Klimawandel, CO_2-Steuer, Artensterben. Da war die gesellschaftliche Spaltung, da waren die Flüchtlinge. Da war Greta Thunberg, die mit einen Segelboot nach New York zu den Vereinten Nationen gefahren war. Und dann war da einer, den jetzt immer mehr Menschen, vor allem junge, mit Wut und Nachdruck zunehmend infrage stellten: den vorherrschenden Gott des ewigen Wachstums.

Es kam die Zeit der »Gedankenwende«, wie Matthes Sierk es nennt. Er hatte keine Lust mehr. Er wollte nicht mehr. Sein Job, sein bisheriges Streben, alles fühlte sich hohl an. Dies war der falsche Kurs. Es waren nicht die Ziele, für die er seine Energie und sein restliches Leben hergeben wollte. Er war jetzt 25. Und selbst wenn er 100 werden würde, war dies immerhin schon ein Viertel. 25 war gar nicht mehr so jung, dachte er, aber es war weiß Gott noch immer jung genug. Ein Entschluss reifte in ihm. »Ich wollte raus aus dem goldenen Käfig. Ich wollte einen echten Bruch. Wollte raus aus diesem ganzen Karussell, das immer mehr will und noch mehr und noch mehr.«

Dann kam Corona, kam immer heftiger, und damit die Möglichkeit, die Firma gütlich zu verlassen. Er sprach mit seinen Eltern, mit Freunden und eingeweihten Kollegen – und war schon ein wenig erstaunt, als er die Reaktionen der Menschen beobachtete. Es war, als würde er mit einem Seismografen in ihre Seelen horchen. Es gab keine großen Bedenken, nicht einmal einen Aufschrei, dass er seine Chance leichtfertig verschenken würde. Keinen Protest, kein »Du bist verrückt, tu es nicht!«. Die Leute schienen im Innern längst zu spüren, dass seine Gedanken in Anbetracht der Zeiten nicht die falschen waren, dass sie womöglich sogar genau die richtigen waren. Gedanken, aus denen eine Haltung sprach. Eine Richtung, eine Kraft. Doch nicht jeder konnte, nicht jeder schaffte das.

Dann, Weihnachten 2020, der Schnitt. Er kündigte. Vor Matthes Sierk lag nun nicht nur ein neues Jahr – vor ihm lag ein Leben, das sich anfühlte wie ein weißes, unbeschriebenes Blatt Papier.

Voraus: die Kosterinseln. Ein schmaler Eingang, gesäumt von nassen Klippen, führt in den kleinen Hafen. Keine Seele ist zu sehen, nur ein paar Kutter schwimmen im kalten Wasser. Matthes Sierk zirkelt eine Kurve und legt längsseits an. Keine Hektik, keine Hatz. Das Manöver sitzt, die Welt wie eingefroren. Am Nachmittag spaziert er über die Insel, vorbei an verlassenen Fischerbuden und Sommercafés, vorbei an Häusern, die in der Gegend stehen wie in einer aufgegebenen Filmkulisse. »Ich mag die Stille hier oben«, sagt er. »Nichts, das ablenkt, nichts, das etwas von dir will.«

Dass er jetzt hier oben ist – nicht auf Betriebsausflug, sondern auf eigenem Kiel –, hat er nicht nur seiner Entscheidung zu verdanken, sondern auch dem Mut, aus heiterem Himmel segeln lernen zu wollen und sich gleich eine eigene Yacht zu kaufen. Doch es fühlte sich an wie ein guter nächster Schritt. Der erste, um einen ersten Satz auf das leere Blatt zu schreiben.

Er hatte sich auf youtube Dutzende Segelvideos angesehen, verfolgte Blogs, las Bücher, hörte sich um. So ein Leben auf dem Wasser schien passend. Es würde günstig sein, einfach und überschaubar. Langsam, nicht schnell. Maßvoll, nicht maßlos. Weniger, nicht mehr. Ein Antidot gegen die Zeiten, das genaue Gegenteil der VUCA-Welten. Und vielleicht würde so ein Leben auf dem Boot auch das sein: ein Statement, eine Haltung.

Ab Mitte Januar schaute Matthes Sierk sich verschiedene Boote auf dem Gebrauchtmarkt an. Im März begann er, für seine Scheine zu lernen: Funk, Sportbootführerschein See und Binnen. »Das Segeln hatte sich in meinem Kopf festgesetzt, ich musste das einfach machen. Es gab kein Zurück mehr.« Er brannte für das Segeln, noch bevor er segeln konnte.

Manche Boote kamen infrage, andere erwiesen sich als untauglich. Sierk achtete auf drei Kriterien. Must-have. Nice to have. Nicht so wichtig. So suchte er. Dann erzählte ihm ein Segler von einer Reinke am Steg, die zu verkaufen sei. Sehr guter Zustand, gepflegt, absolut seetauglich, auch im Winter bewohnbar. Im Mai 2021 schlug Matthes Sierk zu. »Ich hatte großen Respekt, das war wie ein Hauskauf für mich.« Mitte Mai überführte er das Boot von der Nordsee an die Schlei. Noch war der Voreigner dabei, ein alter Kapitän. Sierk saß jetzt zum ersten Mal auf einer Segelyacht, seiner eigenen, auf der er sich drei Tage später allein wiederfand. Segelerfahrung: praktisch null. »Ich hatte keine Ahnung, wohin die Reise gehen, wie lange ich an Bord bleiben würde.

Drei Monate, ein Jahr, drei Jahre? Alles war neu, und alles war offen.«

Er schaute sich auf Facebook um, suchte jemanden zum Mitsegeln. Ein Mann namens Dyke meldete sich, 29 Jahre alt. Er habe kein eigenes Schiff, aber 1.000 Seemeilen geloggt, nun ja, immerhin. Sie lernten sich per Videocall kennen, eine Woche später legten sie in Schleswig ab und segelten los. Zwei junge Männer, ein Traum und ein großer Sommer vor dem Bug. So einfach kann Segeln gehen, wenn man es denn nur macht.

Sie nehmen Kurs auf die Dänische Südsee, wagen erste Anker- und Hafenmanöver. Einmal steht Wasser im Maschinenraum, ein anderes Mal schwappt Diesel in der Bilge. In Sønderborg müssen sie in den Baumarkt, um neue Dichtungen zu besorgen. Es sind erste kleine Bewährungsproben, begreifen, dass Segeln keineswegs nur Badehosendasein bedeutet. Sierk tastet sich heran. Immer ein Stück weiter hinaus. Segeln lernen, indem man segelt.

Sie steuern bald durch den Alssund, passieren Middelfart, ankern und springen ins Meer. Es zieht sie weiter nach Norden. Der Sommer wird prächtig, drei Wochen bleibt Dyke an Bord. Sie steuern Samsø an und machen einen ersten langen Schlag übers offene Kattegat, 55 Seemeilen von Grenå nach Anholt. Weites Meer, leises Rauschen. Abends gleitet das Schiff in einen endlosen, pinkfarbenen Himmel. Matthes Sierk spürt zum ersten Mal, was Segeln ist.

Keine Zahlen, keine Enge. Da ist jetzt viel Luft zum Atmen, Raum zum Denken. Und warum sollte der Mensch nicht gewisse Dinge sein lassen, sich dafür anderen Dingen zuwenden? »Vielleicht«, sagt Matthes Sierk, »lässt sich Wachstum auch so begreifen.«

Die Reise geht weiter. Die beiden segeln nach Schweden, über Varberg nach Göteborg, dann steil nach Norden, hinein in die Schären. Es gibt kein Ziel, kein Limit. Dyke geht irgendwann von Bord, drei Freunde kommen aufs Schiff. Sie bleiben einen ganzen Monat, Ahnung vom Segeln haben sie nicht. Matthes Sierk ist jetzt der Kapitän. Er kennt sein Schiff inzwischen gut genug, plant seine Kurse, schätzt Wind und Wetter ein und hat sich mit dem Instrumentarium des Segelns angefreundet. Es geht, wenn man es denn nur macht. Und dann geht es immer weiter, am Ende bis nach Norwegen. »Eine unbezahlbare Zeit«, sagt der Mann aus dem Weltunternehmen. »Ein goldener Herbst, da war nur Sonne.«

Am nächsten Morgen marschiert er noch einmal über die karge Insel. Am Nordufer von Koster verliert sich das Land in der See, Tropfen aus Stein, Buckel aus Granit, überspült von der Flut. Bleich spiegelt sich der Himmel in den Gezeiten, die Welt ein Raum der Kontemplation, die Natur als Mindspace. Matthes Sierk setzt sich auf einen der Holme und schaut aufs Wasser hinaus, nicht wie aufs Ungewisse, sondern wie auf ein Meer der Möglichkeiten. Was kommt als Nächstes?

Vielleicht wird er sich einer Gruppe junger Norweger anschließen, gechattet haben sie schon. Zwischen Nordkap und Skagerrak wollen sie die bis dato größte Aktion zur Reduzierung von Plastikmüll auf die Beine stellen und dafür eine der größten Fast-Food-Ketten der Welt ins Boot holen. Auch mit Dyke, seinem Segelfreund aus heiterem Himmel, ist er weiterhin in Kontakt. Dyke ist Energieberater, eine Freundin von ihm Mobilitätskonzeptionistin; in diesen Zeiten entstehen gerade auch viele neue Berufe, viele neue Wege eröffnen sich. Vielleicht wollen sie zusammen eine Firma gründen, um Unternehmen auf die Sprünge zu helfen, um Ideen zu entwickeln, wie sich Flexibilität und Beweglichkeit neu denken lassen. Ohne den Menschen zum Tool zu machen. Ohne die Zahlen zum Gott zu erklären, sondern eine erträgliche Zukunft zum Ziel.

Matthes Sierk hat sich inzwischen wieder für ein Studium eingeschrieben: Naturtherapie. Es geht dabei um therapeutische Bildung, existenzialpsychologische Erfahrungen und Begegnungen in der Natur. Manchmal muss er dafür ins Allgäu, oft kann er vom Boot aus lernen. Online, oben in Schweden, im tiefsten Herbst.

Neuerdings denkt er daran, auf den Kosterinseln beim Aufbau eines Tiny-House-Village mitzumachen. »Community Gardening« und »Affordable Spaces« lauten die Stichworte. Auf einer einsamen, verlassenen Insel bezahlbaren Lebensraum schaffen, gegen Wohnungsnot und Mietwucher, auch in Skandinavien längst bekannte Probleme. Ein erstes Purpose-Unternehmen in der Region hatte mit einem solchen Projekt schon Erfolg. Matthes Sierk lernt darum gerade Schwedisch. Auch dies tut er auf seinem Boot.

Es sind Ideen dieser Art – Visionen, Türen in neue Welten. Es geht um andere Kurse, um Ziele, die sich an gänzlich neuen Koordinaten orientieren. Eine Kultur des Aufhörens? Matthes Sierk hat diesen Gedanken auf seine Weise übersetzt. Das Segeln als Metapher, als allegorisches Motiv einer neuen Erzählung. Das Buch muss nun noch geschrieben werden, aber die ersten Sätze stehen. Am nächsten Morgen löst er früh die Leinen und fährt hinaus. Zehn Seemeilen sind es zurück nach Strömstad, zwei Stunden über graues, kaltes Wasser. Für den Nachmittag sind zunehmende Winde angesagt, für morgen Windstärke 8, in Böen 9.

Wie gesagt, mit einer vergnüglichen Segelreise hat das alles nur am Rande zu tun. Doch für Matthes Sierk liegt darin auch nicht der Sinn der Sache.

EIN PAAR TAGE LEBEN

GUY DE MAUPASSANT

48

Eines Tages im späten Herbst des Jahres 2013 betrat ein Nachlassverwalter das Rathaus der kleinen französischen Ortschaft Étretat und konfrontierte den Bürgermeister mit einer seltsamen Angelegenheit. Er verfüge über Schiffsteile, sagte der Mann. Über die Trouvaillen eines bekannten Monsieurs, der einst im normannischen Departement Seine-Maritime gelebt habe. Der Nachlassverwalter präzisierte sein Anliegen: ob die Gemeinde die seltenen Teile nicht für ihr Museum erwerben wolle, im Namen des berühmten Sohnes ihrer Stadt.

Der Bürgermeister hörte von einer Kiste mit verblichenen Fotos, von alten Möbeln und antiken Nagivationsgeräten, die er erstehen könne. Allerlei Teile, die früher zu einem Segelschiff gehört hätten, das übers Mittelmeer gekreuzt sei. Der Bürgermeister überlegte eine Weile, schlug das Angebot jedoch aus. Für so etwas habe man kein Geld.

So geschah es, dass die maritimen Stücke in der Nouvelle-Aquitaine landeten, in einem Auktionshaus im südfranzösischen Pau. Im April des folgenden Jahres kamen sie unter den Hammer: ein quadratischer Mahagonitisch, ein bereits leicht oxidierter Sextant, ein Rettungsring, verschiedene Laternen, ein Wasserfass, dazu mehrere Bojen, zwei schwere Positionslampen sowie eine lange, geschwungene Pinne aus Kupfer. Martine Gestas, die Leiterin der Auktion, stand mit schneegrauem Haar und heller Perlenkette vor der Presse und sagte, sie hoffe doch inständig, dass die Franzosen zuschlagen und die Teile nicht ins Ausland gehen lassen würden. Erste Amerikaner hätten sich bereits gemeldet, aber diese wunderbaren Stücke müssten doch, bitte schön, in Frankreich bleiben.

Dann sagte Madame Gestas noch: »Die BEL-AMI war ihm wie ein Freund, er hat sein Boot geliebt.« Die kleine, feine Kollektion alter Bootsausrüstung wurde schließlich versteigert. Für 35.000 Euro gingen die 15 Teile in fremde Hände; wohin, blieb ein Rätsel. Der Käufer wollte anonym bleiben.

Nun, die besagten Schiffsteile hatten nicht irgendjemandem gehört. Einst waren es die lieb gewonnenen nautischen Requisiten des Schriftstellers Guy de Maupassant – neben Stendhal, Gustave Flaubert, Honoré de Balzac und Émile Zola einer der großen Erzähler des 19. Jahrhunderts.

Die Existenz der Stücke kommt weniger einer nautischen als vielmehr einer kleinen biografischen Sensation gleich. Der sagenumwobene Romancier nämlich ist heutigen Lesern hinlänglich bekannt für seine Kurzgeschichten, Romane und Novellen, vielleicht noch für sein extravagantes Leben, nicht jedoch für seine maritime Leidenschaft. Diese jedoch war bezeichnend für das schreibende Nervenbündel Maupassant. Denn obgleich er vieles verschmähte und dem menschlichen Walten eher mit Degout begegnete, zwei Dinge liebte er: das Meer und Segelschiffe.

Als Angestellter im Marineministerium hatte der unverbesserliche Misanthrop seine Karriere begonnen, schrieb nebenher jedoch – vermutlich aus Frust – Gedichte und kleine Prosastücke. In Paris lernte er bald die hehren Literatenkreise der Naturalisten um Flaubert kennen und verfasste nun Kurzgeschichten und Bücher. Mit der Novelle namens *Fettklößchen* wurde er 1880 bekannt, mit seinen Romanen *Ein Leben* und *Bel-Ami* schließlich berühmt.

Guy de Maupassant, ein besessener Schreiber und Lebemann, ein sportlich-untersetzter Heißsporn, den Frauen keineswegs abgeneigt, hatte auf einmal genug Geld, um ein Leben nach Belieben führen zu können. Er reiste als Reporter nach Algerien, weilte oft in den mondänen Bars von Paris und reagierte sich danach beim Paddeln auf der Seine ab. Bei seinen diversen Liebesabenteuern hatte er sich früh die Syphilis eingefangen, zudem litt er unter bösen Migräneattacken.

Peinigen allerdings sollten ihn bald noch ganz andere Dinge. Das Land und seine entsetzliche Enge. Vor allem aber: die Menschen samt ihrer Marotten und Eitelkeiten. Die Menschen, die in ihrer Masse »dumm sind und hässlich und nach Knoblauch riechen«.

So kam es, dass einer der begabtesten französischen Schriftsteller, bewundert von Tolstoi und Thomas Mann, immer öfter das Meer als Refugium aufsuchte. Und bald dringend auch ein passendes Vehikel für seine Eskapaden benötigte: eine Segelyacht. Maupassant, der Paris nach seinen Erfolgen öfter den Rücken kehrte, um sich an der Côte d'Azur in Wassernähe aufzuhalten, schaute sich alsbald nach Booten um, besuchte Werften und schlich durch die Häfen. Bis er eines Tages eine 9,15 Meter lange Yawl erblickte, die den Namen FLAMBERGE trug. Das Schiff gehörte damals Paul Saunières, einem Assistenten von Alexandre Dumas. Letzterer hatte immerhin Werke wie *Die drei Musketiere* und *Der Graf von Monte Christo* geschrieben, und dass sogar dessen Gehilfe segelte und ein eigenes Boot besaß, bestärkte Maupassant nur.

Er kaufte also die elegante Yacht und taufte sie, nach dem Titel seines erfolgreichsten Buches, BEL-AMI – schöner Freund. Ein schieres Deck besaß das Boot, mit nur einem flachen Aufbau zum Niedergang. Der vordere Steven schnitt beinahe senkrecht ins Wasser, hinten zog sich ein langer Überhang über den Spiegel der See. Ein kleiner Besanmast stand auf dem Heck, am Großmast stieg die mächtige Takelage empor, dazu weiße Segel, die wie die Schwingen eines Sagenvogels anmuteten.

Allein auf dem Vorschiff brachte die Yacht zwei Stagsegel und ein fliegendes Vorsegel an den Wind. In seiner Erzählung *Die Nacht* beschreibt Maupassant das so: »Die drei vorderen Segel eilen voraus, luftige Dreiecke, die der Wind aufbläht.« Über der massiven Pinne und der niedrigen Plicht erhob sich das schwere Großsegel, darüber noch, großflächig und spitz in den Himmel zeigend, das wie ein gedrungener Diamant geformte Gaffeltoppsegel.

Als Maupassant zum ersten Mal sein Boot bestieg – ein Mann des Wassers, ein guter Ruderer und Schwimmer, aber noch lange kein versierter Segler –, erkannte er sofort, was ihn an diesem Boot so faszinierte. An den Masten liefen all die schweren Fallen, gedreht aus Hanf, am Großmast waren Korallenleinen angeschlagen, an der Gaffel verrichteten messingbeschlagene Klaufallblöcke ihren Dienst. Was für ein herrliches Getöse und Gewirr! Ja, was für ein verlockendes Gefährt! Denn: Es war zu keinem geringeren Zweck ersonnen worden, als sich in das wundervoll einsame Reich der Seevögel aufzumachen.

Ein schwerer Anker lag vertäut am Bug, dahinter verschraubt ein großer Kasten für die Fische. Unter Deck öffnete sich der hübsche Salon. Petroleumlampen schaukelten unter der Kajütdecke, auf den Kojen lagen Segelsäcke, und nein, hier stank es nicht nach Knoblauch und feinen Tanten, hier duftete es nach Firnis und Freiheit, nach Teer und Meer. Ganz vorn am Bug zierte die überaus hübsche Yacht – fast wie die Eröffnung zu einer guten Kurzgeschichte – ein ellenlanger Klüverbaum, der wie der Speer eines Sägefisches hinaus aufs Wasser zeigte.

Da war es also endlich, spreizte sich direkt vor seiner Nase: das Meer, die See. Blau und weit lag das Mare Nostrum vor ihm, trunken vor tanzendem Licht und vor allem verschont von jenem Gedränge und Geschiebe, das er an Land vorfand und das ihm zusehends seine Nerven blank legte. Denn nein, er mochte sie wirklich nicht besonders, diese Zweibeiner mit ihren engstirnigen Köpfen. Diese Kreaturen Gottes, die er in ihrer »Armseligkeit« und »Mittelmäßigkeit« unverhohlen abstoßend fand.

Milde ließ er ja nicht einmal gegen sich selbst walten. Einen »grauenhaften Ekel« vor der Monotonie des Lebens verspüre er, schrieb Maupassant in Briefen. »Ich habe alles begehrt, nichts davon genossen.« Ein Neurotiker, ohne Zweifel, zudem jedoch ein typischer Normanne. Sein Bedürfnis nach Gesellschaft war zwar vorhanden, sein Drang nach Alleinsein jedoch deutlich ausgeprägter.

Nun schwankte der Boden unter seinen Füßen. Wellen kleckerten an den Rumpf der BEL-AMI, und endlich konnte er den Bug nach Belieben seewärts richten. Auf Regatten und artiges Clubsegeln war er freilich nicht aus. Maupassant gedachte seine Yacht vielmehr als Fluchtvehikel zu nutzen. Als schwimmende Heilanstalt gegen den Trübsinn, der ihm auf den Boulevards entgegenschwappte, der ihn angaffte in all den adretten Kaffeehäusern und Spielcasinos des feinen Frankreichs.

Es dauerte nicht lange, bis Monsieur de Maupassant eine kleine Crew angeheuert hatte und sich davonstahl. Ein paar Seemeilen um die nächste Felsnase, einen weiten Schlag in die kleinen Häfen hinter Cap d'Antibes und Port Grimaud. Bald wagte er sich weiter hinaus. Lief vergessene Buchten an, steuerte zu den Inseln vor der Küste. Dort ließ er sublimiert den Anker fallen, lauschte dem Plätschern der Austernbänke und entkorkte seinen Wein.

Ein Biograf schrieb einmal: »Wirklich glücklich war Maupassant nur auf dem Wasser, dann, wenn er die Pinne in der Hand hielt, auf dem Mittelmeer vor Nantes und Nizza, manchmal auf den Seitenarmen der Gironde.«

Nachdem Maupassant seine erste Yacht gekauft hatte, weilte er fast nur noch am Mittelmeer, glitt tagelang durch den Golf von Saint-Tropez. Oft saß er selbst am Steuer. Oder schickte einen seiner Matrosen an die Pinne, um selbst lieber in der Sonne zu faulenzen und seine Gedanken fliegen zu lassen. Gelegentlich lud er Freunde ein, Mitglieder der damaligen Spaßgesellschaft. Doch allzu schnell ödeten ihn die Menschen an. Dann legte er allein ab, navigierte die Küste von Marseille bis Menton entlang, badete in der Bucht von Agay und meditierte stundenlang in der Sonne. Nachts lag er an Deck seines Schiffes oder träumte auf irgendeinem mondbeschienenen Bootssteg.

So ließ er sich treiben, wochenlang. Wanderte mit seinem Boot durch die maritimen Parallelwelten, in denen er höchstens auf ein paar Fischer traf oder auf deren rotgesichtige Frauen, die vor ihren dampfenden Bouillabaisse-Töpfen standen. Das wenigstens schien ihm zu gefallen. Jene stillen Örtchen auf der Erde, die, wie er sagte, »noch nicht vergiftet sind von den Parisern, Engländern, Amerikanern oder anderen Hochstaplern«.

Dass sich der Autor in den Häfen und auf seinem Boot so wohl fühlte, dürfte aber noch einen anderen Grund gehabt haben. Die Sonne und die frische Luft linderten augenscheinlich seine Leiden. Die Migräneschübe fielen hier nicht so schlimm aus, auch die Folgen der Syphilis griffen am Meer nicht ganz so heftig nach ihm. Und doch hatte sein körperlicher Verfall in diesen Lebensjahren längst begonnen. Guy de Maupassant, um die 40, ernste Augen und großer Schnurrbart, dazu eine pomadisierte Wellenkrause auf dem Kopf, schaute finster und illusionslos in die Welt. Wetterwendisch seine Launen, sezierend der Blick auf seine Mitmenschen.

Längst hatte er sich ans Morphin gewöhnt, jedoch schrieb er weiter wie der Teufel. Die Leser liebten seinen Stoff. Sein Buch *Bel-Ami* war inzwischen in die 50. Auflage gegangen, in über ein Dutzend Sprachen übersetzt worden und spülte ihm das Geld in die Taschen. Auch seine Novellen und Geschichten liefen hervorragend. Maupassant verstand es, auf zwei Seiten mehr zu sagen als mancher Autor in einem ganzen Buch.

Und nun, in den letzten drei Jahren, hatte er damit begonnen, auch an Bord seiner Yacht zu schreiben. An eben jenem quadratischen Mahagonitisch, der 130 Jahre später während einer Auktion verkauft werden sollte.

Der berühmte Tisch stand jedoch bald auf der zweiten Yacht, die er erwarb. Und wieder war es eine Yawl, wieder ein ausnehmend schönes Gefährt. Oder sollte man sagen: Gefährte? Denn das schienen ihm diese Boote wirklich zu sein, auch seine zweite segelnde Errungenschaft, getauft auf den Namen BEL-AMI II: treue, schöne Freunde. Das zweite Schiff war fast 15 Meter lang und mit einem riesenhaften Gaffelrigg bestückt. Auch Salon und Kojen waren deutlich größer bemessen. Und diese Yawl verfügte nun, unverzichtbar, über eine ordentliche Arbeitsecke.

Viel ist über die beiden Yachten des Guy de Maupassant nicht bekannt. Sie haben die Zeiten nicht überlebt. In seiner Novelle *Die Fliege* aber beschreibt er Szenen an Bord, die der Wahrheit zumindest nahekommen dürften: »Wir fünf besaßen ein Boot, das wir unter schwierigen Umständen erworben hatten und auf dem wir lachten, wie wir nie wieder lachen sollten. Es war eine große Yawl (…), eher schwer und stäbig, aber geräumig und komfortabel.«

Die fünf, in der Fiktion offenbar Freunde, versuchten immer wieder, auch Damen an Bord einzuladen. »Boatwomen«, wie Maupassant schreibt, die ein kleines Abenteuer auf See nicht verschmähen würden. Doch die Versuche endeten meist im Desaster. In *Die Fliege* heißt es weiter: »Wir hatten viele ohne Erfolg getestet, Mädchen, die auch mal an die Pinne gingen, unfruchtbare Bootsfrauen, die am Ende jedoch stets den berauschenden Wein jenem Wasser vorzogen, auf dem die Yawl schwamm. Wir behielten sie für einen Sonntag, dann schickten wir sie angewidert von Bord.«

Maupassant, schnell wieder mit seinen beiden Matrosen allein an Bord, erkundet indes weiter die bezirzende Küste Südfrankreichs. In Saint-Aygulf nahe Fréjus besucht er die Teiche von Villepey und nimmt sich ein Plattbodenboot, um auch das Binnenland per Schiff zu befahren. Er sieht »geheimnisvolle Tiefen, ein Dickicht primitiver Pflanzen, aus dem ein Schwarm Vögel bricht«. Maupassant weiter: »Die untergehende Sonne entwickelt eine Farbenpracht wie am Jüngsten Tag.«

Doch wohin er tagsüber auch streift, abends kehrt er meist zurück an Bord seiner BEL-AMI. Hier will er schlafen, die Medizinfläschchen und Weinpullen immer in Reichweite. Die Yacht ankert irgendwo vor den Ufern neben einer Gruppe Felsen im Lee einer Steilküste. Und wenn er mal einen Ausflug an Land wagt, nimmt Maupassant sein Beiboot und rudert danach zurück auf sein geheiligtes Sanatorium. Das schwebt geräuschlos auf dem Meer, mit seinen beiden Masten und den großen aufgetuchten Segeln. Ein Freund, der gemütlich um den Anker schwoit und die Kunst beherrscht, nicht allzu viel zu schwadronieren.

Auf seinem Schiff, von der Küste wenigstens ein paar sichere Bootslängen entfernt, weilt Maupassant mit Abstand am liebsten. Starrt aufs Meer, schaukelt da unten in seiner Koje durch seinen Wahn und seine Pein, als würde eine glucksende Krankenschwester ihn wiegen. Die syphilitischen Schmerzen setzen ihm zu. Er weiß, dass es in diesen Zeiten keine Rettung gibt. Die Medizin ist noch nicht so weit, das Penicillin als taugliches Mittel gegen die heimtückische Krankheit noch nicht entdeckt. Und so muss es Maupassant – ein Meister der Vorstellungskraft, aber eben auch ein gnadenloser Realist – vor seinem geistigen Auge regelrecht gesehen und innerlich vielleicht auch schon gespürt haben, wie die Bakterien durch seinen Körper kriechen, wie ein Stamm wendelförmiger Spirochäten langsam an seinen Organen nagt, dann an seinem Hirn.

In Sainte-Maxime hat Maupassant erste Erscheinungen. Er sieht in der Ferne seinen Vater Gustave, diesen alten, müden, von seiner Frau getrennten Don Juan, der dort in den Gassen durch die Gegend irrt. Unglücklich, mittellos, zerlumpt. Ist Maupassant schon verrückt geworden? Vagabundiert da wirklich der Vater? Oder ist es eher das schlechte Gewissen eines betuchten und so scharfsichtigen wie scharfzüngigen Schriftstellers, das ihn martert? Manchmal lässt die nervenkranke Mutter ihn rufen. Dann eilt Maupassant zu ihr nach Menton, steht ihr zur Seite, hilft immer wieder auch seinem Bruder, der frisch verheiratet ist und sich gerade eine bescheidene Existenz als Gärtner aufbaut. Seinen Vater Gustave respektiert Maupassant nur, schätzen tut er ihn nicht – ein schneidender Unterschied.

Das schwierige Verhältnis zu seiner Familie mag ein weiterer Grund sein, weshalb er so gern die Flucht aufs Wasser antritt. Da palavert er lieber mit den Fischern, lauscht dem singenden Dialekt des Südens und schaut aufs Meer. Nur einmal scheint ihm selbst das Bootsdasein nicht mehr zu genügen, um seine Agonie zu lindern. Maupassant schleicht ins Maurengebirge, verzieht sich in die Chartreuse de la Verne, eine Kartause oben zwischen Cogolin und Collobrières. Er schreibt: »Man muss diese Klöster bewundern, diese Orte der Stille mit ihren langen Arkaden der Melancholie.«

Auch bei den Mönchen kommt sein wund gescheuerter Geist zur Ruhe. Die Klöster nutzt er wie Filialen seines Bootes. Sie haben keine Segel, keinen Kiel, aber doch genau das, was er als Pendant so dringend braucht: Stille und Klarheit. Die Abwesenheit der lauten Welt. Doch die glücklichen Momente werden ab jetzt rarer. Maupassant leidet »wie ein jaulender Hund« und begibt sich schon bald wieder auf sein Boot. Sein Schaffensdrang jedoch ist nach wie vor enorm, oft fließt es nur so aus ihm heraus. Es entstehen weitere Novellen, Erzählungen, brillante Kurzgeschichten. Viele Kapitel verfasst er an Bord der BEL-AMI, unten in der Kajüte neben der Petroleumfunzel, die Feder bereit, das Schapp mit den kleinen rettenden Morphinampullen in Griffweite.

Während der Landausflüge an der Côte d'Azur geht er immer wieder seiner beruflichen Hauptbeschäftigung nach. »Beobachten ist alles«, pflegt Maupassant zu sagen. »Nicht mit den Augen der anderen, sondern mit den eigenen.« Maupassant, der Verhaltensforscher. Ein Chirurg mit scharfer Tinte, der die Menschen mit ihren Allüren in sein offenes Messer laufen lässt. Die Gesellschaft legt er erbarmungslos unters Brennglas. Genau dafür ist er berühmt. Und dafür schreibt er alles auf.

So auch das kleine, feine Büchlein *Auf See*, das seinen Hang zum Wasser und zu den Yachten offen thematisiert. Eine Törnbeschreibung einerseits, eine zynische Gesellschaftsposse andererseits ist dieses Werk. Es besingt die See, skalpiert das Leben an Land und in den Städten. Maupassants schlichtes Diktum drückte der englische Schriftsteller Julian Barnes folgendermaßen aus: »Auf See ist man so frei, wie es das Wetter zulässt. An Land fangen die Probleme an, denn dort trifft man auf andere Menschen.«

Doch gegen sie und ihre Unzulänglichkeiten, und damit auch gegen sich selbst, hegt der dichtende Skipper ein unversöhnliches Misstrauen. Die Welt sich besehend, resümiert Maupassant: »Wir wissen nichts, wir erkennen nichts, wir können nichts, wir ahnen nichts, wir erfinden nichts, wir sind in uns gefangen, eingesperrt. Und man bricht über das menschliche Genie in Begeisterung aus!« Zeilen, geschrieben vermutlich in den Jahren 1887 und 1888 auf der BEL-AMI.

Gerade ist er wieder mit seiner Yawl unterwegs und kreuzt zwei, drei Wochen lang zwischen Nizza und Saint-Tropez. Diese Tage auf dem Wasser beschreibt er in seinem Buch *Auf See*, mehr nicht und doch so viel, denn beim Segeln entlang der blauen Küsten tut Maupassant, was er im Leben wohl am liebsten getan hat. Im Vorwort schreibt er: »Dieses Tagebuch enthält keine interessante Geschichte und kein interessantes Abenteuer. Als ich im letzten Frühjahr eine kleine Kreuzfahrt entlang der Mittelmeerküste machte, habe ich mich damit vergnügt, jeden Tag aufzuschreiben, was ich gesehen und was ich gedacht habe. Kurz, ich habe Wasser, Sonne, Wolken und Felsen gesehen – anderes kann ich nicht erzählen –, und ich war einfach in Gedanken, wie man sie spinnt, wenn die Wogen einen wiegen, einlullen und hier- und dorthin tragen.«

Seine Aufzeichnungen sind wie ein Schlendern entlang der Küste, geprägt jedoch durch den einen entscheidenden Perspektivenwechsel: Maupassant navigiert stets am Rande des Getümmels, steckt seinen Kurs sozusagen jenseits des Tellerrands ab. Zwar macht er immer wieder Abstecher an Land, beschreibt die Sphären der Trottoirhelden jedoch mit Sicherheitsabstand: von Bord seiner Yacht aus, um sich herum den Freiraum der Planken.

Und so beginnt das Buch: An einem Morgen im April wirft der Seemann Bernard eine Handvoll Sand ans Fenster des Hotelzimmers, in dem Maupassant zur Abwechslung nächtigt. Ein kühler Nachtwind geht, als er das Fenster öffnet. Unten steht der Seemann und sagt:

»Schönes Wetter, Monsieur.«

»Wie steht der Wind?«

»Ablandig.«

»Gut, ich komme.«

Der Wind, natürlich bläst er bei Maupassant ablandig. Hinaus auf See, bloß auf und davon. Noch in der Nacht brechen sie auf, er und seine beiden Matrosenkumpane. Die Sterne werfen ihr fernes Licht, Meer und Himmel sehen aus wie schwarzblaue Tinte; da holen sie den Anker hoch und ziehen auch schon davon, »unter den

Augen des kleinen Leuchtturms, der auf der Hafenmole steht und unseren kleinen Hafen bewacht«.

Zwei weitere Wochen auf See also. Nur mit seinen zwei Genossen, ein paar guten Büchern und einem Fass Wein, rundherum nichts als das Geschenk, mit niemandem sonst reden zu müssen.

Maupassant skizziert das Glücksgefühl des Aufbruchs so: »Ich stieg hinunter in den Salon, erleuchtet von den beiden wie Kompasse hängenden und schaukelnden Kerzen am Fußende der Kanapees, die als Bett dienen (…); ich legte die Rettungsweste an, setzte eine warme Mütze auf und kletterte zurück an Deck. Die Leinen waren schon gelöst, und während die beiden Männer die Kette aufholten, brachten sie die Yacht lotrecht über ihren Anker. Dann hissten sie das Großsegel, das sich mit einer monotonen Klage der Blöcke und des Riggs langsam erhob. Groß und bleich stieg es in die Nacht, Himmel und Sterne verdeckend, schon bewegt vom leicht aufkommenden Wind.« Der Schriftsteller geht ans Ruder, wie ein Phantom schwebt das Boot über das stille Wasser, vorbei an einigen schläfrigen Schonern und Tartanen. Im Schlepptau tapst das Dingi durchs Kielwasser, »es folgte uns wie ein kaum dem Ei entschlüpftes Junges einem Schwan«.

Die Tage vergehen in ruhigem Gleichmaß. Ab und zu werden sie von stürmischen Böen angefallen, die aus den verschneiten Flanken der Seealpen hinabstürzen. Dann wieder ist es nur eine leicht schäumende Fahrt, im Norden die Palmen, Promenaden und zuckerweißen Hotels der Riviera, dann wieder nur Felsen und kleine Kaps. Im Süden aber, Maupassant muss nur über seine linke Schulter blicken, liegt das Meer. Freier Seeraum bis nach Korsika, Sardinien, Afrika.

Sie fahren zu den Îles de Lérins, steuern zunächst die Bucht von Cannes an und kreuzen dann weiter nach Osten, bis nach Golfe-Juan, zu diesen »Operetteninseln«, wie Maupassant schreibt, auf denen die Kranken überwintern. Sie sehen pinienbedeckte Klippen, umsäumt »von einem Collier reizender Felsen«. Dann tauchen die Lérinsinseln vor dem Bug auf, Saint-Honorat und Sainte-Marguerite. »Alles ist liebenswürdig, kokett, romanhaft, poetisch.« Bald strahlt die Sonne, und mit dem sich erwärmenden Land weht ihnen bald ein leichter Seewind um die Nase. Maupassant notiert nautisch-poetisch: »Diese Liebkosungen der Luft, die man kaum auf der Haut spürt und die doch sensible Yachten mit guten Segeln über das glatte Wasser gleiten lassen, um nach und nach die letzte Spitze des Kaps zu umrunden.«

Die Häfen, die schlagenden Fallen, die glitzernde Küste: All das liefert ihm reichlich Stoff – und Maupassant besingt diese ganze maritime Welt beinahe mit der Freude eines Kindes. Düster und bösartig fallen hingegen seine Skizzierungen des Treibens an Land aus. Was er dort sieht, hört und riecht, dient ihm bestenfalls als Kanonenfutter. Doch eines tut er immer wieder auf dieser kleinen Seereise und auf allen anderen Törns: Er geht an Land, um dort Geschichten zu erbeuten wie ein Jäger.

Die Yacht am Ufer vertäut, läuft er zu Fuß nach Boulouris, um dort den Journalisten und Satiriker Alphonse Karr in seinem Garten zu besuchen. Maupassant durchquert einen menschenleeren Mimosenwald, steigt einen Pfad hinauf und steht dann vor der Pforte seines Bekannten. Der öffnet ihm, und bald sprechen sie über die Schreiberei, die Ironie, die Frauen, das Meer, die Natur und das Leben, und Monsieur Karr rät seinem jüngeren Freund: »Wenn Sie in Frieden leben wollen, sollten Sie keine Nachbarn haben.« Ein Satz, der Maupassant runtergegangen sein muss wie Leinöl. Sarkastisch, illusionslos, aber doch wohltuend imprägnierend gegen die Welt. Und so langsam, auch mit den Jahren auf den Booten, wirkt er auf seine Mitmenschen zunehmend skurriler, dieser trotz seiner Schmähungen und misanthropischen Ausbrüche immer noch höchst erfolgreich publizierende Flüchtling. Die Journalisten in Paris nennen ihn schon den »halluzinierenden Horla«, angelehnt an jenes übermächtige Geisterwesen in einer seiner Erzählungen.

Der Protagonist landet darin in einer psychiatrischen Anstalt, begegnet einem hypnotischen Gespinst, das dem Patienten den Schlaf raubt und ihm am Ende alle Lebenskraft aus dem Leib saugt. Der Patient kehrt daraufhin in sein Landhaus zurück, und vor ihm liegt ein Buch auf dem Tisch. Die Seiten blättern sich plötzlich geisterhaft von allein um, und dann ist auf einmal sein eigenes Abbild im Spiegel verschwunden. Eine Metapher nur? Oder mehr als das: eine Prognose?

Denn auch im wahren Leben verebbt Maupassant so langsam, schwindet dahin und kreuzt offenbar immer weiter hinaus in eine innere See aus Finsternis. In ein Reich, in dem die Breitengrade zwischen Wahrheit und Wahnsinn langsam zu verwischen beginnen. Maupassant, gebeugt, aber noch immer segelnd, hört eines Tages schließlich auch mit dem Schreiben auf. Eine Flamme, die erlischt. Zu seinem Freund Doktor Cazalis sagt er müde: »Ich bin hoffnungslos verloren. Der Tod steht vor der Tür, ich bin verrückt.« Fast bis zuletzt wird Guy de Maupassant den Anker lichten und den Bakterien die Kraft der Sonne und der See entgegensetzen. Die BEL-AMI bleibt sein Lazarett, bis auch sie in einen Sturm gerät, ob fiktiv oder nicht, das wissen nur die Engel. Weiter hinten in seinem Buch *Auf See* schreibt Maupassant: »Drei Stunden lang ging alles gut, obwohl die arme kleine Yacht wie ein Korken in der schweren Dünung tanzte. Wer diese hohe See nicht gesehen hat, dieses Meer von rasch und schwer daherrollenden Bergen (…), der ahnt nichts, weiß nichts von der geheimnisvollen, furchterregenden, schrecklichen und gewaltigen Wucht der Wogen.«

Am Ende nützt alles nichts. Kein Boot der Welt, keine weißen Segel, kein blaues Meer, keine Buchstaben. Das Jahr 1891 wird zum Fiasko. Maupassant will partout nicht mehr schreiben, nichts Neues mehr beginnen. Noch einmal sieht er seine Mutter in Nizza, noch einmal feiert er ein neues Jahr. In Cannes jedoch, gezeichnet von der Krankheit, der Morphinsucht und seinem entzündeten Hirn, will er sich zum ersten Mal das Leben nehmen. Der Versuch scheitert.

Maupassant geht ein letztes Mal von Bord seiner geliebten Segelyacht – und in der geschlossenen Psychiatrie nahe Paris endgültig vor Anker. Alles verwischt, alles ergraut. In der Klinik taucht er ab in den großen Seenebel. 18 Monate später, am 6. Juli 1893, stirbt der segelnde Literat in geistiger Umnachtung an einem finalen Schüttelkrampf. Wie hatte Maupassant immer gesagt? »Ein Leben! Das sind ein paar Tage und sonst nichts.«

AUF DER WALZ
EIN BOOTSBAUER OHNE NAMEN

64

Der Mann, um den es in dieser Geschichte geht, hinkt unserer Zeit 800 Jahre hinterher. Für drei Jahre und einen Tag hat er seinen Nachnamen abgelegt und besitzt nur das, was er tragen kann: Sein geschnürtes Bündel, das er »Charly« nennt, und seinen »Stenz«, den Wanderstock, gewachsen aus dem braunen, verdrehten Holz des Buchsbaums. Er fand ihn in einem Wald bei Freiburg.

Sein Stock und seine Füße tragen ihn wie im Mittelalter durch die Lande. Er war schon auf den Lofoton, hat es bis nach Norwegen, England, Frankreich, Deutschland, Spanien und Portugal geschafft. Oft wartet er an Kreuzungen, Haltestellen, Straßen. Klappt den Arm aus und den Daumen hoch, um ein Auto zu erwischen, in dem ihm eine unerschrockene Seele einen Platz offeriert.

Im Notfall, wenn nichts mehr geht, steht er gelegentlich an einem Bahnhofsgleis und richtet eine höfliche Ansprache an einen Schaffner mit der Bitte, ihn umsonst reisen zu lassen. Doch die Vorschriften und Menschen kennen heute keine Lücken und keine Gesten mehr. Sie wissen nicht mehr, was das ist: ein Auge zudrücken. Die Herzen der Schaffner sind hart geworden.

Der Mann, um den es in dieser Geschichte geht, berappt fürs Reisen kein oder kaum Geld, weil dies unzünftig ist. Die Zünftigen tun so etwas nicht, weil es am Ende nicht nur die Freiheit, sondern auch die Wahrheit kostet. Der Mann sagt: »Was erzählt schon das Geld über einen Menschen?«

Der Mann dieser Geschichte besitzt kein Handy, keinen Computer, seine Zunft lehnt auch dies ab. Eine freie Mailadresse hat er sich schon eingerichtet, aber zu was taugt sie? Die schnell gehackten Buchstaben machen blind, und so schaut er nur alle paar Monate in die Weiten dieses Netzes, an dem wir alle hängen wie die Junkies. Der Mann sagt: »Ich möchte mit den Menschen sprechen und ihnen in die Augen blicken. Sonst wissen sie ja gar nicht, wer ich bin.«

Drei Monate wird es dauern, den Mann über das Telefon eines Fremden zu erreichen. Acht Monate wird es dauern, den Mann schließlich zu treffen, um mit ihm über das zu sprechen, was er tut und was er ist. Eine große Schraube durchbohrt sein linkes Ohrläppchen. Seine Hose endet in einem gewaltigen Schlag, damit keine Späne in seine Stiefel fallen. Seine Gürtelschnalle ziert ein altes Segelschiff. So zieht er fröhlich durch die Weltgeschichte und pfeift auf die moderne Gesellschaft.

Der Mann ist einer der letzten Bootsbauer, die noch auf Wanderschaft gehen. Die wie vor Hunderten von Jahren von Werft zu Werft tingeln, anklopfen und nach Arbeit fragen. Die hier einige Planken austauschen, dort ein Teakdeck legen und zwei Küstenorte weiter dabei helfen, einen Klüverbaum zu schäften. Danach ziehen sie weiter. In die Welt, irgendwohin. Immer jedoch dahin, wo es Segelschiffe gibt.

Es soll in Europa nur noch vier, fünf dieser wandernden Bootsbaugesellen geben. Sie sind meist allein unterwegs. Verstreut, auf Abwegen. Wer weiß schon, wo sie gerade weilen. Nicht einmal ihre Mütter wissen es.

Vor neun Wochen, über das Handy eines Fremden, hatte der Mann gesagt, er würde Anfang Juli auf Rügen sein. Es folgte kein weiterer Anruf, keine weitere Mail. So muss es früher einmal gewesen sein, als die Menschen nicht im Minutentakt telefonierten, simsten, mailten, sondern sich verabredeten. In zwei Monaten, dann und dort. Das Wort galt.

Anfang Juli steht der Mann, wie verabredet, vor dem Gesindehaus der Wanderburschen in einem Wald auf Rügen. Er trägt seinen Hut, seine Weste, seine Schlaghosen. Er ist groß und dünn.

»Nenn mich Michi«, sagt er. Mehr nicht. Selbst ihre Namen

sind den Wanderburschen irreführende Etiketten, die sie unterwegs abstreifen. »Wenn du unbedingt einen ganzen Namen brauchst, dann schreib diesen: Michael, fremder, frei reisender Bootsbauer. So nenne ich mich. Meinen Familiennamen behalte ich meistens für mich. So haben wir es schon immer gemacht.«

Stilles, grünes Rügen. Nebenan liegt die Walhalla-Werft in Putbus-Posewald, und in der alten Halle stehen einige jener Vehikel, die ebenfalls eine Spur langsamer ticken und sich keinen Moden mehr unterwerfen müssen: alte Schiffe aus Holz. Der Mann namens Michi wird einige Tage hierbleiben, ein wenig beim Bootsbau helfen und in der selbst gezimmerten Herberge der Wanderburschen nebenan schlafen. An der Wand der Bude hängen Gitarren, auf die Wand sind die Weltkarte und ein altes Segelschiff gemalt. Eine Kerze brennt.

Michi trinkt einen Schluck Wein und legt ein kleines schwarzes Buch auf den Tisch. Es ist das »Wanderbuch des reisenden Bootsbauers«. Schon früher betraten die Zunftgesellen immer zuerst das Rathaus, wenn sie in eine fremde Stadt kamen. Der Bürgermeister setzte seinen Stempel in das Buch – ein offizielles Zeichen des Willkommens, einst eine Art Visum. Der Wanderbursche durfte in der Stadt bleiben und Arbeit suchen. So machen sie es heute noch, und als Michi das kleine schwarze Buch aufschlägt, beginnt es zu erzählen. Jede Seite kennt eine andere Geschichte, weiß von einer weiteren Reise. Das Logbuch eines Herumgekommenen. Es lebt.

Auf einer der Seiten hat der bekannte Bootsbauer Ashley Butler ein Segelschiff skizziert und Michi einige Zeilen gewidmet. Zum Abschied wünscht er ihm stets gute Winde. Michi hat drei Wochen bei Butler in England verbracht und dort einen 66 Fuß langen Brixham-Trawler von 1936 beplankt.

Signaturen übersäen die Seiten. Stempel der Hansestadt Hamburg, des Bristol Council, Wappen von Gemeinden in der Bretagne und der finnischen Einöde. Fotos sind zu sehen, Schiffswracks, Widmungen, Wünsche. Mit Bleistift hat eine Segelmacherin ein Bild auf die nächsten Seiten gezeichnet: wie die Bootsbauer in Frankreich gemeinsam unter dem Rumpf eines alten Kahns stehen und ihn beplanken, schleifen, kalfatern. Das war beim Chantier Naval Pleine Mer in Douarnenez. Ein halbes Jahr ist Michi durch Frankreich gezogen, von einem Fischerort, einer Bootsbaustelle zur nächsten. »Frankreich«, sagt er. »Die schönsten Zeiten hatte ich vielleicht in Frankreich. Ich werde sie nie vergessen, und nach ein paar Wochen wusste ich, was Stecheisen, Ziehklinge und Bronzeschraube auf Französisch heißt.«

Das schwarze Buch blättert sich wie eine Reise durch die nahen und fernen Winkel der europäischen Bootsbauwelten. Am International Boatbuilding Training College im englischen Lowestoft lernte Michi sein Handwerk, 22 war er da. Schwalbenschwanzverbindungen und Steven bauen. Decksbalken, Planken und Kiel legen.

Danach ging er auf die Walz und in die Welt. Die Meister schickten ihre Gesellen schon weiland fort, auf dass sie andere Werften besuchten, neue Techniken lernten, ihr Wissen erweiterten und fremde Menschen trafen. Eines Tages, so hofften die Meister, würden ihre Gesellen wiederkommen. Würden bleiben, Geschichten aus der Welt mitbringen und gute Arbeit verrichten.

Also ging Michi anno 2009 los und wanderte aus seiner 50-Kilometer-Bannmeile heraus. Bis heute will dies die Tradition der alten Gewerke aus dem Mittelalter. Mit Freunden und Familie feierten sie die Losgehparty, Michi kletterte über das Ortsschild seines Heimatorts Pappenheim und versprach, sich diesem in den nächsten drei Jahren und einem Tag auf Wanderschaft nicht auf mehr als 50 Kikometer zu nähern. In die Fremde ziehen, Erfahrungen sammeln, nicht an Mutters Schoß kleben. Darin steckte früher der Sinn dieser Abmachung, und damals, vor 200, 300 oder auch 800 Jahren, bedeuteten 50 Kilometer eine Weltreise.

Heute steht die ganze Welt offen, die Länder, die Menschen. Bald landete der nunmehr frei reisende Bootsbauer Michi im norwegischen Rognan in der Provinz Nordland und grub dort in einem Moor Kiefernwurzeln aus. »Perfekt gewachsenes Holz für Wrangen und Steven«, sagt er. Michi arbeitete auch in Kjerringøy, wo er lernte, Nordlandboote zu bauen.

Im französischen La Ciotat schweißte er Stahlboote, restaurierte in Brest zwei Monate lang ein altes Sandladeschiff; neue Schlingen, neue Decksbalken, 20 mal 20 Zentimeter stark. Er verbrachte ein Jahr bei österreichischen und Schweizer Werften, am Niederrhein zog er für einen Privatauftrag eine Motoryacht ab und lackierte sie wieder hoch. Am Bodensee laminierte er ein Fischerboot und verklebte einige Werften weiter das Teakdeck eines 22er-Tourenkreuzers. Auf einer anderen Werft machte er in Formenbau und verlegte Glasfasermatten, getränkt in Epoxidharz.

An der Côte d'Azur lag er auf dem Achterdeck der CASSIOPEIA. Nuten fräsen, Nähte ausgießen. Auf einem Finkenwerder Fischkutter segelte er eines Tages nach Schottland, musste auf See das Piekfall der Gaffel reparieren und die Messingplatten des Bugspriets erneuern. Dafür hatte er die See und das Segeln frei Haus, blickte über die Wogen und in den Himmel. Ab und zu flogen Papageientaucher über seinem Kopf, Austernfischer und Lummen. Irgendwann danach, die Zeit dehnte sich schon, überholte er Masten in Kappeln und einen Haikutter in Flensburg. An der Elbe baute er eine Halle für die Restaurierung einer 7-Meter-Yacht von 1914 auf und half in Harburg beim Innenausbau des Toppsegelschoners FRIDTJOF NANSEN.

Michi sitzt am Tisch der Gesellenbude, seine Finger streichen über das schwarze Buch, während er aus seinem Leben erzählt und sich seine blonden Dreadlocks im Weinglas spiegeln. Wanderburschen sind Storyteller, es liegt im Wesen der Sache. Die Reisen rieseln aus seinem Hirn.

Wie lange ist er nun schon unterwegs? Wie lange ohne Zuhause? Drei Jahre sind's und sechs Monate. Das ist länger als nötig, um seine zünftige Zeit als Wanderbootsbauer offiziell abmarschiert zu haben. Doch kann er sich noch nicht so ganz trennen von diesem Lebensstil, den es ja eigentlich gar nicht mehr gibt. Michi ist inzwischen fast 30 Jahre alt, über ein Dutzend Länder hat er gesehen, zig Schiffe bearbeitet, Hunderte Bootsbautricks gelernt und noch mehr Menschen getroffen. Und immer zieht er weiter. Marschiert irgendwann davon, seinen Stock übers Kreuz gewuchtet, das Bündel an der Hüfte. Zur nächsten Straße, irgendwohin. Norden, Süden, Osten, Westen.

»Sind es die Boote, die dich locken?«

»Ja, die Boote, sicher. Das Arbeiten und Leben auf den Werften. Natürlich, das Segeln. Aber da ist noch etwas anderes.«

»Was?«

»Ich weiß nicht, vielleicht so ein Lebensgefühl, eins, das heute kaum einer mehr kennt.«

So redet ein wandernder Anachronismus. Einer, der aus der Zeit gefallen ist. Und vielleicht geht es in dieser Geschichte deshalb nicht nur um Schiffe, sondern auch um den Versuch, uralte Werte auf unsere moderne Welt loszulassen.

Sieben »Schächte« existieren heute noch, Bruderschaften wie die Rechtschaffenen Fremden, die ihre Gesellen auf Wanderschaft schicken. Vielleicht 500 Schachtreisende vieler Gewerke ziehen noch durch die Lande: Zimmermänner, Schuhmacher, Maurer, Tischler, Steinmetze. Wandernde Bootsbauer aber sind kurz vor dem endgültigen Aussterben.

Die Ehrbaren unter den Schächten tragen Schlipse, nicht so Michi. Er ist keiner Gesellenvereinigung beigetreten, er ist ein Freireisender. Darum auch der Kragen seines weißen Hemdes. Sein Kragen ist stets nach innen eingeschlagen. Kein Schlips, das Zeichen der Nichtzugehörigkeit.

Um losziehen zu dürfen, müssen die Burschen eine Gesellenprüfung vorweisen. Sie müssen schuldenfrei und ledig sein. Sie dürfen keine Kinder haben und keine Vorstrafe. Das sind die Voraussetzungen, um frei reisen zu können. Keine Lasten und keine zurückbleibende Verantwortung, damit sie ihresgleichen nicht in Verruf bringen.

Nirgends sollen sie Müll hinterlassen und stets ihre Kluft tragen: Weste, Schlaghose, Hut, Jackett, schwarze Lederschuhe, weißes Hemd. Sie tragen die Zunftkleidung sommers wie winters. Michis Dreiteiler ist aus Cord und schwerem Deutschleder gefertigt, die Sachen müssen lange halten. Drei Hemden hat er dabei, zum Arbeiten und zum Reisen; mehr nicht.

Die Gürtelschnalle zeigt das Zunftzeichen. Früher konnte so jeder sehen, welche Art von Arbeit der Fremde im Ort anzubieten hatte. Eine schlichte Form der Eigenwerbung, ohne jegliches Geschrei und Gebimmel. »Man mag ja heute lachen über unsere Klamotten, und auch ich lachte erst. Aber es steckt mehr dahinter.« Michi steht am steinernen Ofen, schnippelt Gemüse fürs Abendbrot.

Die acht Knöpfe an seiner Weste stehen für acht Stunden Arbeit am Tag, die sechs Knöpfe am Jackett für sechs Tage Arbeit in der Woche – damals die stille Forderung nach gerechter Arbeit; niemand sollte die fremden Wanderburschen ausbeuten. Dazu drei Knöpfe jeweils links und rechts an den Ärmeln. Sie stehen für die jeweils drei Lehr- und Wanderjahre. Erst danach war man richtig fertig und besaß genügend Erfahrung.

Die acht Knöpfe an seinem Jackett sind aus Perlmutt. Früher dienten sie als Notgroschen, die Wandergesellen konnten damit zahlen. Die Knöpfe waren aber auch ein selbst auferlegtes Ehrenzeugnis. Wer sie noch alle vor dem Bauch trug, demonstrierte: Ich halte meine Moneten zusammen, ich habe sie nicht versoffen, ich bin ein anständiger Kerl.

Eine hübsche Vorstellung, wenn man heute jedem Bürger auf den Bauch schreiben würde, wie hoch seine Schulden bei der Bank sind. Ob das Handy bezahlt ist, der letzte Flachbildschirm, das Auto.

»Warum trägst du so eine große Schraube im Ohr?«

»Ja, die Schraube, das ist auch so eine Sache.«

Michi muss wieder etwas ausholen, muss erklären, weil nichts an ihm irgendeiner Mode folgt, sondern auf Bräuche und Gepflogenheiten aus längst vergessenen Tagen zurückgeht. Auch Michi wurde von seinen Kollegen zuerst an einer Tischplatte festgenagelt, bevor er losmarschieren durfte. Sie trieben ihm einen Nagel durchs Ohrläppchen, bis er mit seiner Wange auf der Holzplatte klebte. »Nein, es tat nicht weh. Es fühlt sich an, als würdest du dir ein Ohrloch stechen lassen.«

Die Gesellen müssen anschließend, während sie noch am Tisch festgenagelt sind, ein Versprechen leisten. Über ihre Lippen muss kommen, dass sie sich zu irgendeiner guten Tat verpflichten, etwas zurückgeben. Eine Holzhütte bauen für Arme auf dem ungarischen Land, ein Feld bestellen, einen sozialen Dienst leisten. Irgendetwas Sinnvolles, irgendwann, irgendwo, aus freiem Herzen. Erst dann werden sie ausgelöst.

Danach bekamen sie früher anstelle des Nagels einen goldenen Ohrring verpasst, mit dem sie eines Tages ihr Begräbnis würden zahlen können. Wer sein Versprechen jedoch nicht hielt und nur hohl geschwätzt hatte, dem wurde dieser goldene Ring aus dem Ohrläppchen gerissen. Es blieb eine Narbe zurück, eine Spur.

»Jetzt weißt du, woher das Wort Schlitzohr kommt.« Michi zerlegt eine Karotte, halbiert eine Aubergine.

»Und die Schraube?«

»Gold tragen wir heute nicht mehr. Ich bin Bootsbauer, darum die Schraube aus Bronze. Und ein goldener Ohrring reicht heute eh nicht mehr für dein Begräbnis.«

Es gibt Essen, Gemüse, draußen liegt Fleisch auf dem Grill. Die Sonne fällt wie ein Bündel heller Strahlen durch den Wald von Rügen. Ob er oft Hunger gehabt habe auf seinen Reisen?

»Ich esse viel und gut, das Essen ist essenziell auf Wanderschaft, sonst hältst du es nicht durch. Ich habe Walfleisch in Norwegen gegessen, die besten Desserts in Frankreich. Ansonsten Döner, ein Laib Brot, Butter, Käse, das ist der Standard. Sicher, ich weiß, was Hunger ist.«

»Wie ist das mit dem Geld, mit wie viel kommst du aus?«

»Mit dem Geld, das ich habe.«

Michi sitzt am Feuer. Seine Stiefel sind abgetreten. Sie würden nur ein Vierteljahr halten, sagt er, danach sei die Sohle abgelaufen. Fünf Kilometer Gehen am Tag, schätzt er, ist sein Schnitt. Ansonsten viel »Pony-Express« – so nennt er es, wenn er trampt. In Finnland stand er mal anderthalb Tage im Regen, »am Arsch der Welt, dafür mitten in der Moskitohölle«. Erst dann hielt ein Wagen.

Beim Essen legt er seine Jacke ab, sie wiegt schwer, vier, fünf Kilo bestimmt, ihre vielen Taschen stecken voller Sachen. Was hat er dabei? Womit kommt er aus? Wie geht das? Michi lächelt kurz. »Du kommst mit sehr wenig aus. Du denkst nur, dass es nicht geht, aber es geht. Es geht sogar wunderbar.«

Seine Klamotten trägt er am Leib. Sein Stock ist immer dabei. Früher haben sie sich damit verteidigt, wenn Strolche des Weges kamen. Heute hilft der Stock beim Wandern und dient als Zeichen der Zunft. Natürlich bringt der Stenz auch Glück und besitzt wundersame Kräfte. »Mein Zauberstab, wenn du so willst.«

Seinen Schlafsack hat Michi immer dabei. Außerdem sechs Paar Socken, sechs Unterhosen und einen Pulli für Herbst und Winter. Eine Trinkflasche voller Wasser, das Wanderbuch, ein Adressbuch, die Sozialversicherungskarte, eine Deutschland- und eine Europakarte, Zahnbürste, Reisewaschmittel, chinesische Essstäbchen, Taschenmesser und Mundharmonika. »Steckt alles in meinem Bündel und in meinen Jackentaschen.«

Zum Arbeiten, eingerollt in Schlafsack und Sack, hat er stets zwei Stemmeisen dabei, eine Japansäge, einen kleinen Winkel, einen Zollstock, eine Schmiege, Leatherman und Staubmaske. »Damit lässt sich an Holzbooten das Wichtigste verrichten, ich kann ja nicht ohne alles bei einer Werft ankommen.«

Immer hat er auch Brot für den Kopf dabei: Lektüre. »Das ist wichtig, das ist wie essen, du hast unterwegs viel Zeit zum Lesen, gibt es etwas Besseres?« Die Reclam-Bände seien eine wundervolle Erfindung. Klein, leicht, gelb, bezahlbar und gehaltvoll. So hat er den *Wallenstein* entdeckt, Hesse, Mann und Shakespeare. Ist ein Buch gelesen, schenkt er es einem Fremden mit besten Empfehlungen; ein neues findet sich immer irgendwo. Überdies hat Michi immer Seifenblasen dabei. »Perlen in der Luft, schön sehen die aus.«

Wo er sich bettet, das sind nicht immer Perlen. Er hat schon auf Wiesen geschlafen, am Wegesrand, in Raststätten und Werfthallen: auf Schiffen, neben Schiffen, unter Schiffen. Er landete bei Fremden auf dem Sofa, auf dem Teppich oder auch in einem warmen Bett. Einmal schlief er in einem Fünfsternehotel in Regensburg, weil er abends einfach an der Rezeption fragte und die dort noch wussten, wie man ein Auge zudrückt, und einfach Ja sagten. Er schlief schon unter Brücken, in Umzugsanhängern und Containern. Am Strand, im Partykeller und in der Hängematte. In Punkerbuden und Lasterhöhlen fand er sich wieder und kuschelte sein Ohr im thüringischen Altenburg auch schon mal auf einen Sarg, der dort in einer Kneipe als Tisch diente.

Michi, der schon überall und nirgends war. Von Werft zu Werft zu reisen heißt vor allem, die Welt sehen. Fragen, begreifen. Menschen ins Herz schließen, andere lieber wieder schnell vergessen. Es verschlug ihn zum Kölner Karneval, nach Paris und zum Maritimfest nach Brest. Er landete in Porto und Granada, zwischendurch in Berlin, aber nicht zu lange. Lieber weiterziehen. Nach Dänemark, dann hoch nach Karlsøy, eine Insel nördlich von Tromsø in Norwegen. Dort wurden endlich wieder Schiffe gebaut.

Mit zwölf brachte ihm der Vater das Segeln auf dem fränkischen Brombachsee bei, die Oma bezahlte dann den A-Schein auf dem Chiemsee. Als Kind und Teenager stand Michi oft in der Werkstatt seines Vaters, der malte und Skulpturen aus Holz erschuf. Kettensägen standen herum, neben Stecheisen, Farbpötten, Pinseln und impressionistischen Bildern. »Daher habe ich wohl mein Faible für Werkbänke«, sagt Michi. »Für Werkzeuge, Segelschiffe und den Geruch von Holz.«

Zwei Tage später, an einem warmen Julimorgen, will er weiter. Er hat jemanden kennengelernt, der ihn mit dem Segelboot von Rügen aufs Festland mitnimmt. Zwölf Seemeilen nach Süden, zu einer Holzbootwerft in Freest. Da sollen sie einen großen Seefahrtskreuzer restaurieren und an Fischkuttern arbeiten. Dort könnte es Arbeit geben.

Michi kommt mittags zum Steg, bepackt wie üblich. Zwischendurch ein bisschen segeln – auf diesem Schiff und auf jenem –, das gehört zum Job. Um eins legt das Boot ab, Michi setzt sich an die Pinne, schaut am Mast hoch, philosophiert ein bisschen in den Himmel. »Meine Reise kannst du nicht buchen. Ist eine Lebensreise. Die machst du nur einmal, aber du vergisst sie nie wieder.«

Manchmal, wenn er in einer Kneipe sitzt, schütten ihm die Leute ihr Herz aus. Erzählen ihm alles, ihr Leben, ihre Sorgen. Vielleicht weil das einfacher ist bei jemandem, der kommt und wieder geht. Bei einem Freien. Der hat zwei Ohren, der hört zu. »Seltsam«, sagt Michi, »wir sind doch keine Psychiater.« Wie viele Stimmen –

junge und alte, Männer und Frauen – haben wohl schon zu ihm gesprochen, von Barhocker zu Barhocker? Michi sagt: »Ich könnte mich eine Stunde lang über die Menschen auskotzen. Dann wieder könnte ich eine Stunde davon schwärmen, wie sie dir ihr Herz öffnen. Ich habe alles gesehen, es war alles dabei.«

Auch über sich selbst habe er einiges gelernt. »Wie du tickst, was du aushältst. Wann du weitermachst, wann du aufgibst.« Das alles stehe ja nirgends geschrieben. Im Reisen, im Unterwegssein, da schon. »Vorwärts immer, rückwärts nimmer«, so laute der Spruch der Freireisenden. Nach drei Stunden auf dem Wasser tucht Michi das fremde Segel beim Einlaufen auf, klariert die fremden Schoten, steigt vom Schiff und belegt die Festmacher. Er muss das alles schon oft gemacht haben, seine Hände erledigen die Griffe wie im Schlaf.

Freest ist ein kleiner Ort im deutschen Osten, die Peene fließt grünbraun in den Greifswalder Bodden, an dessen Saum Schilf wächst. Michi steht vor einer windschiefen alten Werfthalle, auf dem Slip werden gerade die letzten Plankenstöße eines Fischkutters abgedichtet, Segelyachten liegen im kleinen Hafen, drei hölzerne Kreuzer stehen aufgebockt auf dem Werftgelände. Michi verschwindet unter Stellagen, schreitet durch ein Gewühl aus Holzbrettern, Paletten, alten Schubkarren und Böcken. Dann stellt er Bündel und Stock bei den Gesellen ab, die auf dem Gerüst unter dem Rumpf hocken und die Planken pönen.

Michi schaut sich um, streicht über die Proppen des Rumpfes, spricht mit den Gesellen. Auf der Bootswerft gäbe es genug zu tun, sagt die Chefin, die aus der Halle dazukommt. Ja, allemal genug Arbeit, den ganzen Sommer über. Was er denn so alles gemacht habe? Wo er schon überall gewesen sei? Der Wanderbootsbauer

Michi zieht sein schwarzes Buch aus der Westentasche. Die Seiten antworten, nicht er.

Wie lange er denn bleiben könne? »Ich habe alle Zeit der Welt«, sagt der Mann, um den es in dieser Geschichte geht, der unserer Zeit 800 Jahre hinterherhinkt, der kein Handy und keinen Computer besitzt und vorübergehend ohne Nachnamen und feste Bleibe auskommt.

Michi dreht sich eine. Steht groß und schlank zwischen den Schiffen und Spänen, in Weste und Hut, mit Schraube im Ohr und Perlmutt vor dem Bauch. Steht da wie einer, den es eigentlich gar nicht mehr gibt.

ENDSTATION CONAKRY

HANS ROGGE

78

Das Reihenhaus steht in einer sauberen, aufgeräumten Straße in einem sauberen, aufgeräumten Wohnviertel Lüneburgs. Keine Spur von Meer und meterhohen Wellen. Keine Inseln, kein Dschungel. Hinter der Zeile der Reihenhäuser aus hellem Backstein liegen kleine Gärten. Man blickt von dort auf einen großen Parkplatz und zwei Supermärkte, Penny und Edeka.

Ein Mann öffnet die Tür zu dem Haus in der Ringstraße. Er ist drahtig, schlank und 77 Jahre alt. Hans Rogge führt in seine Wohnung im Parterre. Eine kleine Küche, Bad, Schlafzimmer und Wohnzimmer. In Letzterem stehen eine braune Ledergarnitur, einige afrikanische Holzfiguren und ein schmales Bücherregal. Einen Fernseher gibt es hier nicht. Alles ist schlicht, spartanisch fast. Das einzige Anzeichen, das auf das wahre Leben dieses Mannes hindeutet, ist ein kleines unscharfes Foto, das an der Flurwand hängt. Es zeigt eine 38 Fuß lange Stahlyacht unter weißen Segeln auf dem offenen Meer.

Vielleicht noch seine Hände. Sie sind anders als die normaler Männer seines Alters. Sie sind eine Spur derber, tragen noch immer diese braune Hautfarbe. Ewige Seglerhände.

Hans Rogge sitzt auf seinem Sofa und beginnt, langsam zu erzählen. Er muss dafür weit ausholen, weil selbst der größte Seesack nicht ausreichen würde, um all seine Geschichten darin zu verstauen. Der Zuhörer muss Zeit mitbringen, viel Zeit, und er will diesem Mann, wie er so dasitzt in diesem adretten Reihenhaus in Lüneburg, zunächst nicht so richtig glauben, als er behutsam anfängt, aus seinem Leben zu berichten.

Vielleicht liegt das an Hans Rogges beeindruckendster Eigenschaft: Bescheidenheit. Da ist keine Spur von Angeberei, kein einziger von Orkanböen ornamentierter Satz. Je mehr ein Segler erlebt hat, so scheint es, desto weniger muss er von seinen Reisen schwadronieren. Hans Rogge ist ein leiser Mensch mit hellen, wachen Augen und kurzem, weißem Bart. In grünem Pulli und Sandalen sitzt er auf seinem Sofa. Er braucht keine Notizen. Alles steckt noch immer in seinem Kopf. »Es kommt mir vor, als wäre das alles erst gestern geschehen«, sagt er. »Ich werde immer von meinen Reisen zehren, sie sind das Wertvollste, was ich besitze.« Und dann geht der Film seines Lebens los.

Rogge arbeitet als junger Sportlehrer in Osnabrück und Lüneburg, als er 1965 in einem Magazin eine kleine Anzeige liest. Darin wird ein Sportlehrer in Lüderitz, Namibia, gesucht. »Die Worte sprachen mich sofort an, von so einem Abenteuer hatte ich geträumt«, sagt er. Er kann sich noch immer gut an alles erinnern, obwohl ein halbes Jahrhundert vergangen ist, seit er auf die Anzeige antwortete und einen Brief nach Namibia ins südliche Afrika schickte.

Wochen später liegt ein Umschlag im Briefkasten, dekoriert mit bunten Briefmarken aus einer fernen Welt. Er hat den Job bekommen. Kurz darauf gibt er in Deutschland alles auf, besteigt einen Frachter der Deutschen Afrika-Linie und fährt über den Atlantik in ein neues Leben. Da ist er gerade Mitte 20.

Der Süden Afrikas gefällt ihm. Die Menschen dort, die neuen Gerüche, das Fremdartige. Vor allem die Weite der Wüste, die in Lüderitz vor der Haustür beginnt. Er mag seinen Job als Lehrer in Namibia, findet Freunde, erkundet das Land.

Nach fünf Jahren in Namibia nimmt er sich eine Auszeit von seinem Job. Er will mehr sehen von der Welt, mehr Abenteuer erleben. Mit einem Freund reist er nach Australien, an die wilden Riffe und Strände. Zwölf Monate tingeln die beiden Freunde die Küsten entlang, sie haben fast alles Gesparte in Tauchausrüstung gesteckt: Pressluftflaschen, Kompressor, Harpunen, Unterwasserkameras. Sie besitzen nicht viel Geld. Aber Hans Rogge braucht auch nicht viel. Er lernt früh, mit wenig auszukommen. Mit der Natur und mit sich selbst. Es ist vielleicht eine der entscheidenden Fertigkeiten für das, was noch kommen soll: Jahrzehnte auf dem Boot, auf dem großen Meer.

»Ich habe mein halbes Leben lang von Fischen gelebt, von Muscheln und Früchten, frischer als aus jedem Supermarkt. Der Tisch war immer reich gedeckt mit dem Gesündesten, was ein Mensch essen kann.« Das sagt er heute noch, und der Gang in die Pennys und Aldis muss ihm jedes Mal leicht befremdlich vorkommen. Ihm, der jahrelang die Angelleine hinter seinem Boot herschleppte, Wahoos an Bord holte und Barrakudas schoss. Ihm, der auf Tropenbäume kletterte, um Papayas und Bananen zu pflücken.

In Westaustralien tauchen die beiden Freunde am Ningaloo Reef in menschenleeren Lagunen, sehen Haie, Rochen, Muränen und harpunieren sich ihr Essen selbst. Monatelang leben sie auf diese Weise und fahren mit einem alten Wagen durch Down Under. Rogge taucht zu einem in 60 Metern Tiefe liegenden U-Boot-Wrack und hilft, einen Schatz zu bergen. Beim Schnorcheln weit draußen an einem der entlegenen Riffe kommt er fast ums Leben.

An Land fällt ihm auf, dass die Australier besonders freiheitsliebende Menschen sind und dass sich viele von ihnen in diesen frühen 70er-Jahren ihre eigenen Segelyachten bauen. Die halb fertigen Boote liegen in Gärten, sind neben Garagen aufgepallt oder stehen hinter Scheunen. In Fremantle und Broome schaut Rogge einigen dieser Bootsbastler genauer über die Schulter. »Das war eine tolle Sache, dachte ich damals, die Leute bauten sich gemeinsam eine Yacht. Man half sich, tauschte sich aus, der eine konnte schweißen, der andere nieten, der nächste Segel nähen.«

Es dauert nicht lange, da hat Rogge das nächste Ziel im Blick. »Was die können, kann ich auch«, sagt er sich. Er fragt sich durch, notiert Adressen. Dann besorgt er sich, noch in Australien, die Pläne für ein eigenes Schiff. »Bruce Roberts Design« steht auf den Konstruktionszeichnungen, »38 Feet Offshore Cruiser«. Ein Stahlboot, Knickspanter, neun Tonnen schwer. Mit den Plänen in der Tasche verlässt Rogge nach einem Jahr Australien und geht zurück nach Namibia, wo sein alter Job auf ihn wartet.

Als der Deutsche in Lüderitz wieder seiner Arbeit als Sportlehrer nachgeht, ahnt niemand, was er vorhat. Eine eigene Yacht. Ein anderes Leben. Ein Dasein auf dem Boot, völlig frei und ungebunden – ohne irgendeinen Restbesitz an Land. Doch so einfach ist es nicht. Rogge hat keine Erfahrung mit dem Segeln, nur ein paar Mal ist er auf den kleinen Booten des Yachtclubs in Lüderitz gefahren. Vom Bootsbau ganz zu schweigen. Aber sein Plan steht: »Ich wollte ein Segelschiff haben und so richtig übers Meer fahren.«

Sechs Jahre bereitet er sich vor. Spart, liest, redet mit anderen Seglern und bestellt nautische Lektüre. Er eignet sich Metallwissen an, studiert Bücher über Elektrolyse, Materialkunde und Segeltheorie. Er beschäftigt sich mit Details wie der Steigung von Propellern. Ein Fantast ist Rogge nicht, da ist er ganz deutsch: penibel, akkurat, technisch versiert. Aber dennoch brennt eine sonderbare Flamme in ihm. Er kann es nicht genau erklären. »Das Meer zog mich irgendwie an, das Leben auf einem Boot, diese ganze Idee.«

Dann beginnt er zu bauen. In Brakwater darf er ein Stück Land hinter einer Seifenfabrik nutzen, auf dem nur ein alter Lagerschuppen steht. Rundherum nur Staub, Hitze und Wüste. Es wachsen Stechgras und Kameldornbäume, tagsüber herrschen im Sommer 40 °C im Schatten. Rogge baut das Boot am Ende fast allein, er braucht drei Jahre und nutzt jede freie Minute. Seine improvisierte »Werft« im Busch wird sein zweites Zuhause, aber vor ihm nimmt seine Yacht Gestalt an. Material bestellt er aus Südafrika, aus Kapstadt und Durban. Oft dauert es Wochen, ja Monate, bis die Teile ankommen: Stahlplatten, Schrauben, Holz, Lacke. Der rutschfeste Kunstkork fürs Deck, die Norseman-Terminals für das Rigg. Am Ende werden der 14 Meter lange Mast geliefert, das stehende und das laufende Gut, der Kompass und die Segel.

Längst hat Hans Rogge einen Kurs in terrestrischer und Astronavigation absolviert, hat sich monatelang mit Seekarten, Kursen, Sternenkonstellationen und Sonnenständen beschäftigt; von einem GPS wagen Segler damals nicht einmal zu träumen. Und in den astronomischen Karten findet er auch den Namen für seine Yacht: SAGITTA soll sie heißen, benannt nach einem kleinen Sternbild am südlichen Himmel. SAGITTA bedeutet Pfeil. Das passt zu Afrika. Hoffentlich auch zu seinem Schiff.

Die Yacht ist fertig, es ist das Jahr 1981. Es folgt eine abenteuerliche Fahrt über die einzige Straße, die sich durch die Wüste zieht. Ein Tieflader transportiert das Boot, »Abnormaal« steht darauf, Afrikaans für Schwertransport. Sie müssen unterwegs Telefonkabel mit Stangen nach oben wuchten, damit das Boot überhaupt unter den Leitungen durchpasst. Aber dann erreichen sie Walvis Bay. Am Kai einer Fischfabrik küsst das Boot zum ersten Mal das Meer.

Rogge sitzt noch immer an seinem aufgeräumten Wohnzimmertisch. Es ist November, draußen in Lüneburg herrschen 5 °C bei milchblassem Himmel. Wer den Erzählungen dieses Mannes lauscht, kann noch immer nicht recht glauben, was er hört. Keine Seekarte ziert die Wand, nicht eine nautische Devotionalie erinnert an die Eskapaden eines langen Seglerlebens.

Dann geht Hans Rogge in den Keller. Dort bewahrt er auf, was von seinen Abenteuern übrig geblieben ist. Kurz darauf erscheint er mit einem Holzkasten, zwei Fotoalben und einem großen Stapel Bücher. In dem Kasten lagert sein alter Sextant. Die Alben zeigen die Fotos seiner Reisen. Die Bücher sind allesamt Logbücher, vollgeschrieben bis zur letzten Seite in sauberer Handschrift und geraden Zeilen. Zeichnungen, Positionen und Wetterbeobachtungen sind darin vermerkt. Afrikanische Namen und brasilianische. Inseln, deren Namen ein Normalsterblicher noch nie gehört hat.

Nur wer seine Nase in diese Logbücher stecken darf, ahnt, was nach der Wasserung der SAGITTA folgen sollte: ein Leben auf See, über 20 Jahre auf dem Meer. Und erst damit erfüllte sich Rogges wahrer Traum. In seinem Buch, das er später veröffentlichte, beschreibt er ihn so: »Frei wollte ich sein wie der Albatros, der mit seinen großen Flügeln mühelos die südlichen Ozeane überfliegt.« Das Buch trägt den Titel *Postadresse Südatlantik*. Darauf zu sehen ist ein muskulöser Rogge, braun gebrannt an Deck stehend, ein rotes Stirnband in die Haare geknotet, den Sextanten in den Händen haltend, den Blick auf die See gerichtet.

Es gibt an diesem Nachmittag in Lüneburg Bohnensuppe und Auflauf. Rogges Lebenspartnerin Valerie Klatte, eine Südafrikanerin, auch sie über 70 Jahre alt, kommt aus der Küche. Auch ihr sieht man nicht an, dass sie eine Abenteurerin ist, eine Dame der Meere. Die beiden lernten sich in Südafrika kennen. Auch sie ging mit an Bord seines Schiffes und sollte 20 Jahre lang seine Seegefährtin sein. Sie segelten gemeinsam durch dick und dünn, durch Stürme und herrliche Zeiten unter Segeln.

Doch zunächst bricht Rogge damals allein auf. Fährt von Walvis Bay hinaus auf See, solo auf seiner jungfräulichen SAGITTA, die er drei Jahre lang in der Wüste gebaut hatte. An Land hat er alles zurückgelassen und besitzt in den folgenden 20 Jahren nicht einmal mehr eine Krankenversicherung. Einige Freunde sagen, das sei verrückt. Doch für seine Meeresreisen gibt er alles auf. »Die einzige Versicherung, auf die ich mich in den nächsten Jahren verlassen habe, waren meine Anker.«

Über St. Helena segelt er nach Brasilien, wird vertrauter mit dem Boot, das sich gut macht und kaum Kinderkrankheiten zeigt. Aus Theorie wird schnell Praxis: das Schießen der Sonne mit dem Sextanten, die Sterne in den Nächten. Die Wochen zwischen meterhohen Wellen. Bald kennt er die Macken der Selbststeueranlage, lernt das feine Trimmen der Segel. Und erlebt den ersten Sturm, weit draußen auf dem Südatlantik.

Von Brasilien aus kreuzt er nach Norden und erreicht Französisch-Guayana. Inzwischen ist auch Valerie mit an Bord. Sie ankern tief in einem Dschungelfluss, marschieren durch den Regenwald und werden auf das Gelände der europäischen Weltraumorganisation ESA eingeladen. Die ESA startet dort ihre Ariane-Raketen. Auch unter den Raumfahrtingenieuren sind die beiden Exoten: Segler, die mit eigenem Boot im tropischen Nirgendwo ankern, kommen hier nicht alle Tage vorbei.

Sie kreuzen weiter nach Surinam, zu den Teufelsinseln, ankern in gefährlichen Strömungen und sehen monatelang keinen Hafen. Dann folgt die Karibik. Unter Segeln geht es nach Martinique, zur damals unbewohnten Île à Quatre, nach St. Vincent und zu den Grenadinen. »Die Karibik war schon damals von Yachten überlaufen«, erinnert sich Rogge. »Ich fuhr nie wieder dorthin.« Er mag lieber das Abseits – wilde Ecken, wo kaum Segler aufkreuzen.

Es folgt ein langer Schlag auf dem Atlantik in Richtung Süden, bis nach Brasilien, wo er und »Val« im Amazonasdelta bei Belém auf Grund laufen. Rogge taucht und bekommt den Anker frei. Immer wieder ackert er sich durch brenzlige Situationen. Oft sind es Abenteuer auf Messers Schneide. Aber auf diese Weise lernt er weiter und gibt nie auf. Die SAGITTA trägt sie nach Fernando de Noronha, Rio de Janeiro, Uruguay, Argentinien und dann zurück über den Südatlantik. Über St. Helena segeln sie nach Lüderitz, wo Rogge immer wieder mit Tages-Charterfahrten Geld verdienen kann, bis sie zurück auf See gehen können.

Sie segeln erneut über den Atlantik und die afrikanische Küste hoch in ein seglerisches Niemandsland. Ascension Island, São Tomé, Príncipe, Kapverden. Zurück geht es in weitem südöstlichem Bogen nach Namibia. Rogge hat in diesen Jahren fünf Anker an Bord, 100 Meter Ankerkette. In einem Hafen, an einem Steg machen sie fast nie fest. »Wo wir waren, gab es keine Marinas.«

Rogge weiß nicht mehr, wie oft er am Ende über den Atlantik gesegelt ist. Er überlegt. »Vielleicht 15-mal.« Auch weiß er nicht, in wie vielen Ländern er die SAGITTA einklariert hat und wie viele Seemeilen er in diesen Jahren gemacht hat. Es müssen Zigtausende gewesen sein. In wirkliche Lebensgefahr seien sie nie gekommen, erzählen die beiden. Nur an Land sei es ihnen beinahe mal an den Kragen gegangen. Sie entdeckten gerade Surinam und fuhren in einem Kleinbus durchs Land, als Terroristen sie stoppten und ihnen Sturmgewehre ins Gesicht drückten.

Auf See sei es aber auch »öfter mal zur Sache gegangen«. Rogge habe Angst gehabt vor dem ersten großen Sturm. Er erinnert sich, wie er nachts die Segel verkleinern musste und auf dem Vordeck von den Wellen begraben wurde. »Ich hatte zuvor keine Ahnung, wie hart du in die Segel greifen musst, um sie in einem bösen Sturm zu bändigen. Das ist brutale Arbeit, aber nach einigen Stürmen hast du gelernt, dass es geht und dass das Boot es überlebt.«

Warum ist er immer nur im Südatlantik geblieben und nicht in den Pazifik, die Südsee oder nach Australien gesegelt? Rogge sagt: »Es gibt im Südatlantik so viele Plätze und Menschen, vier Leben reichen nicht, um das alles zu entdecken. Warum also noch weiter?«

Der Südatlantik bleibt sein Revier. Príncipe vor Gabun wird für ihn zur Sehnsuchtssinsel, »traumhaft schön wie in der Südsee«. Auf St. Helena, mitten im Atlantik, machen sie während ihrer Seereisen gern Station. Die entlegene Insel ohne Anbindung an eine Schifffahrtslinie wird ihnen zur zweiten Heimat; aber auch hier wohnen sie stets an Bord und ankern in einer Bucht. Nur, um bald wieder die Leinen loszuwerfen.

Rogge ist 66, als er und seine Frau eine schwere Entscheidung fällen. Sie verkaufen ihre geliebte Yacht SAGITTA – über zwei Jahrzehnte des freien Lebens unter Segeln gehen zu Ende. Er sei eben nie ein Hasardeur gewesen, sagt er. Er habe gewusst, dass eines Tages Schluss sein würde. »Irgendwann geht es nicht mehr, dann bist du zu alt fürs echte Hochseesegeln.«

Valerie und er ziehen bald in Rogges frühere Heimat Lüneburg, wo noch Brüder von ihm leben. »Es war ein großer Schritt, nach all diesen Jahren zurück nach Deutschland zu gehen, ich fühlte mich seltsam.« Sie leben von ihren kleinen Renten, das genügt. Nach Jahren auf See ist es für sie völlig normal, mit wenig auszukommen.

Mit 68 kehrt Rogge noch einmal nach St. Helena zurück, wo er bis heute viele Leute kennt. Er arbeitet dort neun Monate als Kaffeepflücker. Weil er noch immer fit ist wie ein Basketball. Weil er wieder Sehnsucht hat nach einer Insel im Meer. Obendrein verdient er sich bei der Ernte ein bisschen Geld dazu. Zurück in Lüneburg leben die beiden ein stilles Leben. Zum Segeln kommen sie nie. Kein Törn auf der Ostsee, kein Schlag auf dem Boot eines Freundes. »Wir kannten ja kaum jemanden, keinen Segler, hatten keinen Zugang zu einem Verein. Wir waren Fremde in Deutschland.«

Mit gut Mitte 70 aber sollte Hans Rogge dann doch noch einmal eine Seereise antreten. Und sie sollte anders kommen als alles, was er bisher erlebt hatte. Ein denkwürdiger Törn, der ihn mitten in der Hölle Westafrikas ausspuckte.

Rogge steht in der Tür zu seinem Garten. In Lüneburg dämmert es, die Straßenlaternen werfen ihren blassen Schein. Auch um sich an diesen letzten Törn zu erinnern, muss er nicht in Notizen blättern. Die Reise steckt ihm noch in den Knochen, denn erst vor einigen Monaten konnte er sich sicher sein, dass er sie überleben würde.

Ein deutsches Ärztepaar, das in Namibia eine Praxis führt, will nach Jahren zurück nach Deutschland. Die beiden hatten Hans Rogge vor Jahren auf St. Helena kennengelernt, und nun fragen sie, ob er und Valerie nicht helfen wollen, ihr Schiff nach Deutschland zu überführen. Der Mann hat sich in Lüderitz eine holländische Stahlyacht gekauft, elf Meter lang, und will sie nun mit zurück in seine alte Heimat Rostock nehmen. Der einzige Weg dorthin führt übers Meer.

Sie malen sich das schön aus. Die Heimkehr nach Deutschland per Boot. Der lange Törn über den Atlantik, im Sommer an England vorbei, in die Elbe, durch den Nord-Ostsee-Kanal nach Kiel und in die Ostsee – und einen besseren Mann für den großen Trip als Hans Rogge könnte der Skipper kaum finden. Rogge kennt den Atlantik wie seine Westentasche.

Der überlegt erst, fragt nach Schiff und Details. Als er hört, dass die Yacht keine Selbststeueranlage hat, wird er stutzig. Rogge besteht auf einer Aries. »Entweder du baust so eine Windsteueranlage ein, oder ich gehe gar nicht erst an Bord.« Als der Arzt ihm eine solche verspricht, sagt er zu. Natürlich lockt ihn die Fahrt. Noch einmal der Atlantik, noch einmal das weite blaue Wasser sehen!

Bald ist alles organisiert und das Ärztepaar mit seinen beiden Kindern bereit, Namibia zu verlassen. Rogge und Valerie fliegen nach Afrika, im März 2014 verlassen sie Lüderitz mit Kurs auf das erste Etappenziel: St. Helena. Vier Erwachsene sind an Bord und zwei Kinder. Rogge hätte die 1.400 Seemeilen wahrscheinlich mit verbundenen Augen segeln können. Aber das Wetter im südafrikanischen Spätsommer ist schlecht. Die See rau, ein starker Wind bläst.

Nach elf Tagen auf See erreichen sie die Insel, auf der Rogges Partnerin Valerie sowieso von Bord gehen will. Doch die beiden Kinder und die Ehefrau des Arztes sind von der herben Überfahrt mitgenommen und entscheiden sich, das Schiff zu verlassen und lieber auch nach Deutschland zu fliegen. Rogge ist nun mit dem Skipper allein an Bord. Sie haben, je nach Kurs und Wind, noch eine weite Reise vor sich. 4.000 Seemeilen sind es mindestens bis nach Deutschland, aber daraus könnten auch 5.000 werden, wenn sie die Kalmen umfahren und weiter auf Südamerika zuhalten, um die Passatgürtel südlich und nördlich des Äquators besser zu erwischen.

Hans Rogge merkt auf dieser ersten Passage schnell, dass nicht alles perfekt vorbereitet ist. An Bord gibt es weder Radio noch Übersegler oder einen vernünftigen Kompass. Dennoch planen sie ihre Weiterfahrt, wollen hinaus aufs Meer und hinein ins Abenteuer. Rogges Flamme brennt noch immer dafür. Wie sollte er sie auch

Dennoch entscheidet der Skipper:
Kurs Nord, direkt auf die Kapverden zu.
Sie hätten schließlich genug
Diesel an Bord, 1.000 Liter, notfalls
würden sie durch die Kalmen motoren.
Es ist die erste krasse Fehlentscheidung
und wider allen Seglerwissens, in diesen
Breiten die Windzonen zu verlassen.

stillen, wie totkriegen? Nördlich in Richtung Ascension Island wollen sie segeln, dann stark westlich nach Brasilien, um die Konvergenzzonen vor Afrika zu meiden. Alles ist ihnen recht, wenn sie nur nicht in den Kalmen dümpeln müssen.

Nach neun Tagen sind sie auf der Höhe von Ascension und segeln östlich an der Insel vorbei. Rogge hat längst darauf gedrängt, nach Westen abzudrehen, aber der skippernde Arzt hat auf einmal anderes vor. Er will partout zu den Kapverden, und zwar auf direkter Route, nahe an Afrika vorbei, auf dem kürzesten Weg. Rogge, der in dieser Seegegend schon des Öfteren unterwegs war, weist wiederholt auf die Flauten hin, zumal der Wind bereits schwächer geworden ist und mit 2, 3 Beaufort aus Südost weht. Die See wird immer stiller – eine zunehmend gläserne Fläche ohne Schraffuren, ohne die Spur einer anständigen Brise.

Dennoch entscheidet der Skipper: Kurs Nord, direkt auf die Kapverden zu. Sie hätten schließlich genug Diesel an Bord, 1.000 Liter, notfalls würden sie durch die Kalmen motoren. Es ist die erste krasse Fehlentscheidung und wider alles Seglerwissen, in diesen Breiten die Windzonen zu verlassen.

Nördlich des Äquators liegen sie schließlich im Öl: kein Wind, rundherum spiegelglatter Atlantik. Die Aries, nunmehr ohne Wind, kann ihren Dienst nicht verrichten. Sie werfen den Motor an. Doch die elektrische Steueranlage lässt sich nicht präzise einstellen, sie müssen sich am Ruder abwechseln und motoren durch die Hitze. Es ist eine sture, ermüdende Fahrt über das weite Meer. Fünf Tage und fünf Nächte fahren sie so weiter, als es plötzlich knallt. Die Zylinderkopfdichtung ist hin, womöglich hat es den ganzen Zylinderkopf zerrissen. Segelboote sind keine Motorboote.

Mit Bordmitteln ist nichts zu machen. Das Boot liegt etwa 300 Seemeilen westlich von Liberia und Sierra Leone, höchstens eine zarte Brise schleicht über die See.

Rogge kann beim Erzählen noch immer nicht fassen, wie er in diese Lage hineingeraten konnte. Nach all den Jahren auf See war er erstmals wieder hier draußen, jedoch auf einem fremden Boot, ohne selbst der Skipper zu sein. Und nun das: Sie trieben vor Westafrika – nicht gerade das gemütlichste Fleckchen Ozean, um dem Schicksal ausgeliefert zu sein.

Nachdem der Motor ausgefallen ist, überlegt Rogge, was in der Situation das Beste wäre. Er wägt alle Möglichkeiten ab. Land anzusteuern ist seiner Einschätzung nach der einzige Weg, um Hilfe zu bekommen. Im Kopf geht er die Länder an der Küste durch, und Gambia scheint ihm noch die beste Wahl zu sein. Dort würden sie eine sichere Flussmündung anlaufen können, er kennt die Ansteuerung, weiß, dass dort keine Untiefen drohen. Zudem stoppen im Hafen von Banjul Kreuzfahrtschiffe, was auf Versorgung hoffen lässt, auf Motorservice und Ersatzteile. In Gambia wird zudem Englisch gesprochen. Vor allem: Das Land ist relativ sicher. Allerdings würden sie rund zehn Tage bis dorthin brauchen, da Gambia deutlich im Norden liegt. Doch sie haben ja reichlich zu essen und zu trinken, das sollte also keine Probleme bereiten.

An Bord folgt stattdessen die zweite Fehlentscheidung: Der Skipper besteht darauf, so schnell wie möglich Land zu erreichen, um dem elenden Treiben ein Ende zu machen. Der Mann peilt nun auf einmal Guinea an. »Guinea?«, fragt Rogge. »Ich habe noch niemals gehört, dass eine Yacht dieses Land angelaufen hat.« Doch der Skipper ist nicht umzustimmen. Es ist seine Yacht, sein Wort regiert. Sie drehen nach Westen ab. Kurs Conakry.

Zu Hause in Lüneburg holt Rogge seinen Rechner heraus. Er hat noch immer alle Seekarten weltweit gespeichert. Er zoomt das Seegebiet groß, das sie damals ansteuerten, und erzählt weiter vom bisher letzten Kapitel seiner Segelkarriere.

Nach vier Tagen kommt der stinkende Industriehafen von Guinea in Sicht. Vor der Einfahrt liegen Wracks, lauern Untiefen, große Schiffe steuern die Fahrrinne an. Ohne Wind kommen sie da nicht ungeschoren rein. Dann muss Rogge auch noch feststellen, dass das Funkgerät nicht funktioniert. Sie können keinen Kontakt mit dem Hafenmeister aufnehmen, auch Schlepphilfe ist nicht in Sicht. Bleibt nur, draußen zu ankern und mit dem Dingi an Land zu fahren. Sie setzen über, Rogge steigt eine Kaimauer hoch – dann greift der Wahnsinn Afrikas nach ihnen.

Der Containerhafen ist Hochsicherheitszone, prompt kommen Polizisten auf ihn zu. Die sprechen nur Französisch und verstehen kein Wort. Es dauert, bis der Hafenkapitän kommt. Mit einem Schlepper fahren sie raus, holen die Yacht, vertäuen sie neben einem Lotsenboot. Zwei Wachleute kommen an Bord, bleiben Tag und Nacht. Die beiden sitzen fest, den Händen eines korrupten Hafenkapitäns ausgeliefert. Der beschuldigt sie der illegalen Einreise, verweigert ihnen die Stempel und verlangt 100 Euro für ein einziges Telefonat. Feuchte, heiße Luft klebt über dem Hafen, es herrschen 40 °C im Schatten. Überall sehen sie afrikanische Hafenarbeiter, die sie anstarren, als kämen sie vom Mond.

Polizisten in Camouflage steigen über, Sturmgewehre über der Schulter. Die beiden Deutschen werden zur Zollbehörde abgeführt, ihre Pässe verschwinden in einer Schublade. Nun sind sie niemand mehr – Gestrandete, die der Willkür von Guineas Behörden ausgesetzt sind.

Eine Woche warten sie, hocken auf dem Boot und dürfen den Hafen nicht verlassen. Nichts geschieht. Erst dann bekommen sie Passierscheine für die Stadt. Es ist der 9. Mai 2014. Rogge passiert drei Polizeisperren und betritt Conakry: ein vor Dreck und Gestank kochendes Pflaster voller Armut und finsterer Gestalten. »Ich hatte viel von Afrika gesehen, Angola, Mosambik, Botswana, aber so etwas noch nicht«, sagt Rogge. »Guinea war ein Schock.«

Endlich findet er die deutsche Botschaft, aber als er den Botschafter um Hilfe bittet, erweist dieser sich als »die größte aller Pflaumen«. Er könne keinen Pass austellen, auch keinen Ersatz, sagt der deutsche Beamte. Nicht mal mit den Afrikanern reden könne er. Sorry, da sei nichts zu machen. Ende. Aus.

Die Zeit in Afrika zieht sich. Es vergehen zehn Tage, zwei Wochen, in denen sie ohne Pässe festsitzen. »Es war eine Odyssee, ohne Papiere bist du da unten verloren.« Doch es soll noch schlimmer kommen. Als sie nach fast drei Wochen endlich nach Hause telefonieren und einen Ehrenkonsul einschalten können, halten sie nach endlosen weiteren Wirren wenigstens ihre Pässe wieder in Händen – scheinbar die Rettung. Ans Segeln denken sie da schon lange nicht mehr, das Boot haben sie längst abgeschrieben. Sie wollen nur noch nach Hause, ins nächste Flugzeug. Sie gehen ins Büro von Air France. Eine der Mitarbeiterinnen schaut sie an und sagt, dass alle Flüge gestrichen seien. Nein, auch nächste Woche gehe kein Flug. Es gebe gar keinen Flug mehr. Westafrika habe ein Problem: Ebola.

Es ist genau die Zeit, als das Virus erneut ausbricht und die Welt in Atem hält. Die beiden Segler scheinen endgültig in der Falle zu sitzen. Eine Falle, die tödlich sein könnte. Das Boot zu nehmen und wieder hinaus aufs weite Meer zu fahren, wäre eine Alternative. Doch mit dem schlecht gerüsteten Schiff ohne Motor abermals in die Flaute vor Afrika zu navigieren, ist keine verlockende Idee.

Nach weiteren vier Tagen melden sich am Ende doch noch die Götter – oder eher: die Göttinnen. Die Damen von Air France rufen an. Sie sagen, dass eine letzte Maschine Guinea verlassen würde und noch zwei Plätze frei seien. Rogge und der Skipper zögern keine Sekunde. Nach fast einem Monat in der Hölle von Conakry sitzen die beiden schließlich in einem klimatisierten Airbus und fliegen nach Hause.

Die Yacht liegt noch immer im Hafen von Guinea, rostend und vermutlich bis zur letzten Schraube geplündert. Sie wird Afrika nicht mehr verlassen. Das Schiff trägt den Namen HEIMAT. Das klingt nun wie ein böser Witz. Aus Rostock wurde Conakry, aus einer letzten langen Segelreise ein Albtraum.

Rogge kratzt sich am Bart. In Lüneburg ist es Abend geworden. »Eine Erfahrung mehr«, sagt er, auf dem Sofa sitzend, und legt seinen alten Sextanten zurück in den Kasten. Daraus müsse man lernen. Wie aus allem im Leben. Hans Rogge klappt das Fotoalbum zu, schweigt und zieht sich die Schuhe an. Der Atlantikmann muss jetzt erst mal eine Runde raus, Luft holen.

DAS SEGELNDE GOTTESHAUS

ADELINE VON SCHIMMELMANN

Eine Horde dunkler Gestalten steht am Südstrand von Göhren, die Männer tragen Bärte und schwere Wolljacken, sie haben die Hände in den Hosentaschen vergraben und starren auf die Ostsee vor der Insel Rügen. Von Branntwein gezeichnete Gesichter blicken unter den Schiebermützen hervor, einer der Männer spuckt in den Sand. Es ist das Ende des 19. Jahrhunderts, für die Fischer an der pommerschen Küste sind es düstere Zeiten.

Die Herings-, Lachs- und Aalfischer hausen auf ihren offenen kleinen Booten, einige müssen am Strand schlafen, sie haben kaum zu essen. Viele sind mit ihren Booten von Usedom gekommen, aus Sassnitz, Stralsund und Warnemünde. In Göhren kommen sie oft zusammen, hier gibt es ein Salzlager und eine Lotsenstation. Der kleine Ort mit seinen 160 ständigen Bewohnern ist zu dieser Zeit eine Art Knotenpunkt der Fischer, aber auch Göhren verändert sich.

Seit einigen Jahren blüht auf der Insel und überall an der Küste der Tourismus. Es ist nicht mehr nur der Adel, der sich an die See aufmacht, auch normale Bürger zieht es zur Erholung an die Strände. Binz, Sassnitz, Lauterbach und nun auch Göhren – viele Orte an der Küste verwandeln sich von Fischerdörfern zu Seebädern.

Fisch gibt es massenhaft, doch die Preise sind erbärmlich. Hinzu kommt, dass die Fischer im adretten Betrieb an der Küste vielerorts nicht mehr gern gesehen sind. Sie haben blutverschmierte Hände, hantieren mit ihren Netzen, sie stinken. Ausgerechnet die Fischer der Ostsee passen auf einmal nicht mehr so recht ins Bild. Die Menschen rümpfen die Nase. In der *Illustrierten Zeitung* ist 1897 zu lesen: »Mit winzigen Booten gehen die Fischer auf Fang. Da Binnengewässer und Flussmündungen meist verpachtet sind, müssen sie weit hinaus auf See gehen und tagelang fortbleiben. Die wenigsten Boote haben eine Kajüte, um sich ein notdürftiges warmes Gericht zu bereiten. An Land erhalten die Fischer oft nur das Notdürftigste, und die wenigen Schenkungen, auf die sie angewiesen sind, müssen ihnen abends Erholung bieten für die Mühsal des Tages. Der Alkohol macht sich unentbehrlich, und der karge Verdienst ist rasch vertrunken. Zuhause herrschen bei den Fischern oft Armut und Elend. Und wenn die Badeorte sich nun mehr und mehr entwickeln und ein elegantes Hotel neben dem anderen entsteht, werden die Fischer, besonders auf Rügen, immer unbeliebtere Gäste.«

Es sind jämmerliche Zeiten für die seegehenden Kumpel der Küste. Und so stehen sie an diesem Tag auf Rügen am Strand und schauen aufs Meer, denn dort tauchen die Segel eines kleinen Seekutters auf. Die Fischer wissen, dass wenigstens dort jemand an Bord ist, der sich um sie kümmert, der ein Herz für sie hat. Und diese Person ist eine Frau: die vielleicht schillerndste, umstrittenste und dennoch heute unbekannteste Erscheinung, die in der deutschen Segelhistorie zu finden ist. Eine Dame – adlig, fromm und exzentrisch. Eine unter kurzen Haaren ernst dreinblickende Missionarin mit Rüschenkleid und einem blumenbesetzten Kapotthut auf dem Kopf.

Auf dem Segelschiff nimmt Adeline Gräfin von Schimmelmann Kurs auf Rügen, denn sie segelt im Auftrag Gottes über die Ostsee. Kaum hat sie am Steg festgemacht, mischt sie sich unter die Fischer. Alle nennen sie »unsere Mudder«. Ein Beobachter wird sie später so beschreiben: »Eine durch Schönheit ausgezeichnete, noch junge und der höchsten Lebenssphäre angehörige Dame, die sich einer verwilderten Fischerbande annimmt.«

Adeline von Schimmelmann hat auf Rügen erste Seemannsheime gegründet, sie sammelt Spenden, steckt eigenes Geld in ihre Projekte und sorgt für warmes Essen. Immer wieder lässt sie Suppe und Brot an die Fischer verteilen und stellt in den Missionen sogar Köche ein. Dort können die Fischer auch schlafen, in mit Heu und Stroh ausgelegten Scheunen. Das ist allemal besser, als in den kleinen Booten, am Strand oder gar auf offener See zu nächtigen.

Nebenbei hält Schimmelmann Vorträge und spricht die Worte der Bibel, um die Menschen zu erwecken und zu Gott zu führen.

Eine Frau als Missionarin, noch dazu eine, die mit einem eigenen Schiff übers Meer gesegelt kommt – in diesen Zeiten ist das ein Unding, viele können es nicht fassen, viele empören sich gar. Die Fischer aber verehren sie.

Seit dem Jahr 1887 kümmert sich Schimmelmann zunehmend um die Seeleute, es ist ihre Berufung, ihre Mission. In nicht einmal vier Monaten verteilt sie 5.622 Schüsseln mit warmem Essen, an einem Tag lässt sie durchschnittlich fünf Eimer Limonade und mehr als 100 Liter Kaffee ausgeben.

Das Seemannsheim in Göhren liegt auf einer Sanddüne, mehrere Hütten sind es, aus deren Schornsteinen Rauch aufsteigt. Doch damit nicht genug. Schimmelmann bereist mit ihrem Boot bald noch weitere Teile der Küste, um ihre Hilfe auszudehnen. Sie spaziert persönlich in die Kneipen hinein, besieht sich die Spelunken und spricht mit den Fischern – eine selbst ernannte Priesterin unter lauter Teufelskerlen.

Immer wieder segelt sie auch mit kleiner Mannschaft hinüber zur Insel Greifswalder Oie, einem winzigen Fleck im Meer, wo heute die Seegrenze zu Polen verläuft. Und auch dort pflegt sie ihre missionarischen Unternehmungen. »Häufig besuchte ich die Insel und leide immer viel unter Seekrankheit, aber es gibt leider kein Mittel dagegen«, schreibt sie in einem Artikel für ein Magazin. »In der Tat bin ich gezwungen, eine wirkliche Wasserratte zu sein, da ich die Fischerfamilien in den Dörfern an der Küste besuche, um ihnen mit Rat und praktischer Hilfe beizustehen.«

Sie gründet Lesezimmer, transportiert bald Bücher, Kleidung und Spenden auf ihrem Segelschiff. Nicht wenige der Anwohner halten sie für verwirrt und sehen in ihr die Personifikation von Hybris und Häresie. Denn noch kennen sehr wenige Menschen das

Doch dies ist erst der Beginn ihrer Taten. Denn bald soll die Gräfin auf noch wesentlich längeren Planken aufbrechen – die einzige Frau weit und breit, die ein Segelschiff zum Vehikel Gottes gemacht hat. Es ist in der Tat eine verrückte Geschichte.

Wort »emanzipiert«. Schimmelmann aber interessiert das Gerede der Leute nicht. Bald hilft und missioniert sie in 30 Dörfern an der pommerschen Küste, in acht allein auf Rügen. In einem Winter versorgt sie bis zu 9.000 obdachlose Fischer, später sind es sogar an die 14.000. Und immer reist sie mit ihrem kleinen Segelschiff über die Ostsee, einem derben, aber seetüchtigen Kutter.

Doch dies ist erst der Beginn ihrer Taten. Denn bald soll die Gräfin auf noch wesentlich längeren Planken aufbrechen – die einzige Frau weit und breit, die ein Segelschiff zum Vehikel Gottes gemacht hat. Es ist in der Tat eine verrückte Geschichte. Und niemand weiß so recht, woher diese seegehende Dame kommt und was es mit ihr auf sich hat.

Im Juli 1854 wird Adeline als Tochter von Graf und Gräfin Schimmelmann in Ahrensburg geboren. Später wird sie Hofdame der Kaiserin Augusta und führt ein standesgemäßes Leben. Sie reist viel, auch nach Dänemark, wo die Schimmelmanns ein Anwesen besitzen. Mitglieder der Familie waren Ende des 18. Jahrhunderts in den dänischen Adelsstand erhoben worden, seitdem haben sie großen politischen und kulturellen Einfluss im Land, ebenso wie in Norddeutschland. Sie besitzen viel Geld. Der Begründer der Adelsdynastie, Heinrich Carl Schimmelmann, soll mit dem Sklavenhandel zwischen Afrika und Amerika zu großem Reichtum gekommen sein.

Anfang des Jahres 1886 weilt Adeline von Schimmelmann in Berlin, wo sie einen jähen Sinneswandel erfährt. Als sie bei einem Teeabend in illustrer Runde sitzt, hört sie eine Rede des Bremer Pastors Otto Funcke. Es geht darin viel um Erweckung, um Kollekten und die Arbeit in der Gemeinde. Nachdem sie die Worte des Pastors, eines modern denkenden Mannes, gehört hat, ist sie sicher, dass auch Frauen missionieren dürfen. Sie liest nun immer öfter in der Bibel, beginnt zu beten. Und beschließt schon bald, ihr Leben fortan den Notleidenden und Elenden zu widmen. Ihr Vater ist in dieser Zeit schwer erkrankt, und es mag das erste Mal sein, dass sich die junge Frau mit Gedanken zur Erlösung beschäftigt. Mit dem Glauben an die Wiedergeburt und an den Himmel.

Bald darauf macht Schimmelmann Urlaub in dem kleinen Ort Göhren auf Rügen, wo sie die Fischer und deren Elend sieht. Sofort fühlt sie sich aufgefordert, zu helfen. »Ich versprach meinem Heiland, dass, wenn ich durch eine Lebenszeit aus Mühe und Arbeit auch nur einer Seele den Weg zu Ihm zeigen dürfe, ich mich reich nennen würde.« Beseligt geht sie ans Werk – um den Preis ihres Lebens und ihres Geldes. Denn sie ist inzwischen selbst reich; nach dem Tod ihres Vaters hat sie geerbt.

Bald kauft sie ihren ersten bescheidenen Seekutter und heuert eine kleine Mannschaft an; vom Segeln hat sie kaum Ahnung. Doch so kann sie nun von Fischerdorf zu Fischerdorf kreuzen, um ihr ostseeisches Hilfsnetzwerk aufzubauen. Und sie weiß: Gott segelt an ihrer Seite. Mit ihrem kleinen Schiff fährt sie raus, um die Fischer sogar während der Fangtouren mit Kaffee und Lebensmitteln zu versorgen. Das damals sogenannte »Kaffeeschiff« gerät dabei eines Tages in einen Herbststurm. In der Brandung unterhalb des Göhrener Fischerheims läuft das Boot auf einen Felsen. Erst nach acht Tagen kann es aus den Wellen geborgen und an Land gezogen werden. Wie durch ein Wunder trägt es nur leichte Schäden davon, und Schimmelmann ist sich sicher: Dies ist die Bestätigung ihrer Arbeit von ganz oben, hier war die Hand des Allmächtigen im Spiel!

Im Jahr 1895 trifft sie eine weitreichende Entscheidung. Sie kauft – offenbar zu einem erstaunlich günstigen Preis – ein größeres Schiff:

einen 33 Meter langen und sechs Meter breiten Zweimastschoner, kräftig gebaut, um die 50 Tonnen schwer, geriggt mit »zwei hohen Untermasten, trapezoidförmigen und dreieckigen Segeln«. 1871 hatte ein Hofjägermeister die Luxusyacht beim dänischen Schiffbaumeister Eggert Christoffer Benzon in Auftrag gegeben, einem damals bekannten Konstrukteur, der Segel- und Dampfschiffe baute. Das Schiff hieß zunächst TUMLEREN, fuhr nach Südamerika und durch die Nordsee. Nach dem Tod des Ersteigners fiel es in die Hände von Prinz Waldemar von Dänemark, aber nun ist es diese umtriebige, fromme Frau, die die stolze Yacht kauft. Schimmelmann geht zum ersten Mal an Deck, stellt sich hinters Steuerrad, besieht sich die Segel, die hohen Masten und tauft ihre neue Yacht auf den Namen DUEN: Taube.

Auf einem alten Stich ist das Schiff mit Besanmast und langem Bugspriet dargestellt, schlank und elegant sieht es aus. An Bord weht die dänische Nationalflagge, und Schimmelmann wird es dabei belassen. Sie stellt einen Kapitän namens Nolandt ein, dazu einen Geschäftsführer der Yacht sowie eine Mannschaft von rund sieben Mann. Der erklärte Sinn der Sache: »damit ich meine Arbeit in der Ostsee fortsetzen und während des Winters an den Orten, wo es am nötigsten ist, eine Seemannsmission unterhalten kann.«

In den Zeiten des Kaiserreichs kommt eine solche Aktion einer Ungeheuerlichkeit gleich. Nur die hohe Aristokratie besitzt Yachten, ein erlauchter Kreis steinreicher Privatleute wie die Familie von Kaiser Wilhelm II. Dessen stolze Yachten sind damals beliebte Bildmotive, Aushängeschilder der neuesten Technik. Vor allem aber: Segeln ist Männersache. Und nun mischt da diese Frau mit, und dies auch noch in hehrer Mission! Es ist kaum zu glauben. Die Zeitungen berichten bald regelmäßig, und die Leute kommen, wenn das Wort die Runde macht, in die Häfen spaziert, um diese segelnde Gottespredigerin einmal selbst zu sehen und zu erleben. Adeline Gräfin von Schimmelmann wird zur Prominenten, hier hoch geachtet, dort als reiche Schrulle verschmäht.

In Kopenhagen lässt Schimmelmann das Schiff bald überholen und neu ausrüsten. An einem Spätsommertag läuft es schließlich erneut aus, frisch getakelt und gelackt. Wie die Gräfin in ihrer Erzählung *Vogelfrei* schreibt, hat sie Teile der Kajüte umgestalten, mehrere Tische auswechseln und sogar eine Badewanne einbauen lassen. Offenbar nutzt sie das Schiff nun auch öfter als schwimmenden Wohnsitz.

Eine frühe Reise führt sie von Kopenhagen zurück nach Göhren auf Rügen, dann weiter nach Sassnitz und Stralsund. Noch am Nachmittag ihrer Ankunft kommen 60 Fischer an Bord, denn Schimmelmann hält eine erste Versammlung ab – auf ihrem Schiff. Durch Kajüte und Messe segeln heilige Worte der Bekehrung, die Gräfin verteilt unter den Fischern und Zuhörern christliche Schriften und das *Neue Testament*. Und dies dürfte das erste und auch das einzige Mal in der Geschichte gewesen sein, dass eine Segelyacht zu einem schwimmenden Gotteshaus geworden ist, geführt von einer Frau.

Mit ihrem neuen Schiff tritt die Gräfin bald noch weitaus größere Reisen an. Sie fährt nach Kolberg, Pillau und läuft mit der DUEN Stettin, Königsberg und Swinemünde an. Auf der Rückfahrt von Pillau gerät das Schiff in einen schweren Sturm und wird bis an die schwedische Küste abgetrieben. Zurück in Ostpreußen, hält sie danach Dutzende Vorträge über Gott und die Erweckung; und es werden immer mehr Menschen, die ihr zuhören. Dabei beobachten einige Menschen mit zunehmendem Argwohn, was die gute Gräfin tut und mit allen Mitteln propagiert. Darunter auch Leute aus den eigenen Reihen. Ihren Brüdern und Schwestern sind die Umtriebe von Schimmelmann schon lange ein Dorn im Auge. Als Frau wagt sie Dinge, die unerhört sind. Sie missioniert. Sie segelt. Sie weilt unter verrohten Trunkenbolden, den Fischern, und für die gibt sie auch noch große Teile ihres Vermögens her. Ihr Bruder Willy geht mit ihr eines Tages in Kopenhagen ins Kommunehospital, angeblich um dort den kranken Bruder Paul zu besuchen. Plötzlich aber wird die Gräfin gewaltsam abgeführt: in die geschlossene Psychiatrie.

Die Geschwister stellen sie als Geistesgestörte dar, und der damals bekannte dänische Psychiater Knud Pontoppidan wird sie fast ein Jahr lang in seiner Abteilung behalten. Es ist die düsterste Zeit in ihrem Leben. Obendrein zerstören die Geschwister ihre Villa und rauben Teile ihres Eigentums. Eingestuft als unzurechnungsfähig und gefährlich, schmort Schimmelmann monatelange im »Irrenhaus« – bis Freunde und deren Einfluss sie schließlich wieder herausbringen.

Ihren Weg zum Herrn sieht sie durch diese Erlebnisse nur bestätigt, auch wenn die Kirche sie nie unterstützt hat. Als freie Evangelistin setzt sie ihr Werk fort und lässt es sich nicht nehmen, ihren Wirkungskreis noch weiter auszudehnen. Ungebeugt und von Gottes Wogen getragen, plant die Gräfin nun Großes und steuert mit ihrer DUEN fortan noch fernere Küsten an.

Mit Mannschaft und Kapitän an Bord fährt sie durch den Nord-Ostsee-Kanal, der erst kürzlich vom Kaiser eingeweiht worden ist. Gut 7.000 Arbeiter haben den Kanal mit Schaufeln und Spitzhacken ausgehoben, und schon in der Bauphase hatte sich Schimmelmann in den Arbeitersiedlungen am Kanal sehen lassen und sich dort um Seelsorge und die soziale Anbindung der Männer gekümmert.

Nicht nur Kiel und der Kanal, vor allem der Hamburger Hafen wird Ende des 19. Jahrhunderts zu einem immer wichtigeren Ort für den Handel. Hunderte von Masten ragen in den Himmel, die Takelagen von Teeklippern, Schonern und alten Briggs.

Pferdekutschen klappern über das Kopfsteinpflaster, Laternen brennen, überall hallen die Rufe von Seeleuten, Verladern, Kapitänen. Und mittendrin kreuzt nun diese fromme Dame mit ihrem Segelschiff auf. Prompt marschiert Schimmelmann in die Seemannsheime und -missionen. Sie trifft den Seemannspastor, hält ihre Vorträge und bemüht sich, Hilfe für gestrandete Seeleute zu organisieren. Und die zeigen schnell Interesse, ob sie nun aus Hamburg oder Sansibar kommen. »Ich sprach in den großen Tanzsälen und Musikhallen«, schreibt sie in einem Bericht, »und ich verließ die Stadt nicht, ohne vorher meine Stimme zu erheben.« Die Zeitungen berichten über ihre Auftritte. Schimmelmann ist eine Persönlichkeit, die für Schlagzeilen gut ist. »Geistesmächtig« soll sie auf die Arbeiter gewirkt haben, denen »die Sünde deutlich ihre Spuren aufs Gesicht geprägt hatte«, schreibt das Blatt *Gemeinschaftsfreund.*

Im Januar 1896 sitzt Schimmelmann im Schein einer Petroleumlampe an Bord ihrer Yacht und signiert einen ihrer Artikel. Inzwischen liegt die DUEN im Hafen von Rotherhithe bei London. Mit ihrem Kapitän ist die Gräfin über die Nordsee nach England gesegelt, um nun auch dort missionarisch tätig zu werden. Sie spricht gutes Englisch – nur eine von vier Sprachen, die sie beherrscht, zudem sogar Plattdeutsch.

Wie schon auf St. Pauli in Hamburg, marschiert sie auch in London in die Lasterhöhlen der Stadt und ist erschrocken ob der »großen Sittenverderbnis«. Sie besucht die Dockarbeiter in den Werften und die Seeleute in ihren Spelunken. In London, schreibt sie, gelingen ihr in 14 Tagen 310 Bekehrungen. Es sind viele, denen sie die Pforten zum Herrn öffnet, darunter auch einigen vom Alkohol gezeichneten Londoner Frauen, die völlig verelendet sind.

Am 20. April 1898 kreuzt die DUEN schließlich in der Themsemündung – mit Kurs auf den offenen Atlantik, um nunmehr sogar nach Amerika zu segeln. Schimmelmann hält in ihren Notizen fest: »Ich wollte dorthin, weil mir bewusst war, dass dies der Wille des Herrn ist.« An Bord sind neben der Mannschaft der Kapitän, ihr Bruder Paul und der Sohn eines Generals, nicht jedoch die Gräfin. Sie quert den großen Teich auf dem Ozeandampfer CYMRIC. Vielleicht hat sie Angst, auf der DUEN noch mehr unter der Seekrankheit zu leiden, oder sie trifft diese Wahl wegen ihrer beiden Ziehsöhne, die ebenfalls mit von der Partie sind. Auch sie fahren mit ihr auf dem Dampfer.

Nach 42 Tagen auf See erreicht die DUEN Kanada und segelt weiter nach Süden, wo Schimmelmann in New York an Bord geht und nun wieder auf ihrem Boot wohnt. In Amerika berichten etliche Zeitungen über die deutsche Bootspredigerin, die *New York Times* sowie Blätter in Los Angeles, San Francisco und Atlanta. Auch in der Neuen Welt gilt sie als unerhörte Exotin, die Schlagzeilen macht: eine deutsche Frau auf einem Segelschiff, unterwegs im Zeichen des Herrn. Es ist der Sommer 1898; zwei Jahre wird sie in Amerika verbringen und mit ihrer Yacht die Küsten bereisen.

Die »Taube« segelt nach Norden und läuft verschiedene Häfen in Kanada an. Überall hält Gräfin Schimmelmann Versammlungen für Deutsche und Amerikaner ab, und oft stehen die Menschen an Deck der DUEN. Sie sitzen auf den Backskisten, lehnen an den Aufbauten, über sich die große Persenning aus weißem Baumwolltuch als Schutz gegen Sonne und Nässe. Schimmelmann, in ein schwarzes Kleid mit Stehkragen und Schleppe gehüllt, steht vor dem großen Steuerrad. Sie hält die Bibel in der Hand und schaut in die Runde, spricht über den Teufel Alkohol, die Rolle der Frau und die Kraft des Heiligen Vaters. »Wach auf, der du schlafst, und steh auf von den Toten, so wird dich Christus erleuchten.« An Deck herrscht andächtiges Schweigen.

Über den Sankt-Lorenz-Strom und die Großen Seen fährt sie mit der DUEN schließlich nach Chicago. Dort wird die Yacht winterfest gemacht und dient für Armenspeisungen. Bis zu 400 Menschen versorgen die Gräfin und ihre Mannen an einem Tag. Bis zum März 1899 sollen 50.000 Bettler, Obdachlose und arme Seeleute auf die Yacht gekommen sein, um sich ein paar warme Bohnen mit Speck und ein kleines Almosen abzuholen. Einige Amerikaner spenden Geld, wieder aber bezahlt vor allem Schimmelmann das meiste. In Chicago verkauft sie am Ende sogar ihren Schmuck, um die Hilfe zu finanzieren. Perlenketten, Ringe, goldene Anstecknadeln – von allem trennt sie sich. Einem Reporter erzählt sie: »Der Schmuck war wertvoll, aber er ist mir nicht so lieb wie der Gedanke, den Glücklosen helfen zu können.«

Nach zwei Jahren und weiteren Reisen will sie zurück nach Dänemark. Schon früher hatten ihr Ärzte eine Herzschwäche attestiert und dringend zu einer zweijährigen Erholungspause geraten. Nun ist sie erneut erkrankt, zu schwach und offenbar auch zu mittellos, um weiter mit ihrer Yacht auf Missionstörn zu gehen. Sie muss handeln: In New York verkauft sie die DUEN für 600 Dollar an einen Mann aus Philadelphia, der die Yacht in ein Hausboot verwandelt. Es ist das seglerische Ende der »Taube«, ihr Kiel wird keinen Ozean mehr befahren. Ein berühmtes Schiff aber wird sie bis in alle Ewigkeit bleiben.

Tausende von Seemeilen hatte die DUEN unter Schimmelmanns Ägide zurückgelegt, hatte ihre Mannschaft in zahllose Dörfer, Häfen und an viele Küsten getragen, wo die Gräfin ihr Werk verrichtete. Über 6.000 christliche Versammlungen soll sie in ihrem Leben abgehalten und mit ihren Reden mehrere Millionen Menschen erreicht haben. Auch nutzte sie die Yacht immer wieder als »Erziehungsschiff für Knaben«, um etliche Jugendliche auf einen Dienst bei der Marine oder auf Handelsschiffen vorzubereiten.

Noch 1906 gründete Schimmelmann mithilfe ihres Adoptivsohns eine internationale Mission und gab die Zeitschrift *Leuchtfeuer* heraus. Bekannt aber blieb sie noch über Jahre hinweg vor allem für ihre Arbeit mit den ausgestoßenen Fischern der Ostsee.

Tausende Seeleute hatte sie am Ende ernährt, viele vom Alkohol erlöst – die Frau, »die Bären zähmte« und auf eigenen Planken über die See fuhr. Doch ihr Einsatz forderte seinen Preis. Ihr Engagement und ihre große Passion trieben sie immer tiefer in die Krankheit und am Ende in den finanziellen Ruin.

Die fromme Frau des Meeres starb 1913 in Hamburg. Arm wie eine Kirchenmaus.

AUF ZWEI KUFEN DURCH DEN MONSUN

YVAN BOURGNON

110

Yvan Bourgnon hat ein kleines Bäuchlein, verfilzte Haare, Hände wie Reibeisen. Seine Füße zieren Schwielen, seine Haut ist dunkel geworden wie Mahagoni. In Frankreich nennen sie ihn längst den »Salzwassernomaden«. Von seiner Nase hängen Fetzen.

Bourgnon trägt Schlappen, dunkles Polohemd, er sitzt an diesem Tag im Mai 2015 in einem einfachen Restaurant auf der Insel Malta, an der Wand der Terrasse hängen ausgestopfte Kugelfische, Seekarten, Reusen. Unweit, in den Gassen der Hafenstadt Valletta, sitzen die Alten auf Bänken, flaniert die Jugend durch den Frühling des südlichen Mittelmeers.

Bourgnon muss das alles vorkommen, als sei er fast schon wieder zu Hause im guten alten Frankreich. Keine Monsunschübe, kein Denguefieber. Keine jemenitischen Fischer oder sudanesischen Zollboote, die auf ihn zusteuern und ihm einen Vogel zeigen.

»C'est bien, l'Europe, hein?«, frotzelt er.

Ja, schön ist's, dieses Europa.

Er bestellt Steak und Weißwein, macht Witze und kommt kurz mit einer hübschen Malteserin am Nebentisch ins Parlieren. Als die rüberfragt, was er denn so mache, antwortet er: »Ach, ich segle gerade um die Welt.«

Bourgnon ist nur kurz auf Malta, er legt gerade einen Stopp ein, der überhaupt nicht geplant war. Schuld ist ein zerschlissenes Trampolin, das sich draußen auf dem Mittelmeer verabschiedet hat. Bourgnon versucht, das Szenario kurz zu erklären, aber als die Malteserin das Wort Trampolin hört, denkt sie an Zirkus und nicht an einen kleinen Katamaran und versteht gar nichts mehr.

Bourgnon nimmt einen Schluck, wendet sich wieder seinen Tischgenossen zu. Der Versuch, anderen Menschen sein Unterfangen zu erläutern, endet nicht immer erfolgreich. Viele glauben ihm nicht. Einige halten ihn für übergeschnappt. Andere können sein Abenteuer gar nicht erst richtig einordnen. Der Mann segelt um die

Welt, das stimmt. Dies jedoch auf eine Art und Weise, die leicht aus dem Rahmen fällt.

Der Mann mit der völlig roten, verbrannten Nase hat beim Segeln kein Dach über dem Kopf. Er hat keine Kajüte, keinen Unterschlupf, nicht mal das, was man eine Koje nennen könnte. Er hat ein Loch im Rumpf, sein Plumpsklo. Vier kleine Blechbüchsen, in denen er Spirituspads anzünden und Fertigsuppen erhitzen kann – seine Kombüse. Essen in Tüten, ein paar eingeschweißte Seekarten. Er kentert ständig und lebt, nun ja, auf seinem Trampolin, einer stramm gespannten, dicht gewobenen Kunststoffplane, die gerade mal fünf Quadratmeter Fläche besitzt. Sein Abenteuer in Kürze: Yvan Bourgnon segelt auf einem 6,30 Meter langen offenen Sportkatamaran um die Erde. Auf einem Strandspielzeug.

Bourgnon nimmt sich vom Steak, er hat Hunger, er war die letzten 14 Tage auf See, nonstop von Suez, Ägypten, kommend. Er hat in diesen zwei Wochen kaum geschlafen, es war kalt, vor allem in den Nächten, der Wind drehte auf Nordwest und blies ihm immer mehr auf die Nase.

Eigentlich hatte er von Suez ohne Stopp nach Hause segeln wollen, über 2.000 Seemeilen quer durchs Mittelmeer, zwischen Malta und Sizilien hindurch, an Gibraltar vorbei, die Westküste Portugals hoch, durch die Biskaya und dann ins Ziel nach Ouistreham, nahe Caen, Frankreich.

Das mag sich bereits nach einem ordentlichen Törn anhören, besonders wenn man diese Strecke in einem Sportgerät absolviert, das aussieht wie eine Libelle auf zwei Kufen. Gemessen an der gesamten Reise ist dieser letzte Trip durchs Mittelmeer jedoch nur noch ein Katzensprung. Denn Yvan Bourgnon, zu diesem Zeitpunkt 44 Jahre alt, hat mit seinem winzigen Katamaran inzwischen 36.000 Seemeilen hinter sich, und als die Malteserin ihn nach dem zweiten Wein noch fragt, wo er denn überall gewesen sei, beginnt er, rückwärts aufzuzählen: »Östliches Mittelmeer. Ägypten. Suezkanal. Rotes Meer. Dschibuti. Oman. Ja, ja, Arabien, stimmt, tausendundeine Nacht. Dann: Indischer Ozean. Sri Lanka. Bali. Tahiti. Marquesas. Genau, mitten im Südpazifik. Davor: Galapagos. Panama. Martinique. Karibik. Gran Canaria. Les Sables-d'Olonne.«

Pause. Die Malteserin überlegt. »Frankreich?«, fragt sie.

»Ja, von Frankreich nach Frankreich«, sagt Bourgnon.

Und er muss selbst schon ein wenig rechnen. Monate sind inzwischen vergangen, Jahre. Im Oktober 2013 hatte er an der Atlantikküste abgelegt, bis Juli will er dort wieder ankommen.

»Muss eine schöne Reise gewesen sein«, sagt die Malteserin. Sie ist keine Seglerin, sie hat keinen blassen Schimmer. Sie weiß nicht, dass zuvor noch nie jemand so eine Fahrt gewagt hat. Ahnt nicht, dass Bourgnon bei seiner Rückkehr in Frankreich empfangen wird wie ein moderner Seeheld, dass er in TV-Shows sitzen, Dutzende Interviews geben und sein irrer Törn in die Segelgeschichte eingehen wird.

Das erklärte Ziel seiner Reise: mit einem »nicht bewohnbaren« Katamaran um den Globus fahren und obendrein keinerlei elektronische Instrumente benutzen. Kein GPS, keinen Plotter. Kein Navtex, null Wetterinfos. Bourgnon hat lediglich ein Satellitentelefon und ein Handfunkgerät dabei. Er navigiert mit einem kleinen Plastiksextanten, Papierseekarten und dem Blick in die Sterne.

»Ja, war 'ne schöne Reise«, sagt Bourgnon.

Was soll er auch sagen? Sein Törn ist zu groß, zu verwegen, um ihn mal eben zu umreißen. Bourgnon nimmt noch einen Schluck Wein, zahlt die Rechnung und verbringt die Nacht in einem kleinen Hotel in Hafennähe. Er braucht Schlaf. Viel Schlaf. Das ist immer so, wenn er während seiner Pausen an Land ein paar Nächte nachholen kann. Denn seine unglaubliche Reise ist neben einigen nautischen Herausforderungen in erster Linie das: ein Experiment des brutalen Schlafentzugs.

Der nächste Morgen, 9 Uhr. Im Yachthafen von Manoel Island auf Malta liegen Yachten, Charterschiffe und Hochglanzpötte dicht an dicht. An Steg D, zwischen handelsüblichen Kunststoffyachten, dümpelt das absolut handelsunübliche Fahrzeug, mit dem der Franko-Schweizer seit 20 Monaten unterwegs ist. Zwei schmale weiße Rümpfe, ein 11,50 Meter hoher Mast, ein Gewirr aus Trimmleinen und Stangen, zwei seltsame Ausleger, die sich wie angestellte Stummelflügel an Steuerbord und Backbord erheben.

Bourgnon ist nirgends zu sehen. Wasserdichte Staukanister und Säcke liegen herum, Werkzeug, Dyneemaleinen, Tape, Segellatten, Schleifpapier. Ein kleiner Klumpen Epoxy kullert in der Sonne. Daneben sein Funkgerät und ein Büchlein mit wasserfesten Seiten. Das Tuch des Trampolins ist abgenommen worden, es muss genäht werden. Der Katamaran schwebt nackt im Wasser – ein schwimmendes Skelett mit Segeln. Noch nicht mal eine Nussschale.

Auf dem Steg liegen vier kleine Plastiktüten. Der Müll der letzten zwei Wochen auf See, sorgfältig verpackt und zusammengepresst. Dann taucht Bourgnon auf, er ist nämlich doch schon an Bord und längst bei der Arbeit. Für eine Reparatur hat er sich rücklings in den Steuerbordrumpf gequetscht, er passt dort hinein wie in einen Torpedorohr, und nun klettert der Weltumrunder mit Stirnlampe auf dem Kopf aus der winzigen Luke.

Er setzt sein schiefes Grinsen auf, man kann seine Pranken sehen, seinen eisgrauen Bart. Der Abdruck der Sonnenbrille hat sich weiß in sein Gesicht gebrannt. Er hält zwei Zangen und einen Schraubendreher in den Händen. Er kann nicht lange bleiben auf Malta, maximal zwei Tage. Dann will, dann muss er weiter. Die Windlage sieht gut aus, zudem muss er es bis Juli nach Frankreich geschafft haben. Die Menschen warten, die Sponsoren, die Filmcrews, die Segelszene. Alles ist geplant, im Internet verkündet. Zeitnah sollen zwei Dokumentationen über seinen Trip anlaufen.

Bourgnon kommt über das Gestänge seines Kats an den Steg, er balanciert freihändig, muss sich nirgends festhalten. Die Tritte sitzen wie in Trance. Doch über den Steg geht er langsam, vorsichtig fast. »Meine Beine sind müde«, sagt er. »Ich kann beim Segeln zwar auf dem Trampolin stehen, aber du kannst darauf nie mehr als zwei, drei Schritte machen. Die Beine mögen das auf Dauer nicht, sie schlaffen ab.«

Er zeigt auf ein Paar Details seines Kats, erklärt beiläufig, wie alles funktioniert. Die beiden Ruderblätter hat er gestern abgenommen, auf ihren Achsen lastet beim Segeln der größte Druck. 20 der Achsen hat er verschlissen, musste sich unterwegs immer wieder neue machen lassen oder sie irgendwie zurechtimprovisieren. Er hat eine kleine Entsalzungsanlage an Bord, zu bedienen mit der Hand. »Nur für Notfälle, meistens fange ich Regenwasser auf.« Er zeigt seinen Trockenanzug, den er oft trägt, und die beiden kleinen EPIRBs, die er meist am Körper hat. Sollte er über Bord gehen, sind die Notfunkbaken seine letzte Rettung.

Dann kramt Bourgnon eine Rolle Seekarten hervor. »Ich habe wegen Platzmangels immer nur die nötigen Karten dabei, aber es war unerwartet schwierig, unterwegs Karten für die nächste Etappe bekommen.« Zwischen Martinique in der Karibik und Malta habe er keinen richtigen Bootsladen mehr gefunden. Für manche Strecken und ferne Ansteuerungen fragte er fremde Skipper, die mit ihren Blauwasseryachten auf Weltreise waren. Er borgte sich ihre Karten, zeichnete oder pauste sie ab.

»Sich die Karten einschweißen zu lassen, das ging auch nicht überall. Versuch mal, auf den Marquesas oder in Sri Lanka passende Hüllen zu finden.« Er nutzte viele Seekarten ohne Schutz, ohne Hülle. Das blanke Papier unter blankem Himmel. An den Etappenzielen waren die Karten nur noch aufgeweichte, vom Salzwasser zerfressene Fetzen.

Er nutzt ein großes Solarpanel, zwei Pinnenpiloten. Von deren Steuerstangen hat er sieben zerlegt. Auf der letzten steht noch mit Filzer geschrieben »Neuf Tahiti«. In der Südsee hatte er zum letzten Mal Ersatz gefunden: Nummer acht. »Die Pinnenpiloten haben mir den meisten Ärger gemacht«, sagt er. »Fielen ständig aus, machten nicht, was sie sollten. Die Elektrik hasst Wasser, je mehr Elektrik du mitnimmst, desto mehr Probleme hast du damit.« Das Wasser sei überall hingeflossen. Sogar doppelt wasserdicht verpackte Teile, die er in Kanistern im Rumpf verstaut habe, seien nass geworden.

Er zeigt auf den Mast. Der muss absolut dicht sein. Liefe er bei einer Kenterung voll Wasser, Bourgnon würde seinen Kat nicht mehr aufrichten können. Das Ende, schwimmend im Meer.

Bourgnon setzt sich auf den Steg, trinkt eine Cola. Kleine Verschnaufpause, während er seinen Katamaran wartet. Die Sonne brennt auf Malta herab, es ist Ende Mai, aber für ihn fühlt es sich frisch an. Er hat sich in den letzten Wochen und Monaten an brachiale Temperaturen gewöhnt, die sengende Sonne auf dem Roten Meer, im Indischen Ozean. Zwischen den Malediven und Dschibuti herrschte teilweise Flaute, bei 45 °C wehte kein Lüftchen.

Die Etappe bis Dschibuti wurde zur bisher längsten seiner Reise. Bourgnon verbrachte 24 Tage auf hoher See. Er hatte nicht mal einen Sonnenschirm dabei. Auf dieser Strecke erlitt er zwei von drei Hitzschlägen. »Ich hatte Fieber und Kopfschmerzen, aber du kannst nichts machen. Du wartest nur darauf, dass es Abend wird.« Neben dem Schlafentzug war die Sonne sein ärgster Feind. Er hortet eine Plastiktüte an Bord, darin stecken 14 Sonnencremes, Faktor 50 plus. »Ansonsten kannst du dir nur ein langes Hemd überziehen, einen Hut aufsetzen oder zwischendurch mal an einer Leine ins Wasser springen.«

Der mangelnde Schlaf aber zehrte am meisten. Ständig musste er den Katamaran beim Segeln nachtrimmen, musste navigieren, Kurs halten. Der eigens für die Reise gebaute Prototyp segele sich exakt wie ein Hobie Cat 16, und »wer so einen schon mal gesegelt ist, weiß, was das bedeutet«. Kenterungen sind gar nicht zu vermeiden. Besonders wenn man allein segelt. Besonders nachts, wenn man den Wind nicht kommen sieht. Sein Kat sei viele Dutzend Male zur Seite gekentert, erzählt er, der Mast komplett unter Wasser. Auch sei der gesamte Katamaran Dutzende Male vornübergekippt, wenn der Wind zu stark von achtern kam und eine Böe in den 55 Quadratmeter großen Spinnaker fiel. »Ich kann das gar nicht mehr zählen.«

Bourgnon muss dann jedes Mal ins Meer, sich auf die Kufen stellen und an den Leinen zerren, um sein Gefährt wieder aufzurichten. Nachts, in Wind und Wetter, oft Tausende Meilen weit draußen auf See. Kein Manöver für schwache Nerven. »Es gab Tage, da kenterte der Kat fast jede Stunde einmal, aber irgendwann gewöhnst du dich daran.«

An Schlaf war dabei kaum zu denken. Es sei auf der gesamten Reise höchstens sieben Mal vorgekommen, dass er auf See drei Stunden am Stück geschlafen habe. Luxus. Meistens konnte er die Augen für höchstens 20 Minuten schließen, oft dämmerte er nur vier, fünf Minuten weg. Schon rüttelte das Meer wieder an ihm.

Doch Bourgnon weiß, was er tut. Vor der Reise hatte er sich über einen Zeitraum von drei Jahren mit einem Pariser Schlafforscher beraten, sich gezielt trainiert und beobachtet. Am Ende hilft nur eins: Um so wenig Schlaf auf einem seegehenden Katamaran zu ertragen, braucht man ein fast übermenschliches Durchhaltevermögen.

Im Indischen Ozean geriet er in den Monsun. Dauerregen, Windgeschwindigkeiten von 120 Kilometern pro Stunde. Über

80 Stunden am Stück musste er wach bleiben. Er bekam Halluzinationen, sah Frachter auf dem Meer, wo gar keine waren. Und niemand da, mit dem er ein Wort hätte wechseln können. Dabei war anfangs alles ganz anders geplant gewesen. Denn ursprünglich hatten sie die unglaubliche Reise um die Erde zu zweit schaffen wollen.

Als Yvan Bourgnon im Oktober 2013 vor Frankreich auf den Atlantik hinaussteuert, ist ein zweiter Mann mit an Bord: Vincent Beauvarlet, ein in Guadeloupe geborener Windsurfer, Kitesufer, Pilot und Segler. Beauvarlet ist ebenfalls für Abenteuer dieser Kategorie zu haben. Ein Athlet, dünn und durchtrainiert.

Auf der ersten Etappe, zwischen La Coruña und Marokko, geraten sie schon bald in die Bredouille. Sie haben acht Tage schweres Wetter mit bis zu 45 Knoten Wind und fünf Meter hohen Wellen. Als sie am 20. November, nach einem ersten Stopp in Agadir, Las Palmas auf Gran Canaria erreichen, ist Beauvarlet fertig. Schlapp, ausgemergelt. »Er hatte keine Reserven mehr, konnte keinen Tampen mehr halten«, sagt Bourgnon. Beauvarlet hat schon nach der ersten Etappe zehn Kilo verloren. Er steigt aus.

Eine Woche lang überlegt Bourgnon, was er machen soll. Aufgeben? Allein weiterfahren? Er wägt ab, horcht in sich hinein. Und entscheidet am Ende, den langen Weg über den Atlantik solo zu probieren. Weiter denkt er zunächst nicht. Erst mal bis Martinique in die Karibik kommen, danach würde er neu entscheiden. Würde wissen, ob ein kleiner, 400 Kilo leichter Katamaran über einen so langen Zeitraum auf hoher See überhaupt allein zu beherrschen ist. Bourgnon verlässt Las Palmas, steuert erst gen Süden, dann gen Westen. Es läuft gut, er genießt Tage fast müheloser Gleitfahrt, sein Katamaran MA LOULOUTTE fliegt mit 14 Knoten über das blauer und wärmer werdende Meer. Doch dann gerät er weit draußen auf dem Atlantik in seinen ersten richtigen Sturm: 60 Knoten Wind, Orkan, haushohe Wellen. Wahrscheinlich hat noch nie zuvor ein Mensch am eigenen Leib erlebt, was ein kleiner Katamaran in solchen Bedingungen macht. Ob er hält oder ob er nicht einfach in Stücke bricht.

Der Kat kentert, driftet Mast unten in der See. Bourgnon muss ins Meer. Er muss abtauchen und die gerefften Segel unter Wasser bergen. Er braucht Stunden. Er ist fest mit dem Kat verbunden, aber der driftet so schnell in den Wellen, dass er Bourgnon hinter sich herschleift. »Ich wurde regelrecht durchs Wasser gezogen, konnte kaum noch atmen, so viel Wasser kam mir entgegen und schwallte vor meiner Brust auf«, erinnert er sich. Er hat keine Wahl. Sich loszubinden, hätte den sicheren Tod bedeutet. Er hält durch, schafft es irgendwie, den Kat wieder aufzurichten und den Sturm ohne Segel abzuwettern. »Es war das einzige Mal, dass ich dachte, jetzt sterbe ich.«

Bourgnon steht die Situation durch und schafft es bis nach Martinique. Dort bleibt er zwei Monate, um Kraft zu sammeln und zu schlafen. Vor allem aber optimiert er sein Gerät, verfeinert die Trimmung und die Autopiloten. Er kennt jetzt alle Tücken und Macken. Und weiß, was zu tun ist, um den winzigen Multihull besser für das Einhandsegeln einzustellen.

Er macht weiter. Segelt durch die Karibik, fährt durch den Panamakanal, wo ihn Schiffer und Lotsen anschauen, als habe er einen Dachschaden. Er erreicht die Galapagosinseln weit draußen im Ozean vor Ecuador. Hammerhaie und Wahoos schwimmen um sein Boot, das Meer blau und durchsichtig, raumgreifend wie die Endlosigkeit selbst. Doch ab Galapagos geht es erst richtig los, ab hier liegt der offene südliche Pazifik vor ihm. Der Stille Ozean: über 3.000 Seemeilen ohne Land, ohne eine einzige Insel. Bourgnon aber will weiter. Kein Zurück, kein großes Zaudern.

Niemand weiß, was im Moment der Entscheidung in ihm vorgeht, welche Schalter im Hirn sich langsam oder auch schneller umlegen, um dieses Wagnis einzugehen. Bourgnon weiß es selbst nicht. »Il fallait le faire, voilà«, sagt er. »Ich musste es einfach tun, fertig.« Bald verlässt er also auch San Cristóbal, eine der fernen Galapagosinseln, und erlebt ab jetzt das »vielleicht schönste Segeln meines Lebens«.

Fast drei Wochen wird er auf See sein, 19 Tage bis zu den Marquesas, in denen er mit den Passatwinden federleicht über den Stillen Ozean gleitet. Nur Meer und er. Und bloß ein paar Maschen, die ihn von der Tiefe trennen.

Fliegende Fische sausen ihm um die Beine, nachts liegt er oben auf seinem Ausleger, einer kaum mannsbreiten Pritsche. Dort ruht er meistens, weil gegen das bequemere Trampolin bei schneller Fahrt unten die Wellen klatschen. Bourgnon liegt auf seinem fliegenden Gefährt, blickt nächtelang in die Sterne. Er sieht Delfine, Bonitos. Gelegentlich wirft er die Leine aus, fängt Fische.

Tagelang nicht ein Schiff.

Es ist das, was fast alle Segler kennen, hassen – und lieben. Probleme und Strapazen, es geht nicht ohne sie. Aber dann kommt irgendwann die Belohnung, dieser Zustand des mühelosen Segelns, wenn alles stimmt, wenn es perfekt läuft. Wenn die Welt genau so ist, wie sie sein soll. Wenn Wind und Meer das Boot übernehmen und der Segler nichts mehr machen muss. Nur noch schweigen, das Wunder genießen.

Yvan Bourgnon muss diese beiden Extreme auf seiner Reise in außerordentlichem Maße erlebt haben. Ganz unten, ganz oben. Hölle, Himmel. Vielleicht ist das der Grund, warum er es am Ende gemacht hat, weiter, immer weiter. Sein mikrobisches Meeresinsekt einmal um die ganze Erde treiben.

Es ist Mittag auf Malta. Bourgnon ist noch immer am Schrauben. Er muss Dyneematampen ersetzen, takeln, die Trimmung an den Ruderblättern neu einstellen. Am Heck schleift er weiße Farbe ab, um zu prüfen, ob sich an einer der Streben Haarrisse gebildet haben. Eine Luke muss abgedichtet werden. Bourgnon hat immer einen Kanister dabei, darin lagern 15 Kilo Reparaturzeug. Epoxy, kleine Glasfibermatten, Kleber. Er muss, notfalls auf hoher See, mit Bordmitteln auskommen.

Dass er sich in solchen Dingen auskennt, ist eine Geschichte für sich. Leidenschaft? Ja, sicher. Doch die Bourgnon'sche Ausprägung dieser Eigenschaft kommt nicht von ungefähr. Sie wurde genährt, entwickelte sich, trieb bei ihm seltsame Keime. Bourgnon ist mit dem Meer, mit dem Segeln verwurzelt. Es muss ihm im Blut stecken, denn es ging schon früh damit los.

Seine Eltern leben in den 70er-Jahren in der Schweiz und haben in La Chaux-de-Fonds eine Bäckerei. Yvan wird dort am 6. Juli 1971 geboren, bis heute besitzt er einen Schweizer Pass. Es ist die Zeit der ersten großen Blauwassersegler, allen voran Bernard Moitessier, und diese Herren schüren Träume. Auch in den Köpfen von Bourgnons Eltern.

Gestresst und überarbeitet verkaufen sie eines Tages die Bäckerei, ziehen nach Frankreich und erwerben eine Yacht. Mit ihren beiden Söhnen segeln sie los, vier Jahre um die Welt. Der kleine Yvan ist acht, als sie aufbrechen. Er sieht das Meer, er lebt darauf. Er sieht die Südsee, die Lagunen, die Marquesas, Tahiti. Zwei Jahre bleiben sie dort, Yvan geht in Französisch-Polynesien eine Zeit lang zur Schule. Als sie zurück nach Frankreich kommen, ist Yvan Bourgnon zwölf Jahre alt und vom Wasser, vom Segeln nicht mehr wegzubekommen.

Und es zeichnet sich schon
jetzt ab, was Bourgnon wirklich will.
Er will keine Siege vor jubelnder
Menge. Er will auch keine Rekorde
mehr. Er will in erster Linie
Abenteuer erleben.
Einfaches, aber extremes
Segeln. Ohne Schnickschnack,
weitab von allem.

Seine Familie zieht nach Saint Brévin in der Bretagne, nach der Schule beginnt für den jungen Yvan Bourgnon die Segelkarriere. Er nimmt an Regatten teil, lernt die Szene kennen. Er feiert Erfolge beim Mini-Fastnet, bei der Mini-Transat. Er gewinnt bald Rennen, sichert sich später erste Rekorde. Mit seinem Bruder Laurent gewinnt er 1997 das Transat Jacques Vabres.

Er liebt die Regatten, das Leben im Segelzirkus, in den Häfen. Dann wieder das Meer, weit raus und weg. Immer mehr spezialisiert er sich über die Jahre auf Multihulls: Der Katamaran wird das Segelfahrzeug seiner Wahl. Und er bricht damit seit zehn Jahren immer neue Rekorde. Segelt mit einem Kat über den Ärmelkanal, als Schnellster übers Mittelmeer: 53 Stunden von Marseille bis Tunesien. In einem sechs Meter langen Nacra F20-Kat rundet er mit Sébastien Roubinet Kap Hoorn. In 60 Stunden segeln sie 450 Seemeilen, peitschen durch 45 Knoten Wind und sieben Meter hohe Wellen. Sie schaffen es, um Haaresbreite.

Und es zeichnet sich schon jetzt ab, was Bourgnon wirklich will. Er will keine Siege vor jubelnder Menge. Er will auch keine Rekorde mehr. Er will in erster Linie Abenteuer erleben.

Einfaches, aber extremes Segeln. Ohne Schnickschnack, weitab von allem.

»Die meisten Skipper sind heute mehr Techniker als Segler«, sagt er. »Das will ich nicht. Viele sagen, es gebe keine Abenteuer mehr, nicht auf den Bergen, nicht auf dem Meer.« Bourgnon sitzt am Steg in Malta, sein Trampolin ist gekommen, genäht vom Segelmacher. Dann sagt er: »Natürlich gibt es noch Abenteuer, du musst sie dir nur nehmen.«

So wuchs langsam seine große Idee. Mit dem Kat um die Welt. Reisen, auf dem Meer sein. Ankommen, wieder losfahren. Sich durchschlagen, mit einfachen Mitteln, eigenem Können. Und oft genug mit Improvisation. Auf Tahiti musste sein Segel genäht werden, er fragte herum, bat um Hilfe. Tags darauf fuhren zwei Tahitianerinnen auf einem Traktor vor. Auf ihrem Anhänger stand eine große Nähmaschine, gemeinsam machten sie sich ans Werk.

»Abenteuer haben nichts mit Technik zu tun. Abenteuer haben damit zu tun, viele kleine Probleme zu lösen.« Eine Weile schweigt Bourgnon, dann sagt er: »Ganz besonders haben sie mit Durchhaltevermögen zu tun. Niemals aufgeben. Weitermachen, wenn du denkst, du kannst nicht mehr. Weitermachen, wenn du denkst, das ist das Ende.« Fragt man Bourgnon, warum er sich das alles antut, die Wochen auf See, allein unter quälender Sonne, antwortet er: »Ich will zeigen, zu was ein Mensch imstande ist. Und wenn ich damit nur einen auf der Welt motivieren kann, habe ich meine Mission erfüllt.«

Durchhalten, das musste er auf seiner Fahrt noch öfter. Nach dem Ausstieg seines Gefährten, dem kapitalen Sturm und dem Monsun auf dem Indischen Ozean stand ihm der Tiefpunkt erst noch bevor. Aber natürlich war ihm längst klar, was er da eigentlich unternahm: eine Reise des Durchhaltens. Eine Reise des Willens. Gegen alle Umstände, gegen alle Untergänge. Auf See, im Kopf.

Auf dem Indischen Ozean steht er kurz vor der totalen Erschöpfung. Es ist Ende Juli 2014, irgendwo mitten auf seiner Reise. Der Monsun hält an, tagelang navigiert er durch prügelnden Regen und heftige Winde. Ständig droht er zu kentern, weshalb er sich eine neue Technik antrainiert. Er legt die Schot des Segels beim Schlafen zweimal um die Winsch und dann um seine Hand. So kann er spüren, wenn der Druck zu stark wird. Droht der Kat wieder mal zu kippen, lässt er los. Er spürt das inzwischen instinktiv, sogar in seinem leichten Schlaf. »Der Kat ist übertakelt, er segelt sich machtvoll«, sagt Bourgnon. »Das Kentern zu verhindern, ist immer eine Frage von Sekunden.«

Es ist die Zeit, als er zum ersten Mal Halluzinationen bekommt. Er entscheidet, nicht die Malediven, sondern das nähere Sri Lanka anzusteuern. Nach mehreren Tagen steht er südlich der Insel, sieht schon die ersten Fischerboote, die wie üblich in der Nacht draußen sind, aber weit vor der Küste steuern. Das Wetter hat sich beruhigt, Bourgnon schaltet den Autopiloten ein und kann endlich etwas schlafen.

Bis er jäh aus seinem Boot geschleudert wird.

Mitten in der Nacht, 200 Meter vor der Küste, schlägt der Katamaran bei wenig Wind, aber drei Meter hohen Wellen frontal auf die Felsen einer vorgelagerten Insel. Bourgnon berappelt sich, klettert über die Steine, das warme Wasser umspült seine Beine. Er zieht und zieht, bis er den ganzen Schaden sieht: In den Kufen seines Gefährts klaffen Löcher, seine LOULOUTTE ist auseinandergebrochen, der Mast ruiniert. Die Fotos von seinem zerstörten Katamaran machen im Internet bald die Runde. Wie ein weißer Haufen Elend hängt der Kat auf den schwarzen Felsen vor Sri Lanka.

Zwei Tage verbringt Bourgnon im Knast, die Polizei glaubt ihm kein Wort. Mit einem Kat um die Welt? Sie vermuten Drogenschmuggel. Erst nach endlosen Diskussionen und Recherchen wird er entlassen, darf seinen Katamaran in den Hafen von Galle bringen und ihn in Ruhe inspizieren. »Es war die schwärzeste Stunde meiner Reise«, sagt er. Sein Boot ist nicht reparabel, beim Schlag auf die Felsen hat er sich zudem den Rücken verletzt und muss zurück nach Frankreich, zum Arzt. Sein Hauptsponsor will ihm kein Geld mehr geben, alle sehen das Projekt als gescheitert an. Das Ende?

Bourgnon erholt sich, überlegt: Er braucht 80.000 Euro, um sein Boot wieder flottzumachen und weiterzufahren. Aber es ist nicht so, dass er in eine volle Kriegskasse greifen könnte. Für sein ganzes Projekt hatte er anfangs ein Budget von um die 350.000 Euro, aber das Geld schwindet.

Auf die Frage nach der weiteren Finanzierung sagt Bourgnon: »Abenteuer haben nicht immer mit Geld zu tun, Abenteuer mit Geld sind einfach.«

Seit drei Jahren sei er »SDF«, witzelt er noch. »Sans domicile fixe«, wie die Franzosen sagen. Ohne festen Wohnsitz. Bourgnon lebt am Meer, auf dem Meer. Er segelt immer. Segelt, so oft es geht, so oft sich eine Gelegenheit bietet. Salzwassernomade.

Dann tut er etwas, das er noch nie zuvor getan hat. Er startet ein Crowdfunding im Internet und darf binnen Wochen miterleben, wie viel Unterstützung er von der »Menge« bekommt, von all den Fans, die seine Reise verfolgt haben und noch immer verfolgen. Er schöpft Hoffnung, beginnt in Frankreich, mit zwei Konstrukteuren neue Rümpfe und einen neuen Mast zu bauen. Die Reste des Kats liegen noch immer auf Sri Lanka, nur Fragmente davon kann er noch nutzen.

Nach Monaten verfrachtet er die neuen Teile in einen Container, zurück geht es nach Sri Lanka. Dort helfen ihm Fischer und einheimische Bootsbauer, die Teile wieder zu einem Kat zusammenzusetzen. Gemeinsam stehen die Männer unter Palmen, in einem schiefen Verschlag, sie schleifen, laminieren, schrauben. Im März 2015 schiebt Bourgnon seinen Kat wieder ins tropische Meer. Seine Reise geht weiter, Kurs Oman.

Es ist alles Teil seines Abenteuers: Durchhalten, nicht nur auf dem Meer. Das wäre ja sonst auch viel zu einfach, ein simpler Sturm auf hoher See, was ist das schon? Durchhalten musst du auch an Land, im Leben, und du weißt nie, wie es kommt. Aber auch da kennt sich Bourgnon ein wenig aus. Kennt sich aus in einer Art und Weise, die er sich niemals gewünscht hat. Die kein Mensch sich jemals wünscht.

Er hat nicht mehr lange auf Malta, am folgenden Nachmittag will er weiter. Bourgnon sitzt in einem kleinen Café unten am Hafen, isst einen Salat mit Hühnchen. Er erzählt heiter von seiner Reise, nie dramatisch, nie muskulös. Wer ihm eine Weile zuhört, denkt an einen Ausflug. Denkt, dies sei ein normaler Törn. Denkt am Ende, ach, so etwas könnte man doch auch mal machen.

Es liegt an seinen leichten Worten, seinen Scherzen. Bourgnon, geschieden, ist eine Frohnatur. Er liebt das Leben. Er mag es, unter Menschen zu sein, liebt es, zu essen, guten Wein zu trinken.

»Ich bin kein einsamer Seewolf, keiner der Solosegler, die gern Monate allein auf See sind«, sagt er. »Aber es ist schon seltsam, je länger du da draußen auf dem Meer bist, desto länger willst du dort bleiben.«

Er erzählt von sieben Meter hohen Wellen vor Australien, die er mit seinem Kat hinuntersurfte, 24 Knoten, ohne dass ein einziges Segel stand. Er erzählt davon, wie sich seine Haut, sein Zustand veränderten. Im Atlantik bekam er Pickel, seine Arme, sein Rücken voller Pusteln. »Lag am Stress«, sagt er. Nicht an der Sonne, nicht am Salzwasser. Im Pazifik seien die Pickel verschwunden. Einfach so. Er fühlt sich heute stark, in den Armen, im Kopf. »Mein Körper hat sich angepasst, es braucht eine Weile, aber es geht.«

Er erzählt vom Roten Meer. Vom Kreuzen zwischen Frachtern, Tankern, Fischerbooten. Er hatte viel Wind, Wind gegenan, je weiter er nach Norden kam, desto schlimmer wurde es, desto mehr Zeit verlor er. Er erzählt von ignoranten Kapitänen. Mindestens 25-mal habe er Schiffe über Funk angerufen, ohne eine Antwort zu bekommen. Einmal, dann doch wieder in der Flaute, kam ein Frachter frontal auf ihn zu. Er lag im Öl, kein Lüftchen, er rief das Schiff wiederholt über Funk. Nichts. Der Frachter kam weiter auf ihn zu. Lage null.

Bourgnon begann zu paddeln, er hat immer zwei kleine Paddel dabei. Der Frachter näherte sich weiter. Bourgnon schoss am Ende Rot, um irgendwie auf sich aufmerksam zu machen. Nichts. Dann paddelte er wie ein Verrückter: Zehn Meter vor seiner Nase dröhnte der Frachter schließlich an ihm vorbei. Sein kleiner Katamaran torkelte in den Wellen.

Abends trinkt Bourgnon noch einen kleinen Schluck Wein, es ist der letzte, bevor es morgen früh weitergeht. Er erzählt gern und offen, von seinen beiden Söhnen, die 16 und 17 sind und mit denen er nach seiner Rückkehr viel Zeit verbringen will. Er erzählt von seiner Idee, als Nächstes vielleicht mit einem Trimaran die Erde zu umrunden, diesmal auf der südlichen Route, nach Westen, gegen den Wind. Und dann erzählt er, ganz nebenbei, noch von Obelix.

Seine Eltern machten früher mal einen mächtigen Schweinebraten, schmissen ein großes Fest für Familie und Freunde. Der kleine Yvan ist drei Jahre alt, und im Garten steht dieser große Kessel mit kochend heißem Wasser. In Frankreich ist dies ein traditionelles Gericht, Schwein, gekocht in einem massiven Topf.

Yvan und sein älterer Bruder spielen im Garten, da stolpert der kleine Yvan und landet rückwärts in dem Kochtopf. Das ist kein Witz. Bourgnon wird eine Spur ernster, eine Spur stiller.

Er erlitt damals Verbrennungen dritten Grades. Er lag ein halbes Jahr im Krankenhaus, und er konnte nur auf dem Bauch liegen und sich nicht mehr bewegen. Haut von seinen Füßen und von seinen Beinen wurde entnommen und transplantiert, und es brauchte dafür 15 Operationen.

Es gibt verschiedene Reaktionen, die kleine Kinder in solchen Situationen zeigen. Der kleine Yvan nahm es schweigend hin. Er hörte auf zu sprechen. Zwei Jahre sagte er kein einziges Wort mehr. Das erste Wort, das wieder über seine Lippen kam, sollte er erst wieder im Alter von fünf Jahren sprechen.

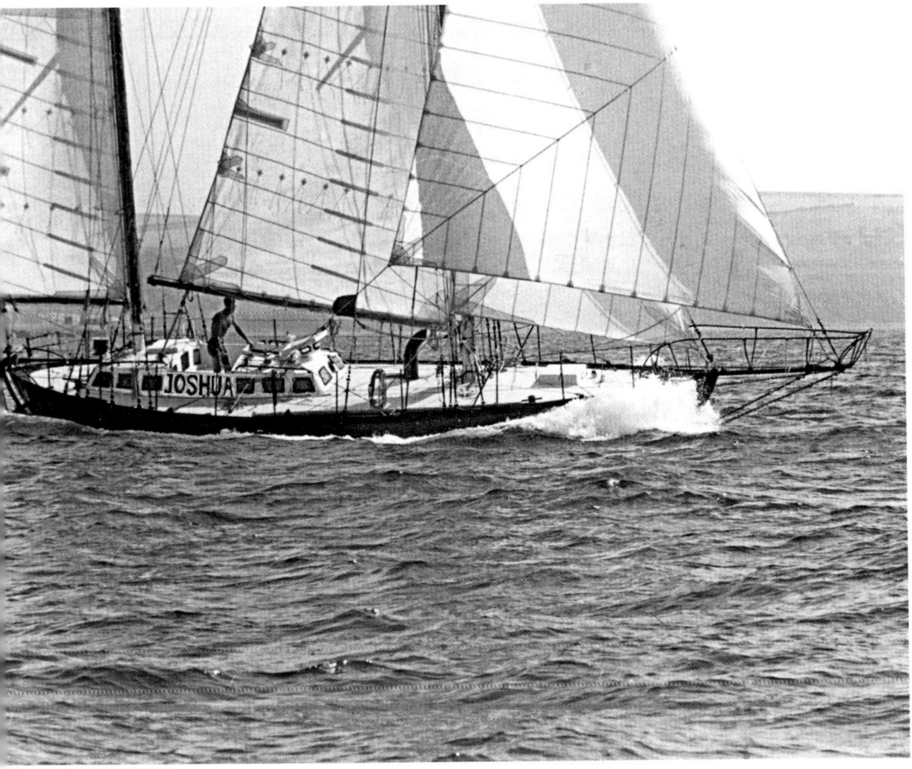

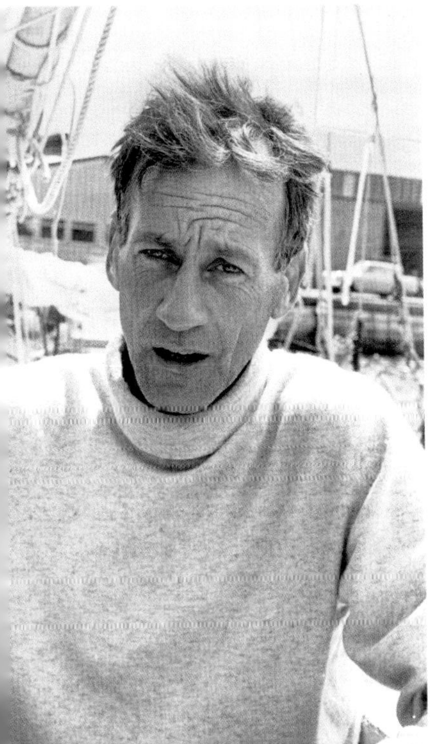

BERNARD MOITESSIER
Beseelt von Wind und Freiheit: Mit seiner Ketsch JOSHUA *segelte Bernard Moitessier in die Geschichtsbücher. Beim Golden Globe Race von 1969, der ersten Soloregatta um die Erde, lag der Franzose vorn, doch dann drehte er auf dem Atlantik ab und segelte auf eigene Kappe bis nach Polynesien. Dort schrieb er anschließend sein berühmtestes Buch:* Der verschenkte Sieg. *Eine gewaltige Hymne an Meer und Natur, aber auch ein politisches Statement.*

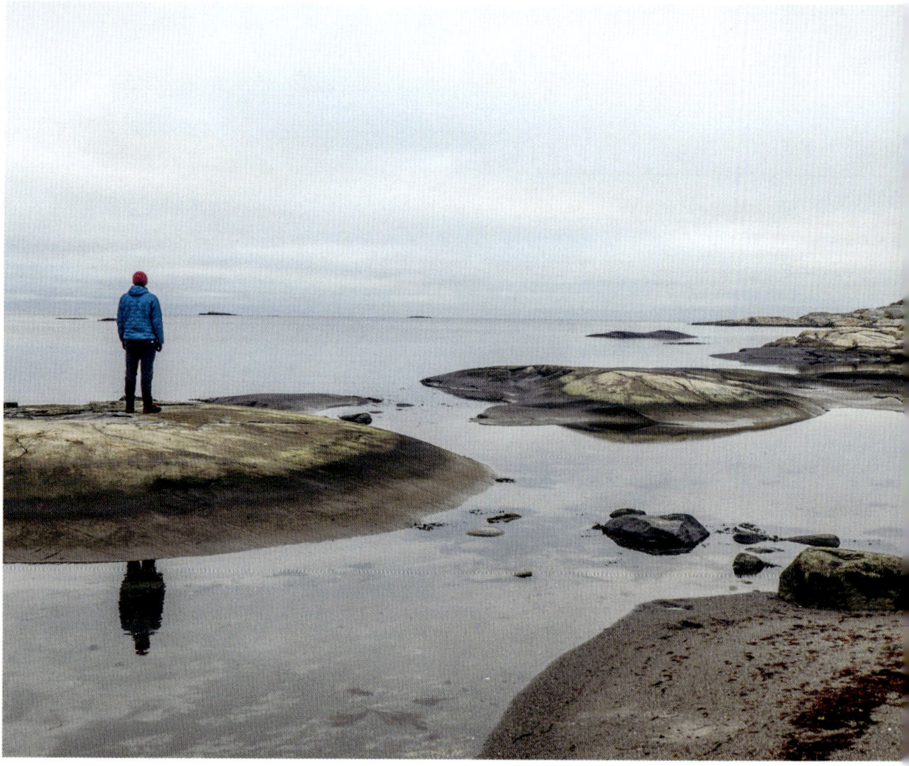

MATTHES SIERK

Nördlich von Göteborg liegt die Stahlyacht ANNA-LENA in den Schären von Strömstad. An Bord weilt ein junger Mann, der vor Kurzem noch gar nicht segeln konnte. Doch anstatt seine Karriere in einem Weltunternehmen zu verfolgen, kündigt er, kauft sich ein Segelschiff und beginnt ein neues Leben – und dabei ist der Deutsche Matthes Sierk erst 25 Jahre alt. An Bord lebt er seitdem mit seinen Büchern und seiner Ukulele, spaziert im Winter durch die verlassene Inselwelt Westschwedens und plant eine neue Zukunft.

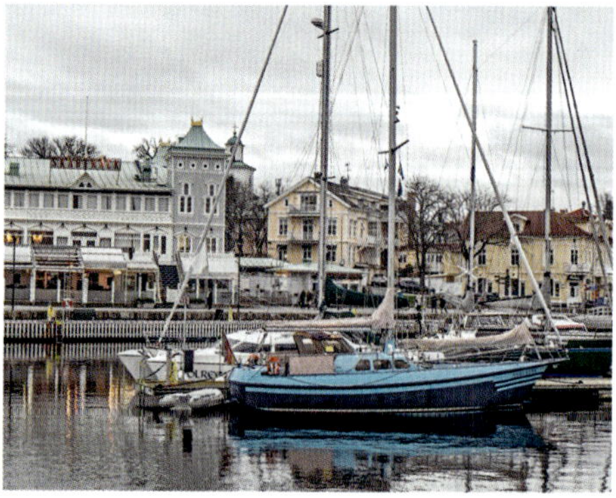

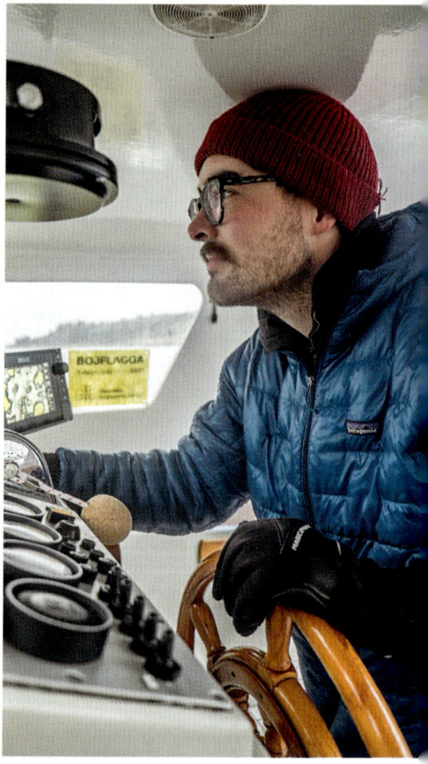

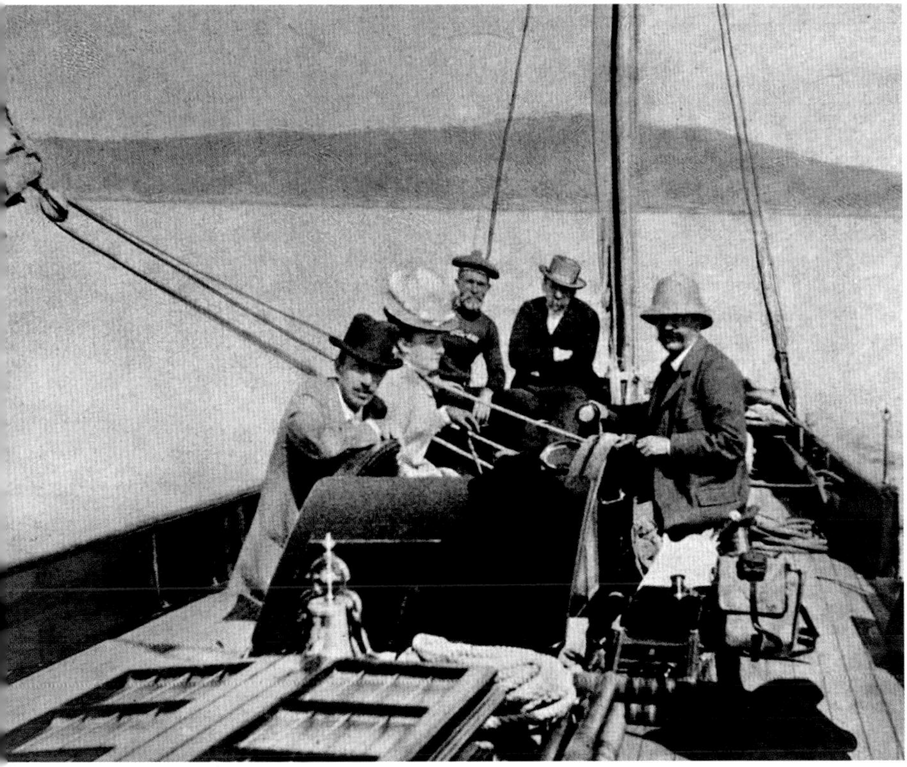

GUY DE MAUPASSANT

Mit Jackett und Tropenhut an der Pinne: Als Romancier war er weltberühmt, doch Guy de Maupassant floh lieber aufs Wasser, anstatt sich in den Literatenkreisen herumzutreiben. Mit seiner Yawl BEL-AMI *kreuzte er vor der Côte d'Azur und sogar bis nach Tunesien. An Bord schrieb er weiter – und schenkte dem Segeln ein paar unvergessliche Kapitel.*

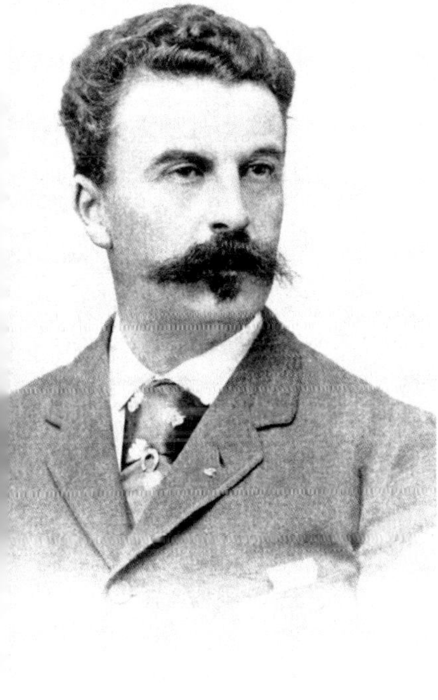

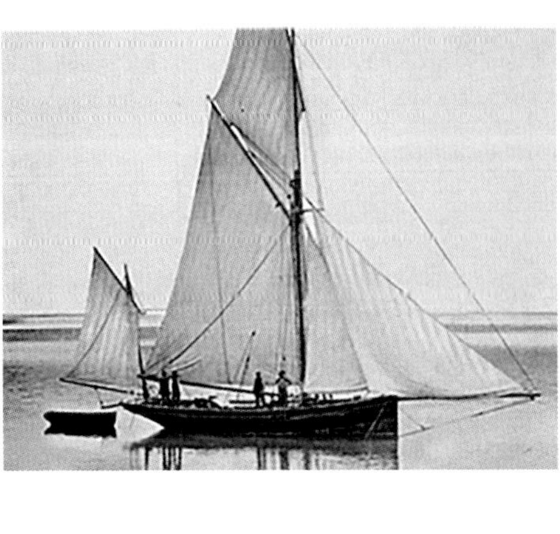

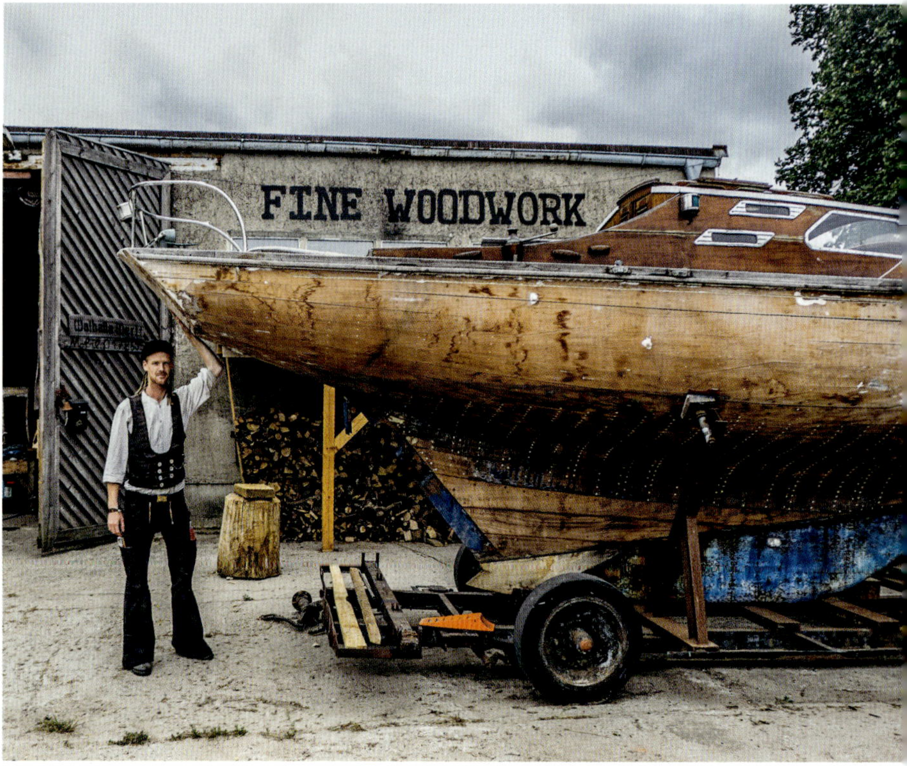

DER NAMENLOSE WANDERBOOTSBAUER

Im stillen Rügen steht er neben einer Werft, um dort ein paar Tage an alten Schiffen zu arbeiten. Abends sitzt er in der Gesellenbude, erzählt seine Geschichten. Doch bald zieht er unermüdlich weiter: einer der letzten Bootsbauwanderer unserer Zeit. Seine Reisen führen zurück in altes Zunftdenken, doch halten seine Abenteuer der heutigen Welt auch einen Spiegel vor und zeugen vor allem von einem: der nie aussterbenden Liebe zu Segelschiffen.

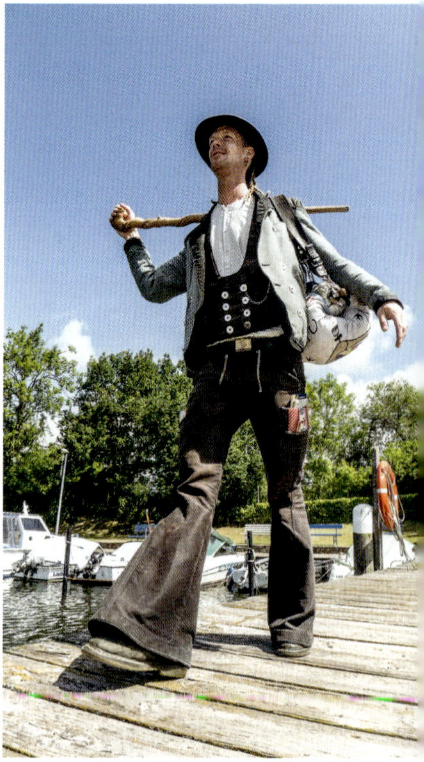

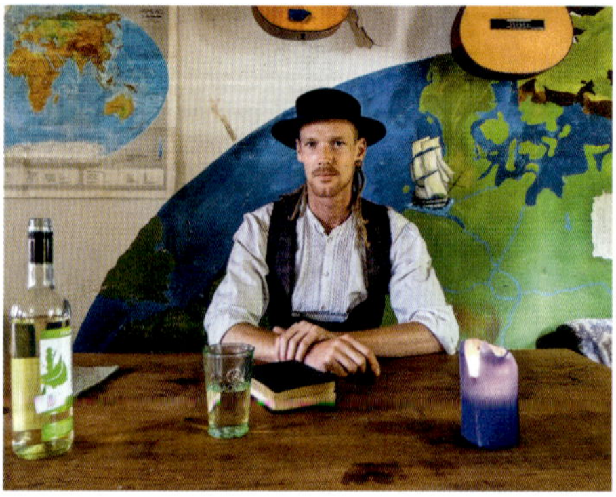

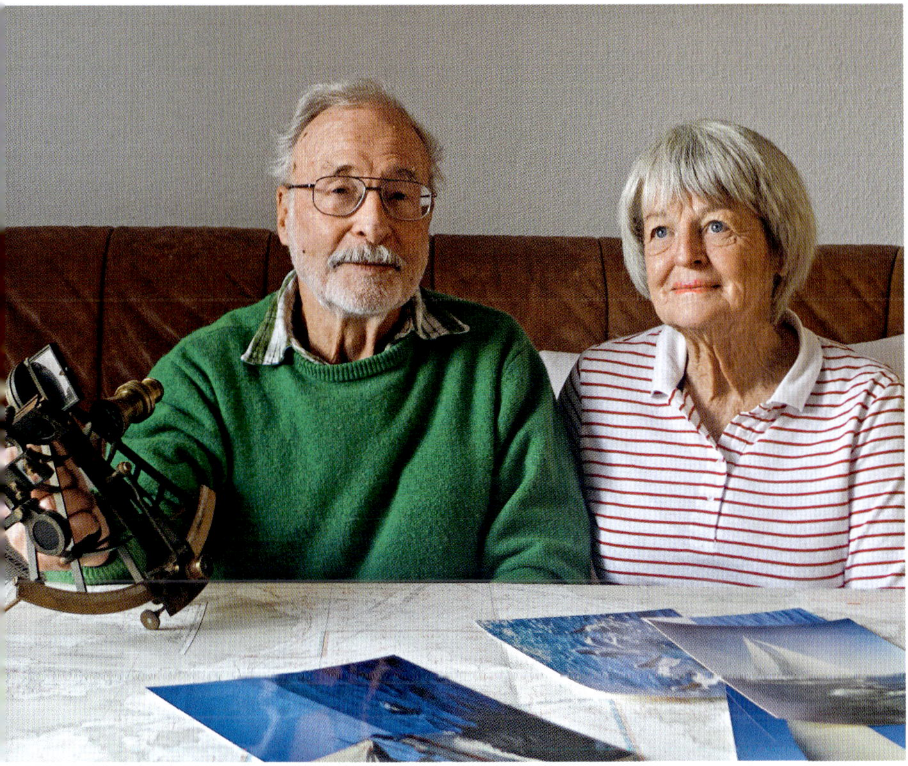

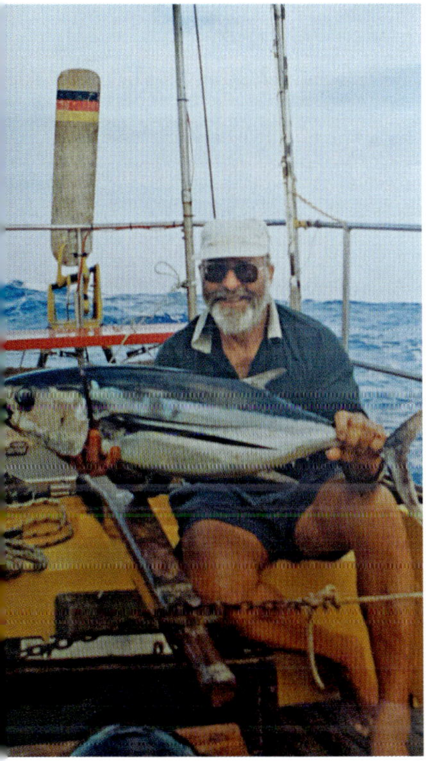

HANS ROGGE

Ein Sextant, seine Logbücher und ein paar Seekarten: Das ist alles, was aus dem Seglerleben von Hans Rogge noch existiert. Zu Hause in Lüneburg erinnert er sich mit seiner Frau Valerie noch einmal an seine Fahrten. Auf seiner selbstgebauten Stahlyacht segelte er 20 Jahre auf dem Atlantik, zwischen Afrika, Südamerika und St. Helena. Zu sehen ist Rogge in den 1980er-Jahren auf seiner SAGITTA*: mit frisch gefangenem Thunfisch und unten in seiner Navigationsecke. Ein beinahe Unbekannter der deutschen Langfahrtszene, der Zigtausend Seemeilen auf dem Buckel hat.*

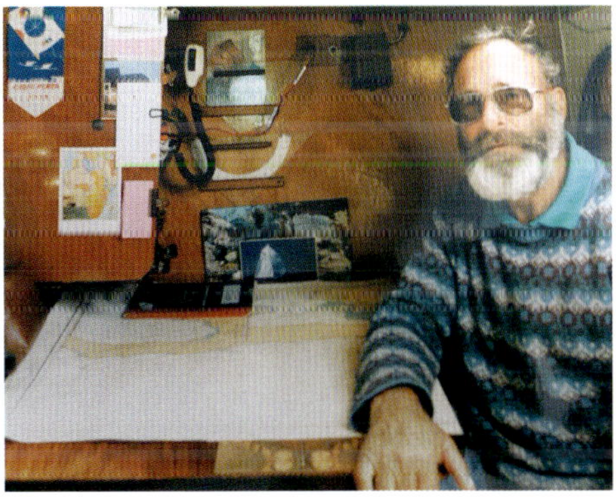

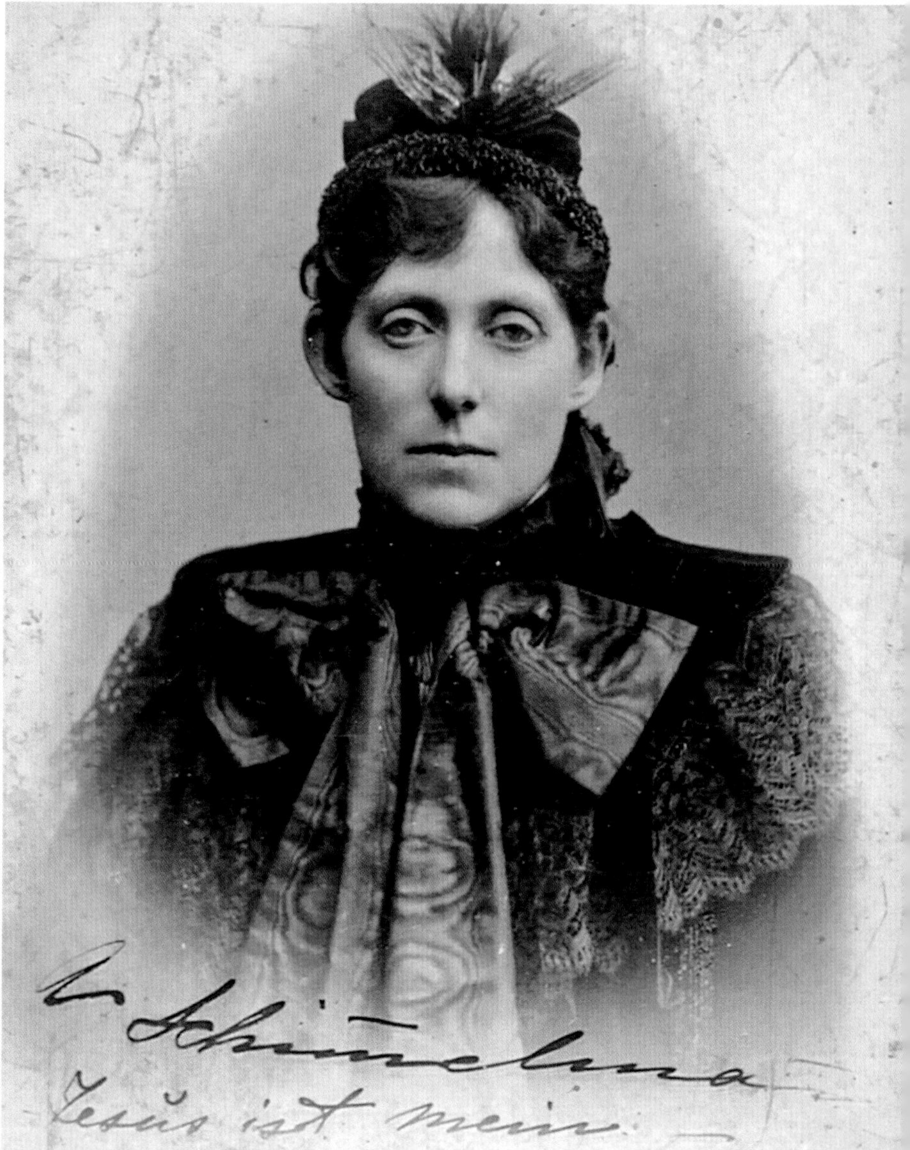

ADELINE VON SCHIMMELMANN

Seglerin im Namen Gottes: Hochgeschlossen posiert Adeline Gräfin von Schimmelmann Ende des 19. Jahrhunderts für ein Porträt. Bekannt wurde sie damals für ihre Segelreisen auf ihren Yachten, mit denen sie die deutschen Küsten befuhr, Dänemark und später die USA. Dabei wurde sie nicht nur zur segelnden Missionarin, sondern half Tausenden verarmter Seeleute und Fischer, die an den Küsten damals ein hartes Leben fristeten.

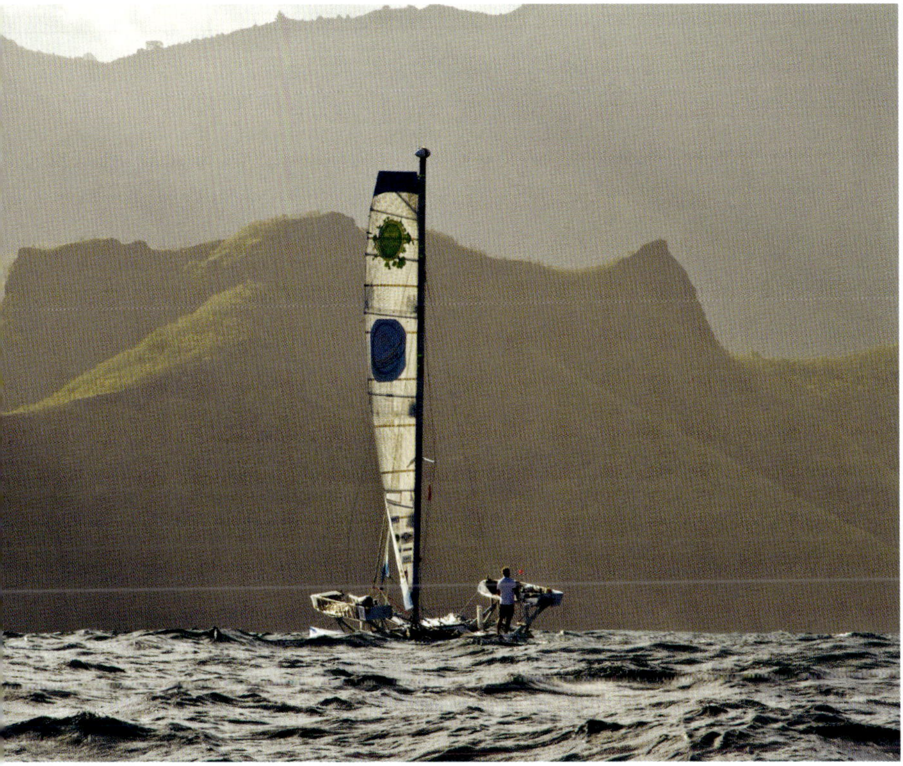

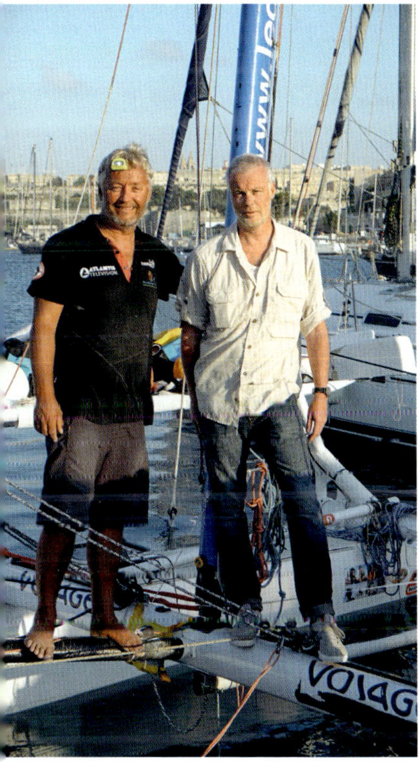

YVAN BOURGNON

Um die Welt, ohne Dach über dem Kopf: Lediglich mit einem modifizierten Sportkatamaran bricht der französisch-schweizerische Segelabenteurer Yvan Bourgnon 2013 auf, um die Erde in mehreren großen Etappen zu umrunden. Er schafft dies auf einem »nicht bewohnbaren« Katamaran, ohne Instrumente, ohne Hilfe, ohne Begleitboot. Unterwegs durchwettert er Stürme, kentert, repariert sich um die Erde und macht in der Südsee Stopp bei den Polynesiern. Auf Malta trifft ihn Autor Marc Bielefeld bei einem letzten Halt vor der Rückkehr nach Frankreich.

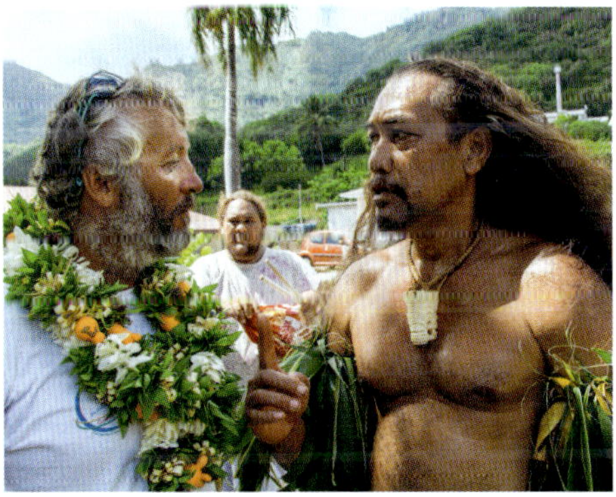

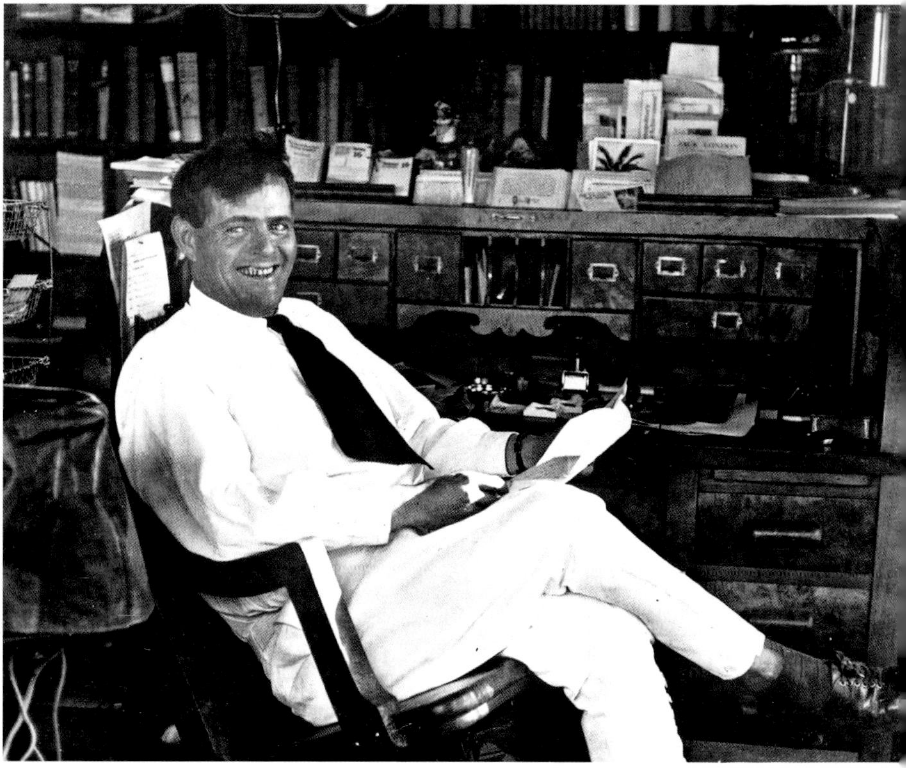

JACK LONDON

Auf seiner Ranch in Glen Ellen sitzt Jack London in seinem Arbeitszimmer, doch seine große Liebe gilt dem Meer. Dafür lässt er sich seine eigene Yacht bauen, die SNARK, *mit der er 1907 aufbricht, um den Pazifik zu besegeln. An Deck weilt er mit seiner Frau Charmian, bis Honolulu kommen sie zunächst, um später wochenlang zu den Marquesas zu kreuzen. Doch die Yacht macht schon auf der ersten Passage Probleme – und bald steht die Fahrt unter einem dunklen Stern.*

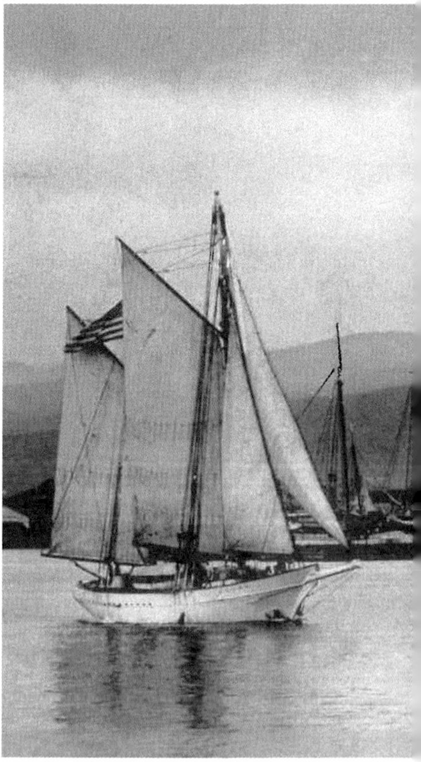

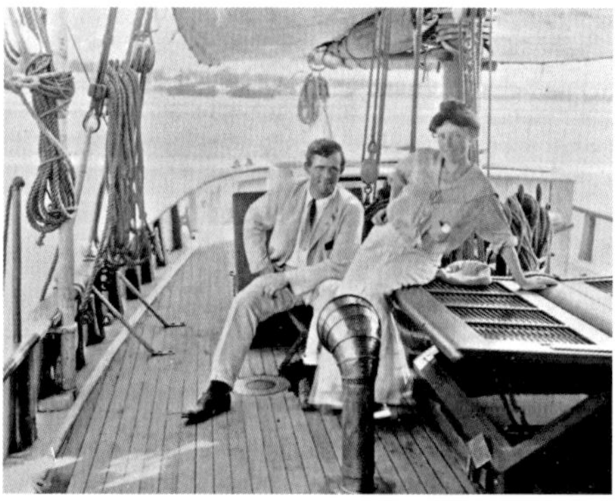

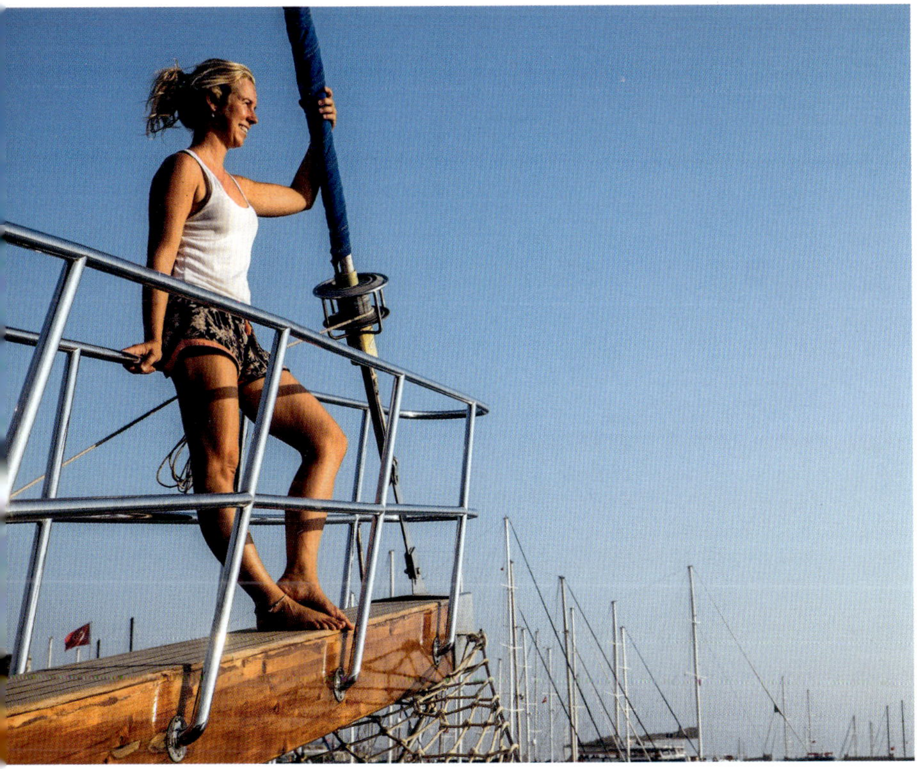

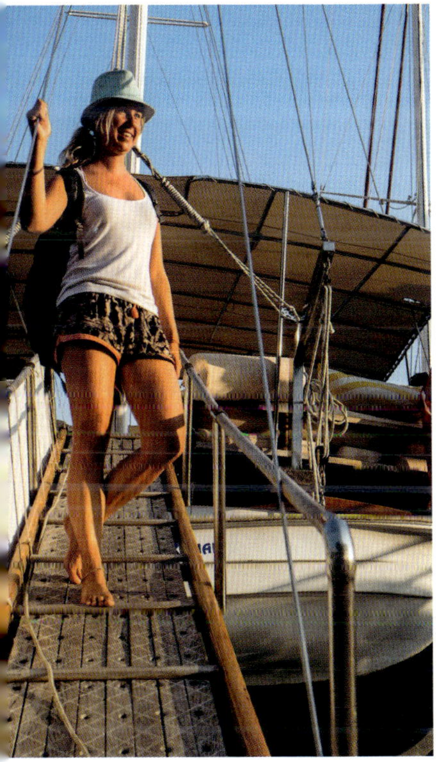

SUZANNE VAN DER VEEKEN

Immer am und auf dem Meer unterwegs: Seit vielen Jahren ist die Holländerin Suzanne van der Veeken auf Segelschiffen unterwegs und hat dabei die Kunst des »Hitchsailings« perfektioniert. Sie trampt auf Yachten von Hafen zu Hafen, von Land zu Land. Doch ihr Anliegen geht weiter: Sie steht für eine junge Generation, will ein neues Bewusstsein für Meer und Natur schaffen und hat ein Buch über ihre »Slow Sailing«-Philosophie geschrieben. Hier ist sie auf einer alten Yacht im türkischen Bodrum zu sehen, wo sie der Autor auf ihren Reisen traf.

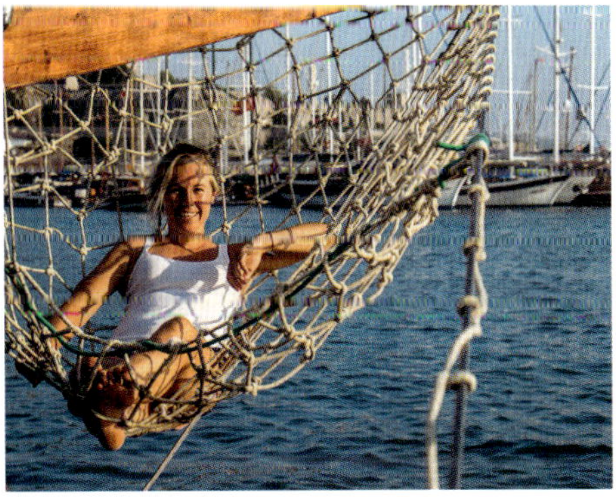

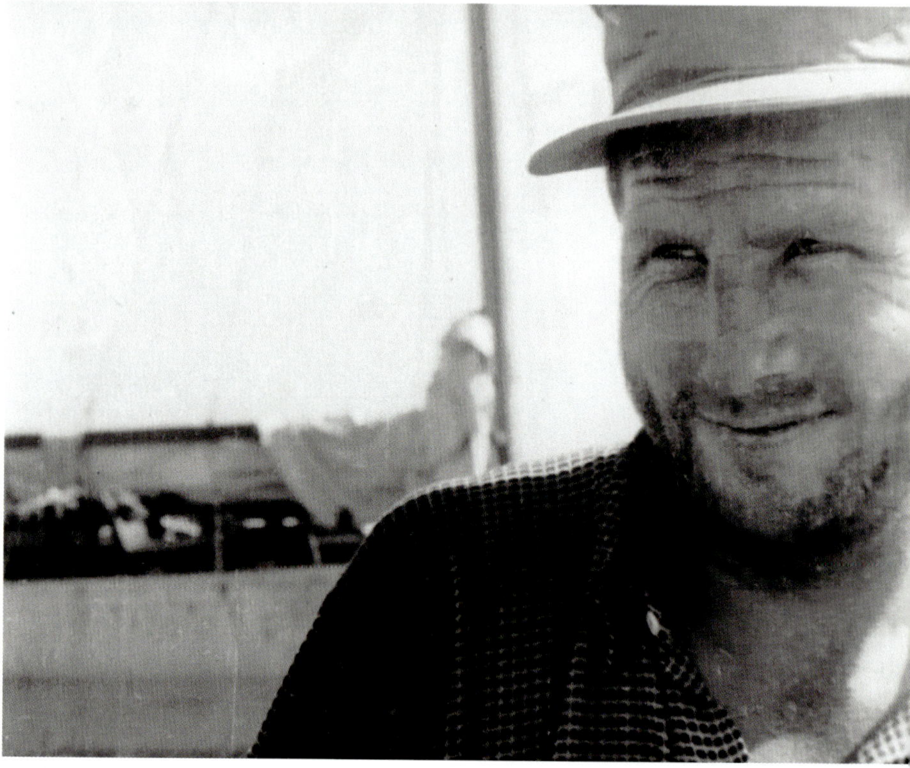

ADO NOLTE

Nach dem Zweiten Weltkrieg erbt der Hamburger Ado Nolte ein Haus in Winterhude, doch der abenteuerlustige junge Mann hat andere Pläne. Er verkauft, lässt sich eine Yacht bauen und will nach Brasilien segeln. Ohne es zu wissen, heuert er neben zwei Freunden den deutschen U-Boot-Kapitän Heinrich Lehmann-Willenbrock an, (siehe Bild oben) – jenen Mann von U-96, der später im Film Das Boot *als »der Alte« berühmt werden sollte. Für den Törn zeichnete der namhafte Korvettenkapitän auf Brotpapier eine eine Seekarte vom Atlantik – nur aus dem Gedächtnis, inklusive Strömungen und Windpfeilen.*

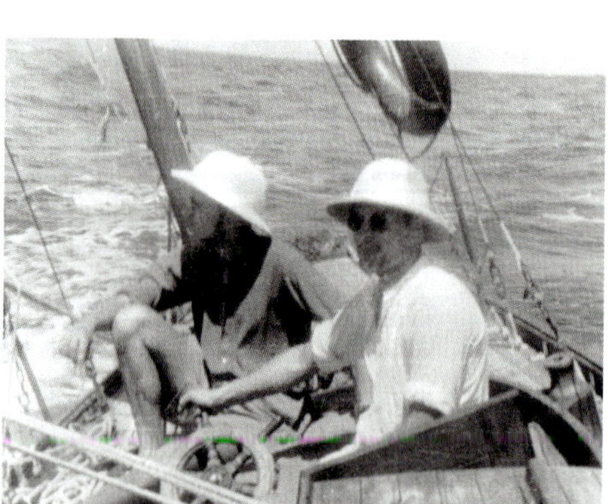

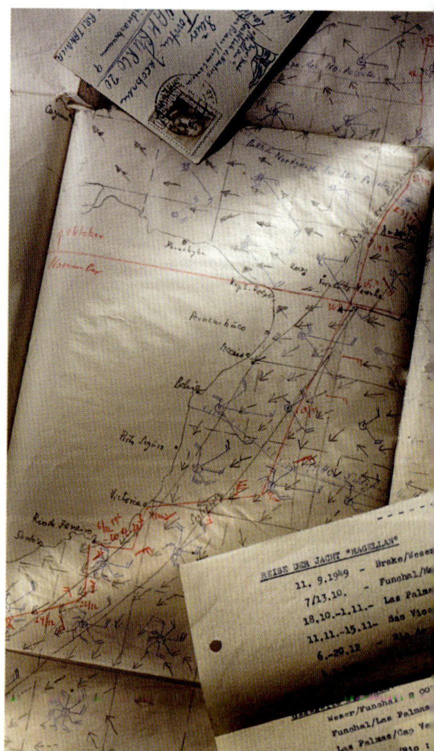

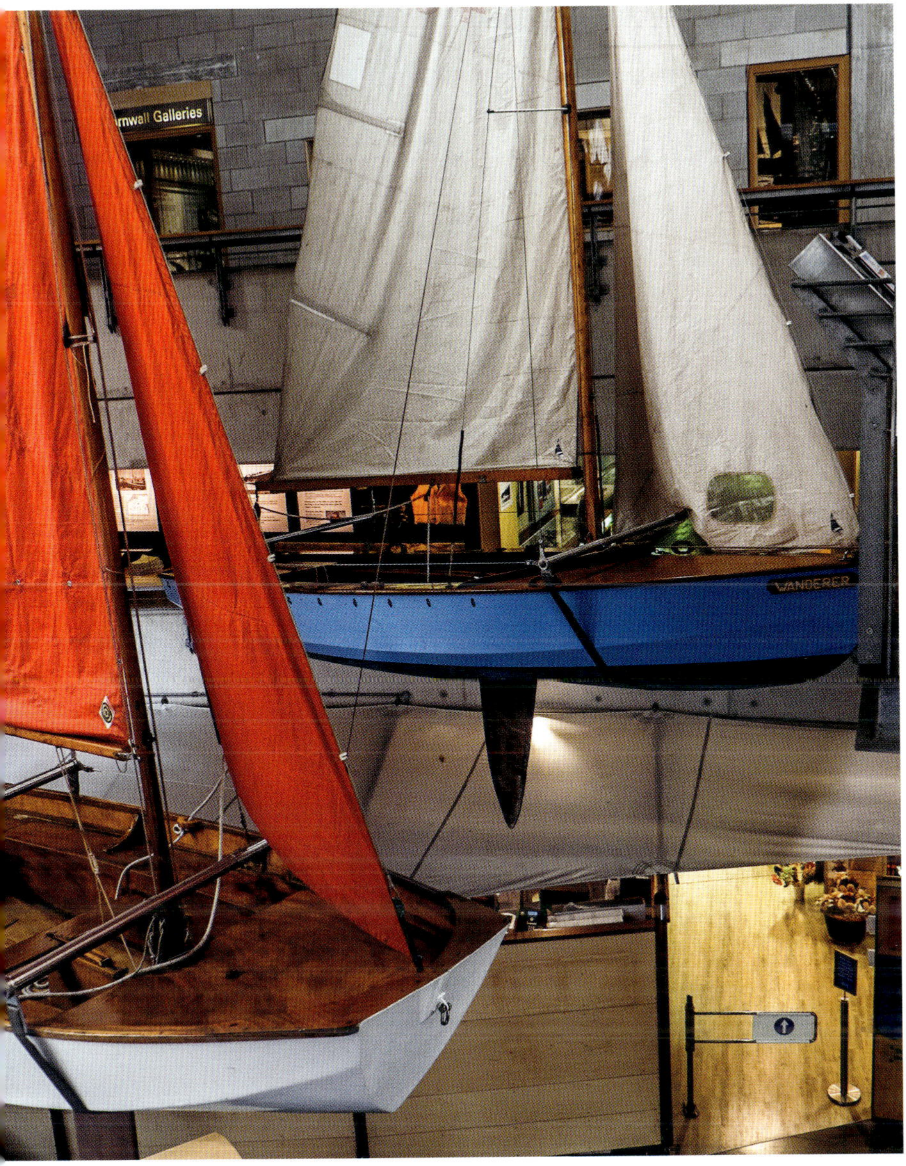

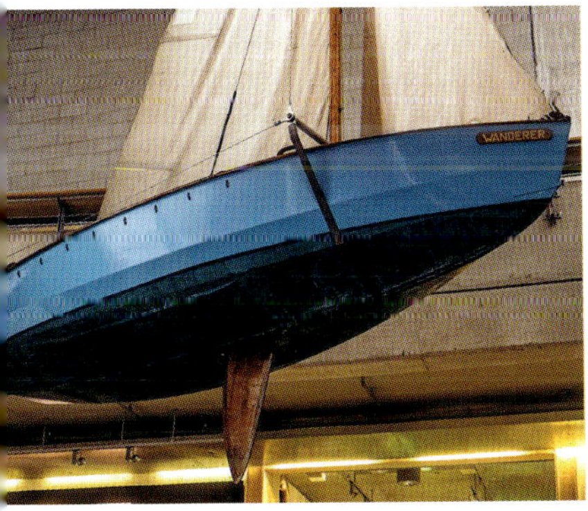

FRANK DYE

Kleines Boot ganz groß: Nicht einmal fünf Meter ist die Segeljolle lang, sie wiegt gerade einmal 170 Kilogramm. Doch mit seiner WANDERER wagte der Brite Frank Dye geradezu sagenhafte Törns. Er querte in seiner Winzigkeit die Nordsee, überlebte in seinem Bötchen brutale Stürme und schaffte es damit bis nach Island. Heute hängt das gute Stück im National Maritime Museum of Cornwall in Falmouth.

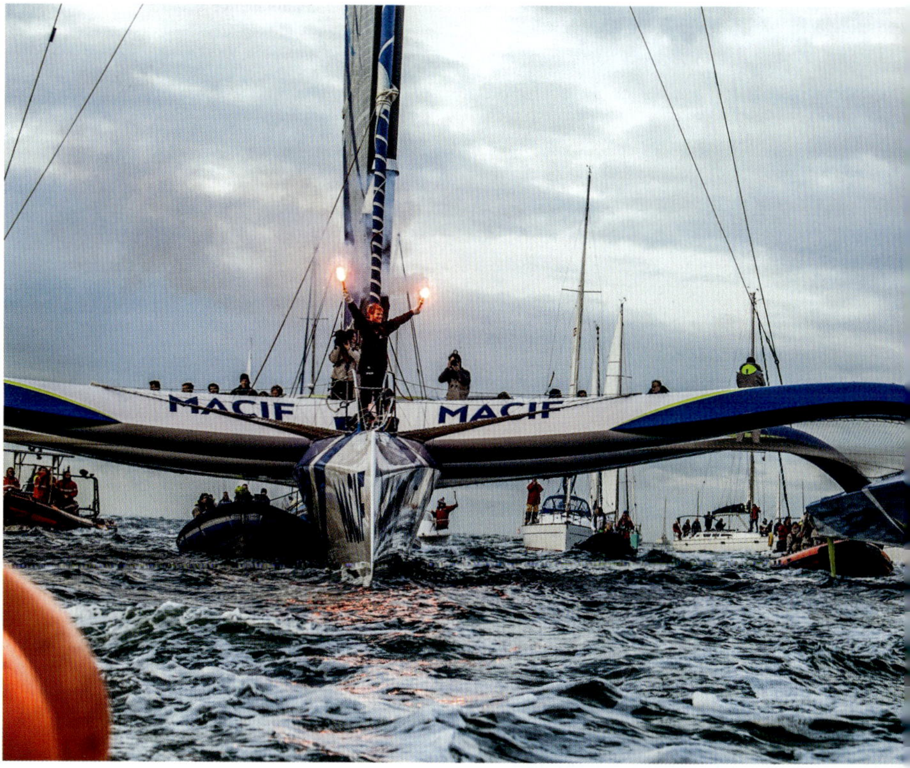

FRANÇOIS GABART
Beim Zieleinlauf in Brest kurz vor Weihnachten 2017 bricht auf dem Wasser Jubel aus: Der Franzose François Gabart kehrt von seiner unglaublichen Rekordfahrt um den Globus zurück. Solo hat er die Erde auf seinem mächtigen Trimaran MACIF *umrundet und dabei gleich mehrere Bestmarken pulverisiert. Vor dem Hafen lässt Gabart die Fackeln glimmen, und kaum an der Pier, umzingeln ihn die Reporter. Die Welt hat einen neuen Segelhelden, Frankreich einen neuen Star.*

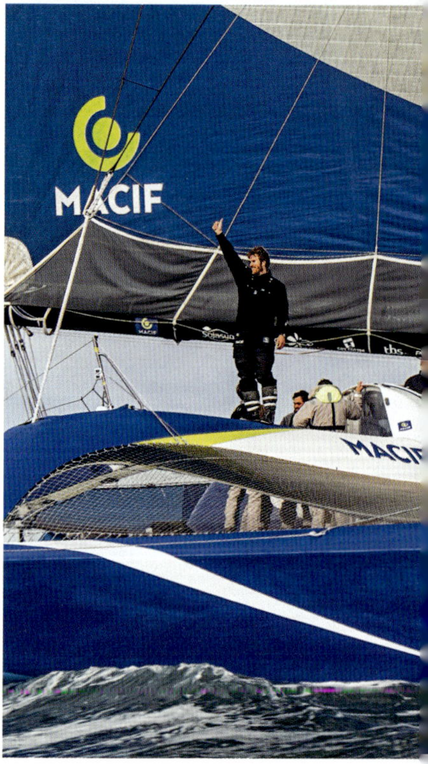

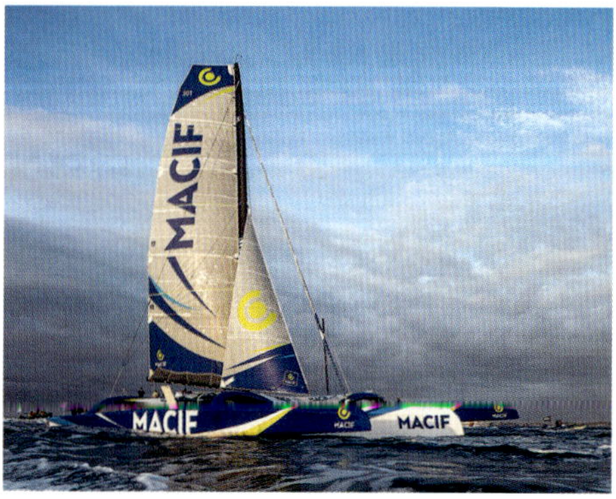

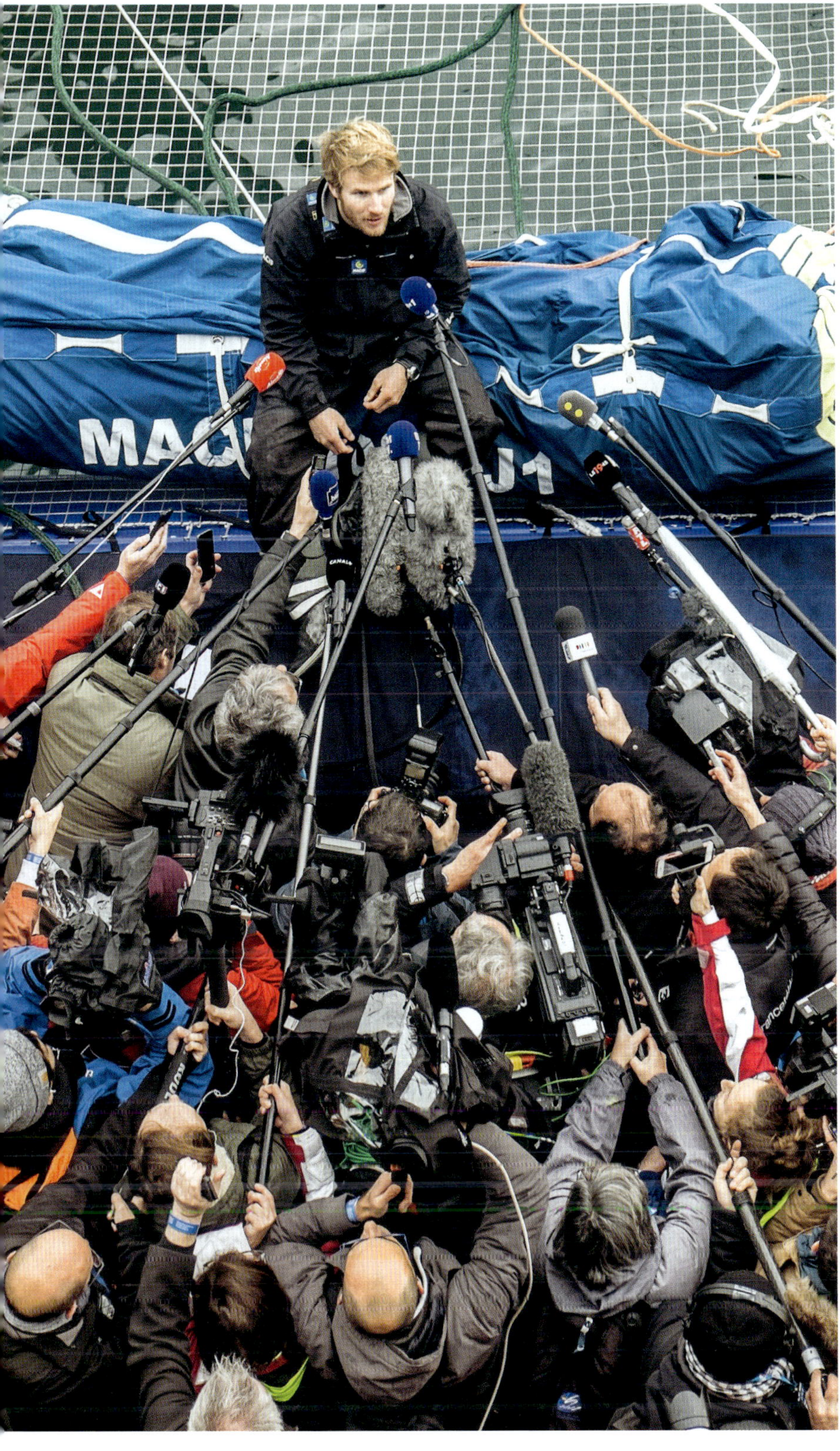

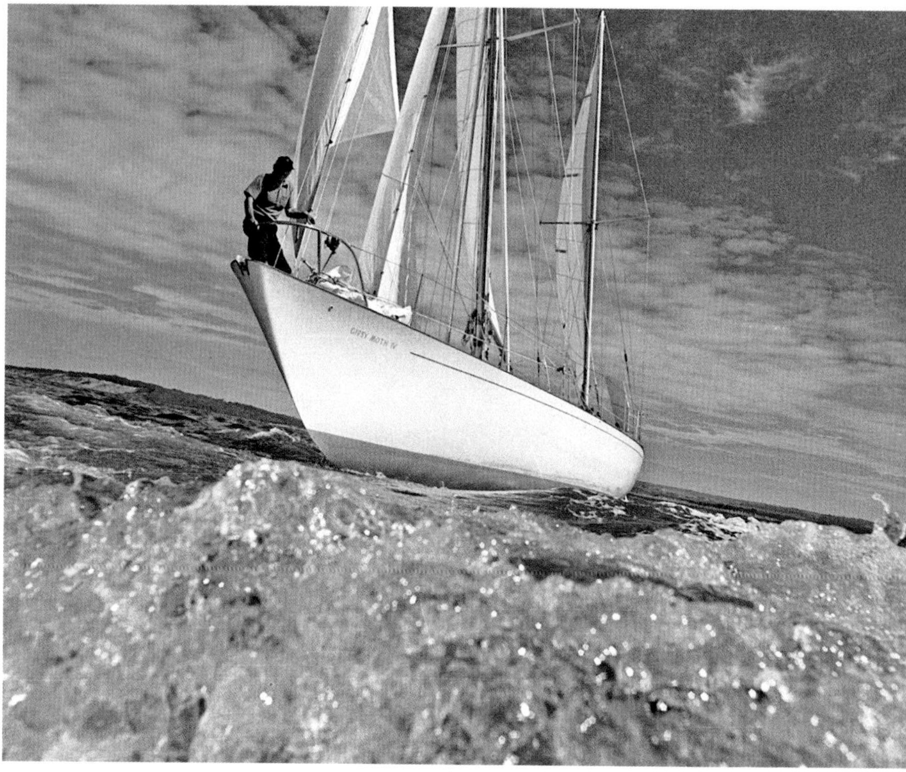

SIR FRANCIS CHICHESTER

Englands große Segelikone: Zunächst flog er als Pionier in einem Propellerflugzeug um die halbe Welt, dann setzte Francis Chichester die Segel. Mit seiner GIPSY MOTH IV *fuhr er von England nonstop nach Australien und nach einem kurzen Aufenthalt gleich wieder zurück. Was wenige wissen: Wegen einer Krebserkrankung hatten ihm die Ärzte nicht mehr lange zu leben gegeben – noch bevor Chichester überhaupt richtig zu segeln begann. Doch er überlebte die Krankheit, »vielleicht auch dank des Segelns« – und schrieb danach große Kapitel des Hochseesegelns. Heute liegt Chichesters berühmte Yacht in England. Dort kann man die* GIPSY MOTH IV *auf dem Wasser bewundern, wo sie sich manchmal auf Regatten weit jüngeren Schiffen stellt.*

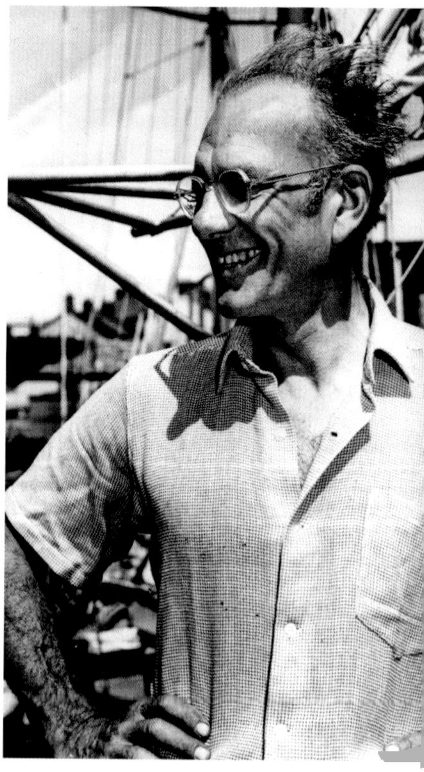

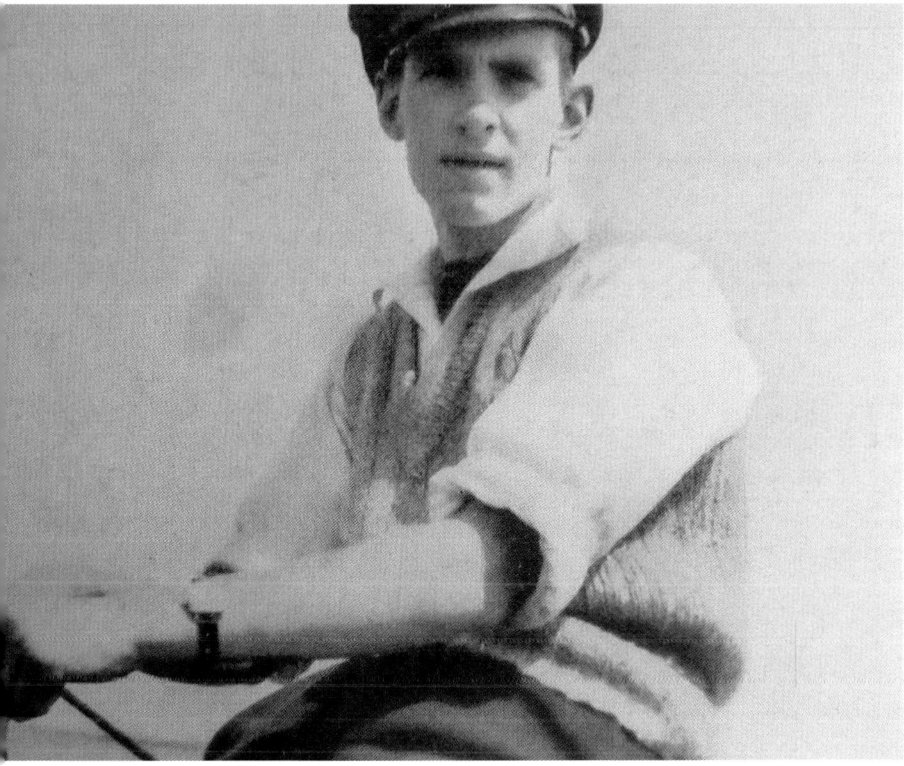

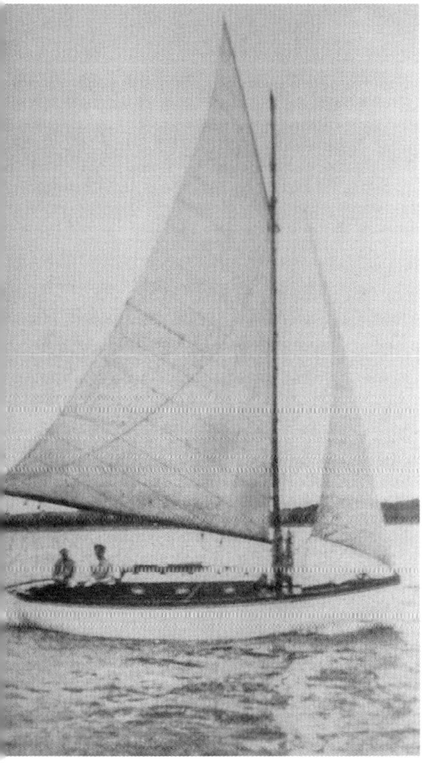

RUDOLF UDE

Wenn einer die Kunst beherrschte, vom Segeln zum träumen, dann Rudolf Ude. Schon als kleiner Junge saß er im Garten der Eltern – in einer Kiste, die Segel aus der Schürze der Oma geschnippelt. Bald darauf wurde aus früher Leidenschaft Realität. Ude seglte auf Elbe und Ostsee, später mit seiner spartanischen SPUCHT *auf die See hinaus. Nordsee, Schottland, Mittelmeer. In den 1930er-Jahren wurde Ude zu einem frühen deutschen Fahrtensegler. Nur seinen Törn über den Atlantik schaffte er nie. Die Wirren den Zweiten Weltkriegs kamen dazwischen – und ein tragisches Ende auf der Elbe.*

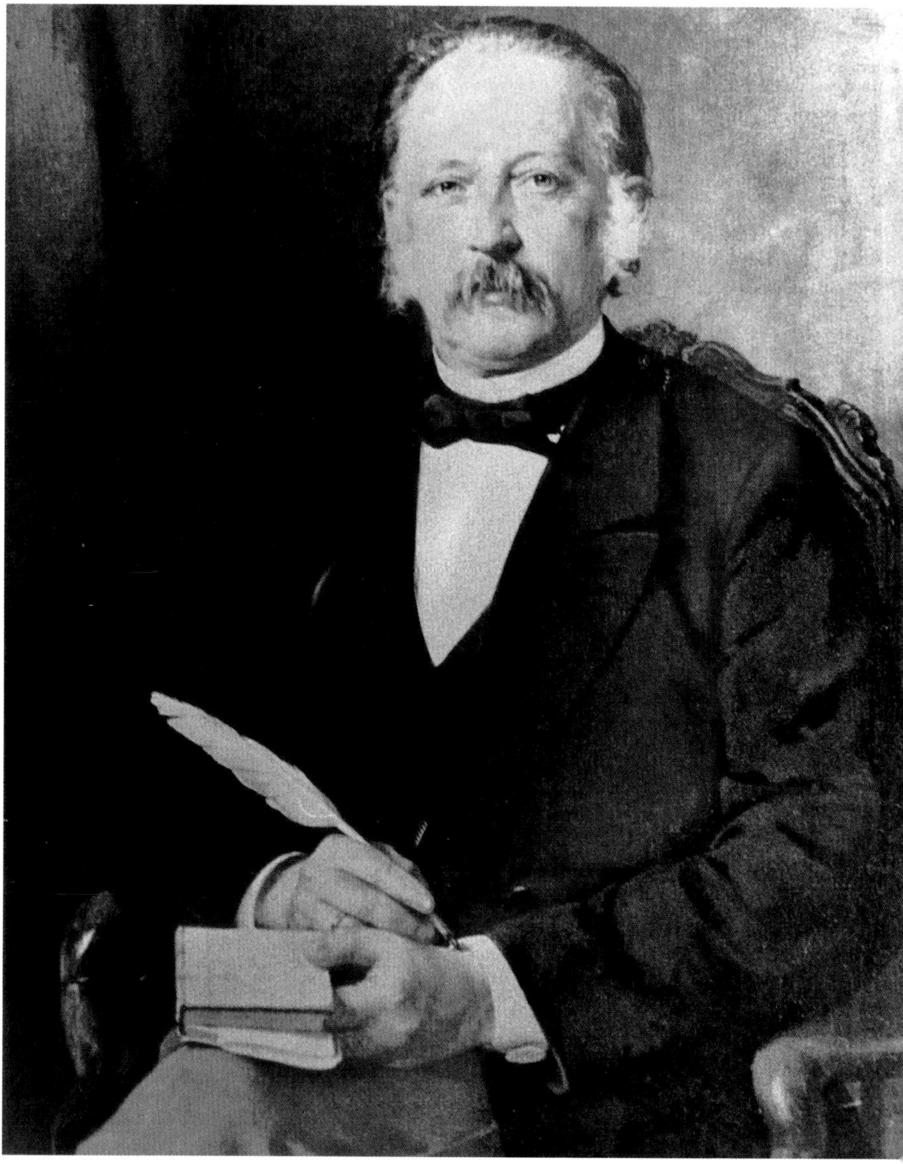

THEODOR FONTANE
Der große deutsche Schriftsteller Theodor Fontane war kein ausgemachter Segler, und doch faszinierte ihn ein früher Segeltörn durch die Brandenburgische Seenplatte so sehr, dass er ihn literarisch verarbeitete. Es wurden daraus bemerkenswerte Passagen, die nicht nur das Segeln in mitreißende Worte kleiden, sondern uns auch in die frühe Geschichte dieses Sports zurückführen.

Aber er hielt durch, der kleine Yvan. Er gab nicht auf.

»Schon Obelix fiel in den Kessel mit dem Zaubertrank«, sagt Bourgnon heute. »Das damals war meiner.«

Es ist Freitag Nachmittag auf Malta, ein milder sonniger Tag im mediterranen Frühling, als er seine Säcke und Kanister in den beiden Rümpfen verstaut. Das Großsegel ist angeschlagen, es hat eine Kruste aus Salz, aber es sieht noch gut aus und fühlt sich steif an. Bourgnon steht aufrecht auf seinem Trampolin, macht einen Sprung, löst die Leinen, segelt los. Niemand schaut ihm hinterher, kein Abschied, kein Geleit.

Nur drüben auf der Mole lehnen zwei Engländer, aber sie haben keine Ahnung. Sie denken, da fährt einer noch kurz raus. Zwei, drei Schläge nach Feierabend, eine Runde vor dem Hafenbecken. »Leichtsinn«, sagt der eine. »So ganz allein auf einem kleinen Kat.«

WIE EIN GEIST IN DER NACHT

RUDOLF UDE

130

Sein Kielwasser ist lange verebbt, seine Spuren haben sich aufgelöst, selbst in den Weiten des Internets ist so gut wie nichts mehr von diesem Mann zu finden. Lediglich ein altes Buch weist den Weg zurück, öffnet die Tür in das Leben dieses vergessenen Seglers. Ein blasser blauer Umschlag, die Seiten gebunden in grobem, verblichenem Leinen. Handgestanzt darauf ein schlichtes Motiv. Ein paar Striche deuten das Meer an, ein Segelboot krängt unter vollen Segeln, in der stilisierten Wolke darüber steht der Titel des Werkes: *Mein Schiff geht nach See.* Darunter, in Versalien mit feinen Serifen, der Name des Skippers: Rudolf Ude.

Die Seiten sind verblichen, die Schrift alt und verschnörkelt. Erschienen ist das Buch im Jahr 1936. Zu einer Zeit, als der Wahnsinn des Ersten Weltkriegs noch immer nicht vergessen war und der Horror des Zweiten Weltkriegs sich schon anbahnte. Auch darum sind dieses Buch und diese Geschichte so besonders. Weil keine Bombe darin vorkommt, kein Bunker und kein politisches Gerede, sondern nur die uneingeschränkte Hingabe zu Wellen, Wind und Meer.

Auf den Fotos ist Rudolf Ude im dunklen Südwester zu sehen, den Blick seltsam entrückt in die Ferne gerichtet. Sein Schiff, der Spitzgattkreuzer SPUCHT III, auf See, in hohen Wellen, in der Bucht von Gibraltar und im Handelshafen von Korinth. Es ist ein kleines Boot, gerade mal sieben Meter und fünf Zentimeter lang, mit schmaler Kajüte und nachträglich hinzugefügtem Klüverbaum, um das Boot bei leichten Winden schneller zu machen. Weiß der Rumpf, aus dunklem Mahagoni der Aufbau. Eine schöne, elegante und doch stäbige Konstruktion, angetrieben von einem 2,5 PS starken Benzinmotor, in erster Linie aber natürlich von Groß- und Stagsegel, die stolze 32 Quadratmeter in den Wind bringen. Das Reff funktioniert nach alter Schule: ein drehbarer Baum, mit dem sich das Groß im Sturm zu zehn Ringen wegkurbeln lässt.

Es ist alles nicht viel, nicht groß oder luxuriös, aber für diesen Seeverrückten namens Ude allemal ausreichend, um zu weiten Fahrten aufzubrechen. Man sieht das Heck seiner SPUCHT in atlantischen Brandungswellen, im Fischerhafen von Aberdeen, trockengefallen im Fluthafen von Scarborough. In den Norden trieb es diesen Mann, nach Norwegen und Schottland, dann in den Süden, nach Madeira, Mallorca und weiter durchs Mittelmeer bis nach Korsika und an die Côte d'Azur.

Ein Rekordsegler war dieser Rudolf Ude nicht. Kein Regattaversessener, kein Weltumsegler wie Joshua Slocum und auch kein einsamer Ritter der Meere, der sich zu fernen Atollen aufmachte. Rudolf Ude war wohl vielmehr einer, der die Natur wirklich mochte, der sie suchte und brauchte und der nichts auf der Welt mehr liebte, als auf seinem Kahn zu sitzen und über die Wellen irgendwohin zu segeln. Ein ausgezeichneter Seemann war er, der zudem eine dichterische Begabung besaß. Er verfasste Lieder und Gedichte; wovon sie handelten, ist leicht zu erraten. »Er schrieb über die Farben, die Größe und Schönheit des Meeres«, so ist es in diesem alten Buch zu lesen, das nach seinen Briefen und Berichten von seiner Mutter Irmgard und seiner Schwester Inge zusammengestellt wurde.

Es war alles, was von Rudolf Ude blieb, nachdem am 31. Juli 1935 die Stander der Seglervereinigung Niederelbe auf Halbmast gegangen waren. Eine Krankheit hatte ihn dahingerafft, mit gerade einmal 24 Jahren. Dennoch galt er damals bereits als ein Vorreiter des deutschen Hochseesports. Ein Wissender, »der die Geheimnisse des großen Elements ergründen wollte«, dabei jedoch »still und ohne jede Breitspurigkeit« durch sein kurzes Leben ging.

Er mochte das schlichte Abenteuer, galt als gerade, offen und bescheiden. Wenig Verständnis hatte er für »weißbemützte und auf ihre Bügelfalten stolze« Salonseefahrer, für die er gleich ein ganzes Arsenal an entsprechenden Bezeichnungen parat hielt. Auch war er einer, der für Familie und Freunde zu Hause Reiseberichte schrieb, in schöner Sprache und bisweilen in poetischer Form. Ude rückte damit das Fahrtensegeln – das in England längst von vielen betrieben wurde – auch in Deutschland ins Rampenlicht. Dort, wo die meisten Segler fleißig die Regattabahnen rauf- und runterkreuzten, um sich danach in Siegerehrungen zu ergehen und in hehren Runden Pokale zu überreichen.

Nicht so Ude. Er wollte aufbrechen, begriff das Segeln in erster Linie als eine Form des Reisens. Als den wohl schönsten Weg, sich seine Freiheit zu schnappen und sich über die Wellen zu neuen Ufern aufzumachen. Wie ein Geist hatte er am Ende seine Bahn gezogen. Im Vorwort des alten Buches, verfasst im Mai 1936 in Hamburg-Othmarschen, steht zu lesen:

»Wie ships that pass in the night – so ist Rudolf Ude durch die deutsche Seglerwelt gegangen. Bis er auf seine letzte große Reise hinaussegelte, dorthin, wo – darkness again and silence.«

Schon früh beginnt Udes Geschichte, die ganze Sache mit dem Wasser, dem Segeln. Die Familie besitzt ein umgerüstetes Rettungsboot, mit dem es hinaus auf die Weser geht, an deren Ufer Ude im April 1911 in Farge bei Bremen geboren wird. Im Alter von nur wenigen Wochen nimmt die Familie das Baby in einem Wäschekorb mit an Bord, allen voran ein altgedienter Seebär namens Struwe, der sich um das Boot der Familie kümmert. Schon in jenem Stadium, als sich sein Augenlicht erst noch schärfen muss, erblickt der Säugling Wolken, Himmel und ein weißes Segel.

Bald kam der Erste Weltkrieg. Sein Vater stirbt im Dienst am Gewehr. Die Familie zieht nach Bergedorf bei Hamburg, dann raus aufs Land nach Billwerder. Die Kindheit verbringen der junge »Bubi« und seine Schwester Inge weitestgehend in der Natur, um geben von Obstgärten und Kuhweiden. Sie besitzen Hühner und Brieftauben und spielen zusammen im Moor. Ein Bund entsteht, der für immer halten soll. Bald lernt der Knirps Rudolf in einem nahen Elbearm schwimmen, er lernt es mithilfe einer Petroleumpfanne, die auf dem Wasser dümpelt.

Dann überfällt ihn der erste Traum von einem eigenen Boot. Aus Holzleisten baut sich der Junge das rudimentäre Gerüst eines Rumpfes, stellt einen Besenstiel als Mast auf und platziert sein zusammengenageltes Fantasieschiff auf der Wiese hinterm Haus. Für Leinen, um den Rumpf zu bespannen, fehlt das Geld. Stoff ist rar und teuer in jenen Zeiten, die Gedanken aber sind frei und kostenlos. So sitzen Ude und seine Schwester bald in diesem offenen Holzkasten auf der Wiese und spielen Segeln. Im Kopf kreuzt er bereits über die Elbe, fantasiert sich durchs Weltgeschehen. Und Schwester Inge immer hinterher.

Auf dem Dachboden bauen sie sich bald das nächste Bötchen, diesmal eines, das richtig schwimmt. Als Segel dienen die alten umgenähten Küchenschürzen der Großmutter, und im damals wenig zarten Alter von 14 Jahren segelt Ude erstmals wirklich los – die Elbe stromaufwärts. Er streift durch die Flussarme, lässt sich treiben mit Ebbe und Flut und zieht seinen kleinen Zossen auf die leeren Sandbänke am Ufer. Dann, 1929 als Unterprimaner frisch aus der Schule entlassen, folgt der Schritt hinaus ins Leben.

Er will als Offizier zur Handelsmarine, aber die Seemannsschule in Finkenwerder ist zu teuer. Also heuert er als einfacher Schiffsjunge auf dem nächstbesten Kahn an. Mit dem Motorschiff ST. LOUIS fährt Ude erstmals hinaus auf See, er ist 19 Jahre alt. Aber das Schiff hat ein Problem; zumindest in seinen Augen. Es besitzt keine Segel – es führt nicht jenen Stoff, aus dem Udes Träume noch immer gewoben sind. Berufsschiffe unter Segeln werden damals bereits immer rarer, Dampfer lösen die Klipper und Schoner mehr und mehr ab.

Ude beschließt, in die Hochseefischerei zu gehen und findet einen Posten auf dem Kutter MATHILDE, der immerhin mit Segeln ausgestattet ist. Diesmal also weiter hinaus auf die Elbe und die Nordsee. Er sammelt viele Erfahrungen in diesen Jahren, der Dienst ist hart und entbehrungsreich. Doch als Smutje und Bursche für alles verdient er sich nicht nur eigenes Geld, sondern schnell auch den Respekt der Fischer. Ausgestattet mit einer eisernen Energie, verschlingt er in den Freiwachen Bücher über die Seefahrt, liest jedes nautische Werk, das er in die Finger bekommt. Und er schreibt erste Lieder und Gedichte, besingt darin seinen Dienst in der Kombüse und skizziert sich selbst als den »glücklichsten Speiseverderber zur See«. Obendrein spielt er Klavier; seine Mutter erinnert sich später: »Seine nach Licht und Freiheit ringende Seele fühlte sich verstanden und hoch über den Alltag erhoben, wenn er seinen Beethoven oder Chopin spielte.«

Das Dasein auf dem Kutter beschreibt Ude so: »Scharf schneidet der Steven die See, die der Nordwestwind ihm in langen Wogen entgegenrollt. Zwei Tage dröhnt der Motor sein eintöniges Lied, und die vollen Segel drücken die Backbordseite des Kutters tief in die grüne See. 12 Uhr. Langsam geht der Steuermann über Deck, um Schipper und Leichtmatrosen für ihre Wache aufzupurren.«

Doch es sind die vorerst letzten Tage auf dem Fischkutter. Ude will endlich auf eigene Faust lossegeln. Er kratzt sein Erspartes zusammen, kauft sich für 150 Mark ein »frachtdampferähnliches« Paddelboot und sucht sich alles Mögliche an Material und Ausrüstung zusammen: Karten, Kompass, Stahldraht, Spannschrauben. Seine Schwester setzt sich an die Nähmaschine und näht ihm ein Dreieckssegel. Als Leichtmatrose quittiert er 1930 schließlich den Dienst, rüstet sein Paddelboot aus und fährt los: 1.300 Seemeilen bis nach Norwegen liegen vor ihm – eine Reise zwischen Felsen, Himmel, Meer und ihm völlig unbekannten Küsten. Für seine Freunde notiert er im Logbuch: »Kaptein, Steuermann, Schiffsjunge, Koch und Passagier – alles an Bord, alles in allem – ein Mann. All clear! Volle Fahrt voraus. Eilig strebt das Boot durch das schmutziggraue Wasser, und bald winkt die deutsche Flagge der Heimat ein letztes Lebewohl.«

Ude paddelt und segelt über die Elbe, fährt durch den Elbe-Lübeck-Kanal in die Ostsee. Abends zieht er sein Boot an den Ufern oder an einer nahen Waldkante an Land, baut sein Zelt auf und brutzelt sich auf seinem Primus-Kocher Spiegeleier, Schinken und Speck. Er erreicht Fehmarn, sitzt am Staberhuk in der warmen Stube des Leuchtturmwärters, führt Gespräche über die See, das Segeln und sein winziges Gefährt. So lernt er unterwegs viele Leute kennen, macht sich am nächsten Morgen aber stets wieder auf den Weg nach Norden. Es ist August, der Sommer des Jahres 1930.

Um Dänemark zu erreichen, muss er erstmals 20 Seemeilen über offenes Wasser zurücklegen, sieht in seinem schmalen und flachen Paddelboot bald kein Land mehr und wird prompt vom ersten Sturm erwischt. Er muss aus seinem Sitz, muss aus der Persenning schlüpfen, das kleine Segel reffen. Ein Tanz auf einem schlingernden Balken. »Ein Vergnügen ist das nicht«, schreibt er und freut sich wie ein Schneekönig, als er heil auf der dänischen Seite ankommt. Er lernt sein Boot nun zu schätzen, lernt, ihm zu vertrauen. »Ich bin nicht allein, nicht allein gegen die Natur. Mein Boot beginnt zu leben.« Zum ersten Mal bezeichnet er sein Boot als »Kameraden«.

Und immer weiter hangelt er sich nach Norden, erst die dänische, dann die schwedische Küste hoch. Über Kopenhagen, Kullen und Varberg gelangt er nach Göteborg, zieht fröhlich durch die Schären bis nördlich von Marstrand und Lysekil. So weit, so gut. Die Küste ist nah, das Leben ein sportliches Dasein an der frischen Luft. Dann jedoch beschließt Ude, eine Fahrt zu wagen, für die ihn die Menschen noch heute ungläubig angucken würden: Er will in seiner schwimmenden Marginalie über See gehen – 70 Seemeilen quer übers offene Skagerrak bis nach Norwegen. Und er macht es wirklich. Von der Insel Hållö fährt er los, Kurs Nordwest. Genau um Mitternacht bricht er auf.

Wie »ein glänzender Fisch schießt das Boot durch die Wellen«, dann graut der Tag, am späten Nachmittag sichtet er Norwegen, am späten Abend macht er fest. Die Norweger schauen ihn an wie ein Gespenst. Ude beschreibt das so: »Sie sind stumm wie die Fische, allen ist der Mund zugenagelt.«

Er genießt es, das derbe Leben und das einfache Segeln. Immer öfter wird er eingeladen, erzählt von seinem Törn und arbeitet sich die Küste stetig weiter hoch nach Norden. Bald ist es Ende September, das Wetter wird kalt und rau. Aber Ude schafft es fast bis nach Trondheim: 1.300 Meilen legt er in seinem ersten kleinen Boot zurück. Ohne Kajüte, ohne Koje, ohne besonderes nautisches Gerät an Bord.

Schweren Herzens verkauft er sein segelndes Paddelboot am Ende, fährt auf einem Frachtdampfer zurück nach Hamburg. Und nun? Hat er erst recht Blut geleckt. Sein wahres Seglerleben sollte erst jetzt richtig beginnen.

Im August 1931 heuert Ude auf dem Dreimastschoner DELPHIN IV an, und ausgerechnet auf einem Segelschiff nimmt nun die Tragik seines jungen Lebens ihren Lauf. Zurück von einer Dänemarkfahrt, liegt das Schiff im Winter im Danziger Hafen, als Ude und ein anderer Matrose bei Außenbordarbeiten abstürzen und ins eisige Wasser fallen. Weil Frost herrscht und zudem gerade gestreikt wird, ist der Hafen wie ausgestorben. Niemand bemerkt die beiden Seeleute im Hafenbecken, die zwischen Rumpf und Eisschollen um ihr Leben schwimmen und sich hilflos an einem Dalben festklammern.

Erst nach einer Stunde werden sie gerettet. Ude trägt eine schwere Lungenentzündung davon und verbringt Wochen im Lazarett. Das Urteil des Arztes danach ist vernichtend: Er rät ihm, die nächsten Jahre an Land zu bleiben und sich nicht mehr Wind und Wetter auszusetzen. Ja, der Doktor rät ihm sogar, sich tunlichst von der Seefahrt fernzuhalten. Eine Lungenentzündung ist damals ohne die richtigen Medikamente kein Pappenstiel, die Krankheit zu kurieren ein langwieriges Unterfangen. Ude ist am Boden zerstört. Er hadert mit sich, diskutiert mit seiner Familie, überlegt wochenlang, was er mit seinem Leben anfangen soll. Doch von seinem Traum ist er am Ende nicht abzubringen. Zu heftig die Sehnsucht, zu groß die innere Flamme.

Im Frühjahr 1932 kauft sich Rudolf Ude in Kiel endlich sein erstes eigenes Segelboot – jenen sieben Meter langen Spitzgatter namens SPUCHT III, mit dem er sich von nun an auf immer längere Fahrten wagen wird. Seine Mutter beschreibt diese Wochen rückblickend so: »Wie glücklich und frei fühlte sich Rudolf! Er konnte nun wieder aufs Wasser hinausziehen, hinaus auf das Meer, das er so sehr liebte.«

An der Elbe rüstet er das Boot aus und macht erste Testfahrten mit seiner Schwester Inge, die immer wieder mit an Bord kommen wird. Er nennt sie »Smutje« und sich selbst den »Alten«. Schon jetzt sind sie eine eingeschworene Crew aus Bruder und Schwester, jenen beiden kopfsegelnden Kindern, die ihre Spinnereien aus dem Obstgarten nun in die Tat umsetzen.

Lange ist Ude nicht mehr an Land zu halten. Im Juli 1932 segeln die beiden los und gehen zusammen mit einem Freund auf einen ersten längeren Törn: vier Monate Nordsee, mehr als 2.000 Seemeilen durch herbe Gewässer. In einem Boot, in dem man nicht einmal stehen kann, in dem nur zwei schmale Kojen zur Verfügung stehen und das Vorschiff vollgestopft ist mit Plünnen, Tauen und allerlei Material.

Im Sommer 1932 legen sie in St. Pauli ab. Über Cuxhaven geht es nach Helgoland, dann raus auf die Nordsee nach Norden. Zum ersten Mal läuft die kleine SPUCHT durch »himmelhohe Seen«, und nur drei, vier Seemeilen vor der Küste geraten sie in steile Wellen in Legerwall. Über Esbjerg segeln sie nach Thyborøn, rutschen mit 7 Knoten durch die Brandung in die schmale Einfahrt bis in den Fischerhafen. Danach queren sie das Skagerrak, werden im norwegischen Egersund von bösen Fallböen erwischt. Zwischendrin immer wieder herrliches Segeln, die drei fangen Makrelen und Hummer und genießen das Leben an Bord.

Im Spätsommer wird das Wetter garstiger. Ude spricht von »Schmuddel-« und »Dreckswetter«. Nördlich von Bergen verstecken sie sich vier Tage lang in Eivindvik, mitten in den Schären. Ein Labyrinth aus Felsbrocken, zudem haben sie nur schlechte Karten, müssen durch enge Passagen und lassen sich im Strom treiben. »Wir rutschen durch Stromwirbel«, notiert Ude. Längst ist es hier oben herbstlich und frisch geworden, es ist bereits Mitte September. Doch dann kommt die Tour, die sie lange schon im Kopf haben: quer über die Nordsee nach Schottland.

Sie legen einen Kurs nach Westsüdwest an und segeln hinaus aufs offene Meer. Drei Tage sehen sie kein Land, haben zwischendurch Wind der Stärke 8 bis 9. Aber die SPUCHT macht sich gut. Weich geht das Heck des Spitzgatters durch die Wellen; Ude ist begeistert von den Segeleigenschaften seiner kleinen Yacht. Am Nachmittag des dritten Tages erreichen sie Kinnaird Head am Firth of Forth, abends laufen sie nach 296 Seemeilen in Fraserburgh ein.

Ein harscher Törn. Zweimal über die Nordsee. Im Herbst und auf einem flachen Sieben-Meter-Schiffchen. Ohne Funk, ohne Rettungsinsel, ohne Beiboot. Ude schließt das Kapitel unheroisch, sein letzter Eintrag lautet seemännisch lapidar: »durchschnittliche Fahrtgeschwindigkeit 3,8 Knoten.«

Die Schotten tauchen in Scharen auf, Reporter kommen an Bord und schreiben Berichte über diese verrückten Deutschen in ihrem schmalen Kahn.

In den nächsten Wochen arbeiten sie sich an der Küste entlang nach Süden vor. Aberdeen, Edinburgh, Montrose, Great Yarmouth. Logbucheintrag vom 4. Oktober 1932: »Die ›Spucht‹ geht von Yarmouth in See. Der Nordwest legt zu. Wir müssen fünf Ringe wegdrehen. ›Spucht‹ läuft wie die Eisenbahn.«

So segeln sie abermals über die Nordsee, schlingern in der hohen Nordwestdünung, setzen die Breitfock, mit der Ude sein Schiff ausgerüstet hat. Zwei Tage später klettert Helgoland aus der Kimm empor, auf 211 Seemeilen haben sie nur vier Seemeilen Besteckversetzung. Ude, eigentlich Fischer und Leichtmatrose, ist das Segeln längst ins Blut übergegangen. Und er ist fast traurig, dass die Reise vorbei ist. Am 11. Oktober laufen sie wieder in Hamburg ein, nach 42 Tagen unter Segeln und 2.073 Seemeilen.

Ein harscher Törn. Zweimal über die Nordsee. Im Herbst und auf einem flachen Sieben-Meter-Schiffchen. Ohne Funk, ohne Rettungsinsel, ohne Beiboot. Ude schließt das Kapitel unheroisch, sein letzter Eintrag lautet seemännisch lapidar: »durchschnittliche Fahrtgeschwindigkeit 3,8 Knoten.«

Im Jahr darauf fährt Ude mit seiner SPUCHT durch die Themse nach London, unternimmt mit Mutter und Vetter eine Ferienfahrt nach Dänemark. Auch durch den Limfjord segelt er, und abermals über die Nordsee nach Helgoland. Ein Freund ist mit an Bord und Ude begeistert. Seiner Schwester schreibt er in einem Brief: »Sind in Helgoland eingetroffen. Kolossal interessant hier. Jan Blant, der größte Pirat von der Nordsee, ist auch hier. Amüsieren uns großartig mit ›ohne‹ Geld.« Ude unterschreibt den Brief mit einer Art

Treueschwur auf sein geliebtes Boot. Nicht seinen Namen setzt er unten aufs Papier, sondern signiert mit »Herr Spucht«. Und kaum ist Ude wieder in Hamburg, schmiedet er die nächsten Pläne. Eine große Fahrt soll es diesmal werden mit seinem kleinen »Seeschiffchen«, wie er es selbst nennt. Auf ins Mittelmeer!

In Hamburg rüstet er das Boot aus, lackiert es, macht es klar für die Langfahrt. Am 19. September geht das Großsegel hoch. Aufbruch, diesmal für länger. Ude schreibt: »Am Mittwoch gehen Smutje und der Alte bei dichtem Nebel und flauem Ostwind nach Holland in See. Wir schippern gut frei vom Dampferweg, weil wir keine Lust haben, nachts von einem steamenden Ungeheuer überrannt zu werden.« Die Fahrt in den Ärmelkanal ist erst der Anfang, denn noch im selben Jahr wollen sie ins Mittelmeer. Endlich einmal wirklich blaues Wasser unterm Kiel haben. Bruder, Schwester und die Kraft der Träume.

Für Ude soll die Fahrt aber noch einen weiteren Zweck erfüllen: nämlich seiner Gesundheit dienen. Immer wieder plagen ihn Grippen und gereizte Atemwege, die Folgen der Lungenentzündung. Entgegen aller Warnungen hat er sich auf seinen Seereisen zwar gut erholt und kommt stets gesund zurück, doch das feuchte Klima im Norden bekommt ihm auf Dauer offenbar nicht. Da scheint das Mittelmeer gerade recht. Der Arzt rät ihm nun sogar zu dieser Reise. Ude lässt sich nicht lange bitten und sieht darin nur einen weiteren willkommenen Grund, abermals in See zu stechen. Vom Arzt verschriebenes Segeln sozusagen. Welch herrliche Pille! Und so steht in dem alten Buch zu lesen, auf einer schön vergilbten Seite: »Als zu Hause alle daran denken, bald ihren Winterschlaf zu halten, zieht ›Spucht‹ nach dem Süden.«

Erst klappern sie die englische Küste ab, von Dover bis nach Dartmouth. Dann folgt, in einem westlichen Bogen, die Fahrt über die Biskaya. Und da wird es ungemütlich. Ude: »0.00 Uhr. Ushant-Kurs S-SSW unter der Kimm. Die See wird immer schwerer. Vereinzelt heftige Brecher. Regen- und Hagelböen jagen über uns hin. Scharf ausguckend laviere ich ›Spucht‹ durch die schwere See. Eine Gespensterfahrt in einem Höllenkessel.« Seine Beschreibungen dürften kaum übertrieben sein. Als Segel haben sie lediglich den 1,5 Quadratmeter großen Sturmklüver gesetzt.

Nach fast neun Tagen auf See und 583 Meilen erreichen sie am 23. Oktober Vigo. Von nun an wird das Meer endlich blauer, die Luft wärmer. Von Lissabon aus nehmen sie Kurs auf Madeira, segeln später durch die Straße von Gibraltar nach Almería in Spanien. Weihnachten verbringen sie an Bord. Es gibt Huhn und Rotwein, sie hören Weihnachtslieder aus dem krächzenden alten Radio.

Dann liegt das Mittelmeer vor ihnen: 4.400 Seemeilen nach dem Ablegen in Hamburg-St. Pauli machen sie in Palma de Mallorca fest und haben weitere 3.000 Seemeilen vor sich. Sie segeln nach Korsika, Nizza, weiter nach Griechenland, liegen in Korinth und Lefkos. Hier und da haben sie Ärger mit Zoll und Polizei, legen sich beim Ein- und Ausklarieren mit den Hafenmeistern an. Offenbar haben sie wenig Geld, flicken die Segel selbst, oft reicht es kaum, um das Boot nachzurüsten, wenn ein Teil den Geist aufgegeben hat.

Ein aufgegabelter Engländer kommt zwischendurch an Bord, und die Konstellation der Crew wird immer kurioser. Mit dem Briten gibt es Streit, aber Ude setzt sich durch. Weniger mit Fäusten als mit eisigem Schweigen. Der Brite ist bald wieder weg. Eines Nachts, bei starken Winden auf dem offenen Mittelmeer, kracht dann Schwester Inge über Bord. Obwohl nur »Köchin« auf dem Schiff, geht sie viele Wachen, auch nachts. Doch nun treibt sie schreiend im Wasser, worauf Rudolf ins Meer springt und sie retten will. Die beiden halten sich an einer Leine fest, als das Boot im Wind Fahrt aufnimmt. Wie ein sprudelndes Knäuel werden sie hinter dem Heck hergezogen. Doch sie überleben, hieven sich irgendwie wieder an Deck.

Auf dem Törn zurück nach Westen geraten sie abermals in einen Sturm, und diesmal reißt das Großsegel in zwei Teile. Doch sie wollen, sie müssen nach Gibraltar, denn dort warten wertvolle Proviantkisten aus Deutschland auf sie. Als sie endlich in dem britischen Hafen festmachen, können sie eigentlich erst einmal durchatmen und in Ruhe die Reise nach Hause vorbereiten. Rudolf Ude aber wirkt auffällig abwesend in diesen Tagen. Er vergräbt sich in seinen nautischen Büchern, spricht mit dem Boot, quetscht abends die Seeleute im Hafen aus. Im Kopf scheint er schon wieder ganz woanders zu sein. Und tatsächlich hat er inzwischen noch einen viel verwegeneren Plan geschmiedet: Er will nun auch den Atlantik überqueren!

In Deutschland sprechen die Segler längst auch schon von seiner bisherigen Reise. Eine solche Fahrt in einem solch kleinen Boot hat noch niemand dort gewagt. Udes Törn kurbelt die Fantasien vieler an, er wird zum Vorreiter des deutschen Fahrtensegelns. Und nun auch noch über den großen Teich? Die Idee klingt so verlockend wie gewagt – doch in Gibraltar verdüstert sich der Himmel. Die guten Zeiten sind vorbei. Von Deutschland sollen zwar noch Teile fürs Schiff kommen, ein neuer Mast, neue Segel, Seekarten und nautische Instrumente, doch eines erreicht ihn nicht mehr: die dringend benötigten Geldsendungen aus der Heimat von seiner Familie. Die Devisenbestimmungen in Europa haben sich schlagartig geändert, die politische Großwetterlage hat sich zugespitzt. Deutschland ist aus dem Völkerbund ausgetreten und gilt als bankrott. An die Macht gekommen ist ein Mann namens Adolf Hitler.

Ein Schreiben, in dem Ude um die Bewilligung der Devisensendung bittet, bleibt unbeantwortet. Deutschland und Europa treibt gerade anderes um, als einen Segler bei seinem Atlantiktörn zu unterstützen. »Wir waren fast mittellos in einem fremden Hafen«, schreibt Ude. Geld, das ihm Fremde anbieten, um seine Reise zu finanzieren, lehnt er ab. Schulden will er um keinen Preis machen.

Und nun straft Ude auch noch seine alte Krankheit. Eine Lungenentzündung bedeutet am Anfang des 20. Jahrhunderts für viele Menschen noch immer das Todesurteil. Ohne Antibiotika rafft die Pneumonie ihre Opfer langsam und in Schüben dahin. In Gibraltar geht es ihm nun zusehends schlechter. Wochenlang wartet er auf das Geld, erhält immer wieder Absagen von den Behörden. Zudem fällt der südspanische Winter kalt und klamm aus. Ude bekommt eine schwere Grippe, schmal und bleich liegt er in der Koje.

Es ist geradezu niederschmetternd. Das Boot ist klar für den Atlantik, die Ausrüstung eingetroffen. Nur an weiteres Geld ist partout nicht heranzukommen. Im Mai erreicht ihn eine erneute Absage aus Berlin: keine Devisen. Es ist ein stilles Desaster. Die SPUCHT liegt parat für die ganz große Fahrt, aber Ude ist schwach. Und ohne Geld nach Amerika aufzubrechen, erscheint ein sinnloses Unterfangen. Seine Schwester schreibt über diese tristen Tage in Gibraltar: »Kein Ton kommt über Rudolfs Lippen. In ihm ist etwas zerbrochen.«

Dennoch hofft er, auf See wieder zu Kräften zu kommen – draußen auf dem Wasser, wo er sich offenbar am wohlsten fühlt. Wegen seiner Lunge? Wegen seiner nie versiegenden Begeisterung fürs Segeln und für sein Boot? In einem letzten Brief erinnert er sich an seine Heimreise: »Wir hatten alles in Gibraltar, nur kein Geld. Als letztes Mittel – der Bankrott winkte leise lächelnd – verkauften wir unseren Alkohol, alles Feuerwasser, Schnäpse und Zigaretten. Und da waren wir flott. Allerdings nur für einen Nonstop-Törn nach Hamburg, den wir übrigens so schon geplant hatten. Als Barvermögen blieb uns ein einziges englisches Pfund.«

Der letzte Teil der Lebensreise des Rudolf Ude versinkt im Nebel der Geschichte. Am 9. Mai sticht die SPUCHT in See für die letzte lange Fahrt. Sie segeln die iberische Westküste hoch, kreuzen tagelang durch den eisigen portugiesischen Nordwind. Dann drischt auch noch ein Sturm mit Stärke 8 auf sie ein. Der Kompass fällt aus seiner Aufhängung, vier Tage liegen sie beigedreht in den Wellen. »Alles kaputt, zappenduster«, erinnert sich Schwester »Smutje« später an die Stimmung an Bord. Erst in der Biskaya wird es schließlich wärmer, doch Ude müssen diese 18 Tage Kampf auf See seine letzten Kräfte gekostet haben.

Er und seine Schwester müssen derweil längst zu einem raren Duo auf dem Meer geworden sein. Ein Geschwisterpaar, das durch dick und dünn segelt, auch wenn er stets die Hosen anhat und seine Schwester öfter zurechtweist, wenn sie Manöver nicht perfekt ausführt oder falsch navigiert. Doch so kreuzen sie weiter, Meile um Meile.

In Burnham gehen sie schließlich doch an Land, Ude will noch eine Regatta segeln. Es ist Anfang Juni, er hat weitere 27 Segeltage und 1.670 Seemeilen im Kielwasser. Er segelt seinen Spitzgatter dann nach Helgoland, segelt die Elbe hoch und weiter nach Hamburg. Segelt, bis er fast nicht mehr kann. Ins Logbuch schreibt er zuletzt: »Gesamtumfang der Reise 9500 Seemeilen.«

Das alte Buch macht zum Ende hin keine großen Worte. An einer Willkommensfeier der Seglervereinigung Niederelbe, auf der Rudolf Ude für seine Fahrten geehrt werden soll, kann er schon nicht mehr teilnehmen. Still und unbemerkt läuft die SPUCHT am 13. Juni 1935 in den Hamburger Heimathafen ein, und der letzte Schritt von Bord muss ein zittriger gewesen sein.

Dem Segler Rudolf Ude bleiben nur noch sechs Wochen. Noch auf dem Sterbebett schreibt er Gedichte. Über die See, sein Boot, den Wind in der Takelage. Und über die Krankheit, die respektlos und dunkel an seiner Brust zerrt. Dann schließen die Seiten. Sie enden mit einem leisen Satz seiner segelnden Schwester Inge: »Am 31. Juli geht mein Baas ohne seine ›Spucht‹ und ohne seinen Smutje auf letzte große Fahrt.«

DER FLUCH DES PAZIFIKS

JACK LONDON

148

Als ob er nicht schon genug Abenteuer erlebt hatte. Jack London, der Sohn einer Arbeiterfamilie, der Goldschürfer. Jack London, der Austernpirat, der Vagabund und fanatische Buchstabenkämpfer. Mit acht Jahren begann er zu trinken, mit zehn landete er zum ersten Mal sturztrunken in der Gosse. Prügelte sich mit Hafenarbeitern und besorgte sich in der San Francisco Bay bald sein eigenes Boot. Mit 15 raubte er die Austernbänke vor der Küste aus, machte gutes Geld, versoff es wieder. Denn auch das war er: ein Reiter auf der Rasierklinge – im Leben stets unterwegs auf Messers Schneide, ständig auf der Kippe zwischen Triumph und Untergang.

Auf einem Robbenfänger heuerte London an, segelte in die Beringsee. Die herbe Reise sollte ihm als Blaupause für den *Seewolf* dienen. Kaum 20 Jahre alt, verschlug es ihn während des großen Goldrauschs 1897 nach Alaska. Wochenlang schleppte er sich über den gefrorenen Chilkootpass, das schwere Schürfgepäck auf dem Rücken. Nach Monaten im eisigen Norden kehrte er heim, glücklos, goldlos. Mit leeren Taschen stand er abermals in Kalifornien, den Kopf allerdings voller Geschichten.

Sein Name steht bis heute für die gnadenlose Kälte des Nordens; für die des Lebens schlechthin. Während des Goldrauschs am Klondike entwickelte er sein Weltbild, jenes einer rücksichtslosen Natur und des Menschen, der ihr ausgeliefert ist. Über seine Zeit in Alaska notierte er rückblickend: »Da oben redet keiner. Jeder denkt. Du kriegst deine Perspektive. Ich bekam meine.«

Bald darauf brachte er sich das Schreiben bei, vielleicht sein unerbittlichster Kampf. Er las und las, schrieb und schrieb; sein Leben lang. Und zu erzählen hatte er so einiges. Als Reporter zog er in den Russisch-Japanischen Krieg, lebte sechs Wochen mit den Obdachlosen im Londoner East End und trieb sich als Hobo auf den Eisenbahngleisen Amerikas herum. Berühmt machten ihn schließlich – nach jahrelangem Schreiben und zähen Veröffentlichungsversuchen – seine Bücher und Kurzgeschichten aus Alaska. London, der feingeistige Haudrauf, der sich aus Knast und Armut zum bestbezahlten Schriftsteller seiner Zeit emporschrieb. In Amerika war er bekannt wie ein bunter Hund, Millionen lasen seine Bücher und Storys.

Und Abenteuer hatte er weiß Gott genug erlebt. Doch er bekam den Hals nie voll. Schwamm wie ein Verrückter, besaß Pferde, baute sich eine Ranch und trank noch immer maßlos, ohne Halt. Wein mittags, Whiskey abends, Bier zu jeder Tageszeit. Ein Dasein am Limit, und so sollte es sein. Dem Leben einen Sinn abfordernd, schrieb London einmal: »Ich will lieber, dass mein Funke in einer hellen Flamme ausbrennt, als dass er in Fäulnis erstickt. Ich will lieber ein prächtiger Meteor sein, der in all seinen Atomen zugleich verglüht, als ein langlebiger, verschlafener Planet. Der Mensch ist gemacht, damit er lebt, nicht damit er existiert. Ich werde meine Tage nicht damit vergeuden, dass ich sie zu verlängern suche. Ich werde meine Zeit nutzen.«

Das Leben an Werkbank oder Schreibtisch verpuffen lassen, das war seine Sache nicht. Ihn trieb es immer weiter. Selbst nach all den Jahren der Reisen und Eskapaden, nach all seinen Erfolgen als Schriftsteller. Und nun also das: noch eine Nummer größer, weiter, nasser. Ein eigenes Boot wollte er auf einmal haben. Wollte damit über den Pazifik segeln, um die ganze Welt.

Jack London hatte der Wind des Segelns gepackt.

Es beginnt harmlos, mit einem Luftschloss. Es ist das Jahr 1906. Neben dem Redakteur einer Literaturzeitschrift, seinem späteren Schwiegervater Roscoe Eames, liegt London während einer Schreibpause in den Sonoma Mountains in Kalifornien, unweit seiner Ranch, im Gras. Die beiden spinnen ein bisschen herum, reden vom Reisen und kommen bald aufs Meer zu sprechen. London erinnert sich an seine frühe Zeit auf See, fantasiert von Segelbooten, redet von den Reisen Herman Melvilles und Robert Louis Stevensons in die Südsee. Auch haben die beiden Joshua Slocum gelesen, den Bericht seines frühen Einhandtörns um die Erde. London schwafelt nun bald selbst von großen Fahrten und fernen Inseln. Eine Weile schweigen sie.

»Lass es uns machen«, sagt London plötzlich.

Daraufhin Eames lapidar: »Wann brechen wir auf?«

London hat zu diesem Zeitpunkt beileibe genug um die Ohren, er muss seine Ranch renovieren, seine Verleger bedienen und täglich 1.000 Wörter zu Papier bringen, um seinen Lebensstil zu finanzieren. »Doch dann begann uns der Köder des Abenteuers zu locken«, schreibt er im Vorwort von *Die Reise mit der Snark*. »Wir würden niemals jünger sein, keiner von uns.«

Und so machen sie die Spinnerei wahr – und planen kurzerhand den Bau einer Yacht.

Eine Ketsch mit klassischem Klipperbug soll es werden, 57 Fuß lang, gebaut auf der Werft Anderson Ways in San Francisco. Drei Vorsegel werden an den Stagen laufen, eine extralange Gaffel soll her, zudem ein 70 PS starker Benzinmotor. Ein Deckshaus ist nicht vorgesehen, dafür ein großes, geräumiges Cockpit und ein hohes Schanzkleid. London ist kein erfahrener Segler, vieles erscheint ihm noch immer wie graue Theorie. Doch stürzt er sich kopfüber in das Projekt. »Meine Lippen sind schon ganz wund von Fachbegriffen aller Art.« Sie wollen das mächtige Schiff allein steuern, nur er, seine Frau Charmian und Roscoe Eames, der bereits Yachten gesegelt hat.

»Eigenhändig werden wir die Erde umrunden. Ob wir segeln oder sinken, wir werden selbst dafür die Verantwortung tragen.« Einen Koch und einen Kajütsjungen stellen sie als Crew an. Auf

Kurz vor dem Stapellauf
krachen zwei im Sturm losgerissene
Boote in den Bug der SNARK
und drücken sie in den Morast.
Wie schwer sein Schiff beschädigt ist,
wird London erst auf hoher See
bemerken; die SNARK wird ordentlich
Wasser machen, die Mannschaft
ständig pumpen müssen.

See überm Herd schmoren, den Tisch decken und die Backschaft erledigen – London hält solche Tätigkeiten für Zeitverschwendung, wegen derer er ebenso gut an Land bleiben könnte. Zudem wird er auch unterwegs unentwegt schreiben müssen, um das Geld für Boot und Reise zu verdienen.

Wegen des großen Erdbebens 1906 in San Francisco explodieren plötzlich die Preise, vor allem Holz wird zum Luxusgut. Die SNARK frisst das Geld schneller, als er es verdienen kann. Er findet kaum Zeit, sich seine werdende Yacht in der Werft anzuschauen. Stattdessen muss er mehr und mehr Texte schreiben, muss die Kapitel regelrecht aufs Papier dreschen. Als das Boot gerade mal halb fertig ist, hat er bereits all seinen Besitz mit einer Hypothek belastet. Der Mann, der als Arbeitersohn elf Jahre zuvor noch für 10 Cent die Stunde in einer Wäscherei geschuftet hatte, muss für sein Schiff am Ende 30.000 Dollar aufbringen; angepeilt hatte er ursprünglich 7.000 Dollar. Beide Summen sind damals ein Vermögen. Doch es ist ein Dilemma, dem er nie entkommen wird. Seine Buchstaben jagen den Dollars hinterher, weil sein Leben alles verschlingt.

Schon früh versucht London darum, den Segeltörn zu vermarkten. Er will unterwegs Artikel schreiben, Bücher, Reportagen und Reiseberichte aus aller Welt. Sieben Jahre lang wollen sie unterwegs sein. Über den Pazifik in die Südsee, später den Nil flussaufwärts und dann durchs Mittelmeer, bis nach London. Und seine Yacht soll vom Feinsten sein. Waschraum, große Pantry, Batterien, an alles ist gedacht. Doch es ist wie immer in Londons Leben: Nichts läuft glatt.

Kurz vor dem Stapellauf krachen zwei im Sturm losgerissene Boote in den Bug der SNARK und drücken sie in den Morast. Wie schwer sein Schiff beschädigt ist, wird London erst auf hoher See bemerken; die SNARK wird ordentlich Wasser machen, die Mannschaft ständig pumpen müssen. Die Ankerwinde gibt noch im Hafen ihren Geist auf, und der Motor springt beim ersten Anlassen aus der Halterung, zerstört alle Kabel und fällt mit Mordsgetöse zur Seite. Weil London nicht mehr die Geduld hat, ihn vor der Abfahrt reparieren zu lassen, verstauen sie ihn tief unter Deck, als Ballast. Die Zeit reicht nicht einmal mehr, um in den Kajüten die Wände zu pönen. Sie sind braun von den Tabaksäften der Arbeiter.

Immer mehr Leute sammeln sich an der Pier, wo der berühmte Autor sich auf die Abreise vorbereitet. Gespött weht herüber, das Boot sei zu schnell und zu schlampig gebaut worden. Freunde warnen ihn gar davor, überhaupt mit der seeuntüchtigen SNARK aufzubrechen. Auch die Zeitungen machen sich bald über sein Boot und das ganze Vorhaben lustig. Doch seine Frau Charmian und er bewahren sich einen grimmigen Humor. Kein Gedanke ans Aufgeben.

Es ist der 23. April 1907, mehr als ein halbes Jahr später als geplant, als sie endlich die Segel setzen. Wenige Stunden später ist kein Land mehr zu sehen, rundherum nur noch Meer; sie nehmen Kurs auf Hawaii. Und hier auf See ist Jack London endlich sicher vor den Eitelkeiten der kultivierten Gesellschaft. Er, der sich schon als Fotomodell verdingte, der zum Archetyp des modernen Popstars wurde, lange bevor ein Hemingway als romantische Schriftstellerikone die Schlagzeilen der Weltpresse eroberte.

Nun also Ruhe, große See voraus. London hat über 500 Bücher an Bord verstaut, ein Grammofon, er liebt Opern. Natürlich ist seine Schreibmaschine dabei. An Bord wird er unter anderem *Martin Eden* schreiben, eines seiner besten autobiografischen Werke. Und nun kann sie endlich beginnen, die Fahrt um den Globus. Eine Fahrt auch, mit der er es aller Welt beweisen will – und vielleicht am meisten sich selbst. Was könnte auch besser dazu taugen, einer Kindheit in Armut und Schufterei zu entkommen, als fünf große weiße Segel, die einen über den Ozean tragen?

Bestärkt auch durch die Worte Joshua Slocums, sieht er in der Fahrt viel mehr als nur das Segeln. »So ein Vorhaben macht nicht nur Spaß und ist eine großartige Lektion darüber, wie es da draußen in der Welt zugeht. Es ist auch eine Lektion über die Welt im Inneren, über das eigene Ich.«

Die Reise über das Meer beginnt wenig segensreich, die SNARK zeigt viele Mängel. Die Lenzpumpen schwächeln, einige ihrer Hebel brechen einfach ab. Vier Schotten sollten das Schiff unsinkbar machen, doch es dringt immer mehr Wasser ein. Obendrein fault das Essen in den Säcken, ein Benzintank leckt. Schon bald ist klar, dass die Ketsch bereits auf dem ersten Stopp in Hawaii eine erste Überholung brauchen wird. Überdies stellt sich auf See schnell heraus, dass sich die SNARK kaum in den Wind drehen lässt. Offenbar ein Konstruktionsfehler, der beim Bergen und Wechseln der Segel Nerven kostet und jede Wende zum Desaster macht.

Auch die Mannschaft erweist sich als wenig hilfreich. Der angeheuerte Koch und der Kabinenjunge werden sofort seekrank. Und Roscoe Eames, der sich an Land gern als Seemann aufgespielt hatte, scheint von Navigation nicht viel zu verstehen. Jack London versinkt nächtelang in seinen Büchern, um sich den Umgang mit dem Sextanten und den Berechnungstabellen schließlich selbst beizubringen. Schon bald verteufelt er den Navigator – nicht jedoch in erster Linie wegen dessen mangelnden Fähigkeiten, sondern weil der sich auch noch weigert, sein geringes Wissen wenigstens zu teilen.

Es zeigt sich dabei ein markanter Wesenszug Jack Londons. Er hasst den Snobismus, die Besserwisserei anderer. Im Herz ein Sozialist, verachtet er jede Form der Übervorteilung, und es ist ein Wunder, dass er Eames nicht wund prügelt und über Bord wirft. London reagiert umso stoischer, indem er sich die »Geheimlehre der Astronavigation« immer mehr selbst aneignet. Doch nie sind er oder Eames sich wirklich sicher, wo genau auf dem Ozean sie sich befinden. In seinem Buch *Die Reise mit der Snark* widmet London der Navigation viele Seiten. Nicht nur ihren technischen und mathematischen Aspekten, sondern auch den psychologischen. Die Orientierung gerät zur Metapher, in der sich nicht nur der Weg zum Ziel offenbart, sondern auch der ein oder andere Abgrund.

Dann lässt sie auch noch der Passat im Stich. Und doch ist London guter Dinge und weit entfernt davon, die Mundwinkel hängen zu lassen. Wenn der Wind sie erwischt, freut er sich diebisch über jede Seemeile und genießt das Schiff unter Segeln. Ins Logbuch schreibt er trotzig: »Sie läuft wie der Teufel.« 27 Tage nach dem letzten Blick auf San Franciscos Golden Gate machen sie schließlich den Haleakalā am Horizont aus, den höchsten Berg Hawaiis, der auf der Insel Maui liegt. Kurze Zeit später ankern sie bei Oahu, in einem Naturhafen, der seinen friedvollen Namen Pearl Harbor noch zu Recht trägt.

Gleich nach der Ankunft feuert London Roscoe Eames, diesen »Drückeberger, Winseler, Demoralisierer der Mannschaft«, der »nicht mehr Seemann ist, als ich eine ägyptische Tänzerin bin. Er ist eine hoffnungslose, unmögliche Kreatur, mit einem Gehirn, das so mikroskopisch ist, dass ich es nicht erkennen kann«. Diese Zeilen schreibt London wütend an Ninetta Eames, Roscoes Gattin. Und schon wieder sind ihm die Reporter auf den Fersen: Warum hat er seinen Navigator entlassen? In der Presse kursieren bald Gerüchte. London sei ein Despot und schlage die Crew, heißt es dort, er sei selbst ein wahrer Wolf Larsen. Ein Seewolf, wie er in seinem eigenen Buch steht.

Auf Hawaii lassen die Londons die SNARK reparieren und sich selbst hofieren. Sie besuchen eine Leprakolonie auf Molokai, Jack wagt sich auf einem Surfbrett in die Brandung. Er schreibt eine Reportage darüber an Bord der SNARK, und der Text wird helfen, den Surfsport in Kalifornien bekannt zu machen.

Sein größter Traum aber steht noch bevor: die große Fahrt nach Süden, die Reise zu den Marquesas und den polynesischen Inseln. Natürlich kennt London die Bücher, die Herman Melville nach seinen Jahren als Walfänger als Erstes geschrieben hatte: *Omoo* und *Typee* – Beschreibungen der sagenumwobenen Inseln und ihrer Bewohner sind darin zu lesen, die Lobpreisungen eines freien Lebens, aber auch die Gefahren und Tücken durch Kannibalismus, Missionare, unbekannte Krankheiten und wilde Eingeborene. Ein Lockruf, der ganz nach Londons Geschmack ist. Und so heißt das Kommando bald: auf nach Süden, Kurs Marquesas.

Die Fahrt über die Weiten des Südpazifiks wird zu einer Suche nach Wind und dem richtigen Kurs. Viel zu spät liest London die Einträge in den Seehandbüchern, die Warnungen davor, zu weit nach Osten zu kreuzen oder in den äquatorialen Kalmen hängen zu bleiben.

Zwei Monate lang irrt die SNARK mit ihren vier Menschlein an Bord auf dem Pazifik umher, über 4.000 Seemeilen legen sie am Ende zurück. Über Wochen sehen sie kein anderes Segel, keine einzige Dampfsäule. Sie fangen Fliegende Fische, Bonitos und Haie, harpunieren Delfine und staunen, wie die Meeressäuger im Todeskampf plötzlich die Farbe wechseln.

Nach 43 Tagen bemerken London und seine Crew, dass die Hälfte des Trinkwasservorrats verdorben ist. Und in dieser Wasserwüste, das begreifen sie schnell, können sie verdursten. Tagelang rationieren sie das Wasser, bis endlich ein kräftiger Regen sie erlöst. In Kalifornien und in der Presse werden sie bereits als vermisst gemeldet; zu lange konnten sie kein Lebenszeichen von sich geben, keinen Hafen anlaufen und keinem Schiff eine Meldung übergeben.

Und doch sind es vielleicht gerade diese Wochen auf der schier endlosen See, die Jack London auf der gesamten Reise der SNARK am meisten genießt. Immer besser kommt er mit dem Schiff klar und hat inzwischen Vertrauen in seinen anfangs störrischen Zossen gewonnen. Sie liegen an Deck, spielen Karten, wenn kein Wind weht, widmen sich aber doch akribisch der seemännischen Arbeit. Navigation, Segelwechsel, Decksarbeit. Und immer wieder verzieht sich London nach unten, taucht ab im Buchstabenmeer. »So verstrichen die Tage, es gab so viel zu tun, dass nie Langeweile aufkam«, schreibt er über die nicht enden wollende Kreuzerei nach Süden.

Vor allem der Blick aufs Meer verzaubert ihn. Ja, verzaubert sogar ihn, den sonst so kühlen Realisten, der den erbarmungslosen Tod im Eis beschrieben hatte, die harschen Wahrheiten des Fabrikalltags im kapitalistischen Amerika, das würdelose Leben in der Gosse. Kein Freund der blumigen Ergüsse und träumerischen Gedanken, wird er sich am Ende doch den »wundervollen Meeres- und Wolkenlandschaften« des Pazifiks hingeben. Der berühmte Jack London sitzt an Deck seiner SNARK und sieht: »Morgendämmerungen, die brennenden Kaiserstädten glichen, unter Regenbogen, die sich fast bis zum Zenit wölbten. Sonnenuntergänge, die das purpurne Meer in Flüsse aus rosafarbenem Licht tauchten. Das Meer war wie aus azurblauem, seidigem Stoff gewoben, in dessen Tiefen das Sonnenlicht leuchtende Trichter bildete. Achtern, tief unten, blubberte bei leichtem Wind eine Prozession aus milchig türkisfarbenen Gespenstern – die Gischt, die vom Rumpf der ›Snark‹ unter die Oberfläche gedrückt wurde, wann immer diese eine Welle rammte. Nachts bestand das Kielwasser aus phosphoreszierendem Feuer, in dem nur der Schleim der Medusen an unserer vorbeiziehenden Masse Anstoß nahm.«

So also rauschen sie dahin. Bis die SNARK nach über 60 Tagen auf See die Marquesas erreicht und in der Bucht von Taiohae den Anker fallen lässt. An Land weiden wilde Ziegen, in der Luft liegt der Duft von Blumen und Früchten. Doch ist es keineswegs das erhoffte Südseeparadies, in dem sie landen. Mit Schrecken sehen sie, dass viele Menschen unter der Elefantenkrankheit leiden und andere von Seuchen dahingerafft werden. Und schon bald leiden auch sie selbst an Ekzemen, Durchfall und diversen Wehwehchen.

London zeichnet eigene Karten der vielen Buchten und Riffe, navigiert bald weiter in Richtung Tahiti, Raiatea und Bora Bora. Immer wieder ankern sie in entlegenen Buchten, werden von den Einheimischen begrüßt und mit Geschenken überhäuft. Mit Körben voller Orangen, Limonen, Avocados, Kokosnüssen. Nach einer Einladung auf einer Insel bekommen sie Mengen an Feuerholz, Hühnern, Fischen und sogar ganze Schweine geschenkt, sodass die SNARK beim Auslaufen viel zu tief im Wasser liegt. Die Hälfte der Gaben müssen sie wieder über Bord schmeißen.

Und von nun an, stets weiter nach Osten segelnd, gerät die Reise zunehmend unheilvoller. Sie hören Geschichten von Kannibalen, haben es bald selbst mit misstrauischen Stämmen und mysteriösen Krankheiten zu tun. Alle Crewmitglieder werden von juckenden Ausschlägen befallen, von Eiterbeulen, die sich durch die Haut fressen. Auf der Insel Guadalcanal, in den Salomonen, werden die Londons von einem Kapitän Jansen auf dessen Boot, die MINOTA, eingeladen, um ihn auf eine Rekrutierungsfahrt für Plantagenarbeiter zu begleiten. Sie nehmen Revolver mit, denn in dem Gewirr aus Kanälen, Riffen und Inselchen war der frühere Kapitän der MINOTA ein halbes Jahr zuvor von den Eingeborenen in Stücke geschlagen worden. Im Holz der Kabinentür des Skippers sind noch immer die Kerben der Axthiebe zu sehen. Reling und Schanz haben sie komplett mit Stacheldraht verbarrikadiert, um sich gegen Angriffe und ungebetene Besucher an Bord zu schützen. Im Seegang erweist sich dies als böse Falle; jeder Kratzer auf der Haut entzündet sich und führt zu einem neuen Geschwür.

Die Magie der Südsee lässt sie im Stich. Oft drohen sie aufzulaufen und bekommen es mit immer aggressiveren Einheimischen zu tun. Im Busch einer Insel lauern eines Tages Hunderte bewaffneter Männer. Die »Wilden«, wie London notiert, laufen nackt herum, »und wenn ich sage nackt, meine ich nackt«. In ihren durchstochenen Nasen stecken Knochen, in die Ohrläppchen haben sie Muscheln und leere Patronenhülsen gebohrt. Dann sehen sie, wie die Einheimischen die Hütten der Missionare abfackeln. Und bald überfällt die Crew der SNARK ein noch üblerer Feind: das Fieber. Auch Charmian, lange als Einzige resistent, wird davon befallen. Sie kratzen sich unentwegt, darben fürchterlich in der tropischen Hitze, auf die London bald alles schiebt. Und vermutlich ist es das erste Mal, dass er sich in die Kälte des Nordens zurücksehnt.

Die SNARK mutiert am Ende ihrer Reise zu einem traurigen Lazarettschiff. Londons Hände und Zehen schwellen zur doppelten Größe an, seine Glieder schmerzen grauenvoll, überall pellt sich die Haut. Er leidet unter Malaria und Diarrhö, an insgesamt fünf Krankheiten; und nach einem weiteren Stopp auf Fidschi entscheiden sie, weiter nach Süden zu segeln und sich nach Australien zu flüchten. Wieder folgen viele Seemeilen und Wochen auf See, bis irgendwann die ersten Inseln des Great Barrier Reef auftauchen und, noch weiter südlich, die Küste Australiens.

In Sydney lässt sich der segelnde Romancier sofort untersuchen. Mit ernüchterndem Ergebnis. London ist nun selbst ein Wrack. Eine seiner Malaisen stufen die Ärzte als unheilbare Krankheit ein, eine andere ist ihnen vollkommen unbekannt. Fünf Monate lang erholt sich Jack London in Down Under und steuert bald sogar noch ins weitaus südlichere Tasmanien. Bloß raus aus der ewigen Hitze! Nichts wünscht er sich sehnlicher, als endlich kühle, lindernde Luft zu atmen. Genug vom Tropenkoller!

Doch London ist gezeichnet. Seine Frau Charmian bricht in Tränen aus, als Jack ihr seinen Entschluss mitteilt. Er will, er muss die SNARK verkaufen – die große Reise ist zu Ende.

Am 23. Juli 1909, mehr als zwei Jahre, nachdem sie in San Francisco den Anker gelichtet hatten, kehren sie nach Kalifornien zurück und lassen sich auf ihrer Farm Glen Ellen nieder. Jack London ist 33 Jahre alt, sein Körper macht ihm zu schaffen. Doch wieder einmal hat er reichlich Stoff mitgebracht. 1911 erscheint in New York sein Buch über diese so wundervolle wie leidvolle Reise unter Segeln. Das Buch trägt den schlichten Titel *Die Reise mit der Snark.*

Den Geschmack der See wird er nie los. In den letzten sieben Jahren, die ihm bis zu seinem Tod noch bleiben, wird er das Meer bitterlich vermissen. Zum Leben auf der Ranch verdonnert, Schweine züchtend und über die Felder reitend, betrachtet er sich bis zu seinem Ende und nicht ganz ohne Ironie als einen zwiegespaltenen Mann.

Als »Matrosen zu Pferde«.

SUZANNE UND DIE LIEBEN SEGELSCHIFFE

SUZANNE VAN DER VEEKEN

Dies ist die Geschichte einer jungen Frau, die sich ganz fürchterlich ins Segeln verliebt hat. Die nicht mehr lassen kann vom Leben auf dem Wasser, vom Geruch einer Kajüte, diesem Schwanken eines Bootsrumpfes. Es ist die Story einer Frau, die das Knarren der Schoten hören und aufs Meer blicken will. Und die darüber hinaus den durchaus ernst gemeinten Traum verfolgt, die Erde nicht mit dem Flugzeug zu bereisen, sondern ausschließlich mit der Kraft des Windes. Per Segelyacht, per Anhalter.

Dies ist aber auch die Geschichte einer jungen Frau, die auf der Suche ist. Die einen Weg finden will in einer komplizierten, schnellen und schmutzigen Welt. Die der Überzeugung ist, dass gewisse Dinge auf diesem Planeten ziemlich schieflaufen. Und die darüber hinaus mit ihren 30 Jahren Sätze sagt wie diesen: »Die Zeit des Redens ist vorbei, wir müssen handeln. Jeder von uns. Jetzt.«

Die Holländerin Suzanne van der Veeken lacht, ihre blonden Haare leuchten in der türkischen Sonne. Es ist brütend heiß draußen, das trockene Hinterland des winzigen Ortes Ece Yalí braun und verbrannt, aber das Meer beginnt gleich unten in der Bucht. In diesem Winter 2015 hält sich kaum ein ausländischer Tourist in der Region südlich von Bodrum auf, denn es herrschen nicht die besten Zeiten in der Türkei. In der Woche zuvor gab es nach einem Putschversuch Aufstände im Land. Verhaftungen in Istanbul, Straßensperren in Ankara. Suzanne van der Veeken mag das große Spiel der Politik nicht, trauen will sie ihm schon gar nicht. Sie sagt: »Die Türken hier unten an der Küste zählen zu den nettesten Menschen, die ich auf meinen Reisen getroffen habe.«

Seit zwei Monaten ist sie hier. Ein Segelboot hatte sie, von Griechenland kommend, in der Nähe abgesetzt. Die restliche Strecke ging sie zu Fuß. Bis sie irgendwo eine einfache, bezahlbare Unterkunft am Meer fand. Nun schreibt sie, inmitten dieser kleinen türkischen Provinz am Meer, an ihrem ersten Buch. Sie sitzt an einem kleinen Tisch, manchmal schaukelt sie mit ihrem Laptop in der Hängematte. Davor ein staubiger Garten, in dem die Wäsche flattert und die Hühner laufen. Im Hintergrund die südwestliche Ägäis. Die Inseln des Dodekanes, Symi, Kos, Tilos, Nisyros.

Am Nachmittag nimmt sie wie jeden Tag ihre Flossen und schwimmt hinaus in die Bucht. Sie bleibt lange im Wasser, an manchen Tagen verbringt sie zwei, drei Stunden im Meer. Das Wasser ist warm, und Suzanne van der Veeken könnte mit einem Atemzug auf 20 Meter Tiefe hinabtauchen. Die Kunst des Apnoetauchens erlernte sie auf Bali, seitdem lehnt sie es ab, mit Pressluftflaschen zu tauchen. »Es macht zu viel Lärm«, sagt sie. »Es ist unnatürlich, es verscheucht die Fische.«

Das Meer in der Bucht ist um die zehn Meter tief, mit wenigen Flossenschlägen ist sie unten, schwebt über den Grund. Es sind kaum Fische zu sehen. Van der Veeken schwimmt weiter hinaus, auf dem Rücken, auf dem Bauch, in Richtung einiger Felsen, schwimmt mit den Flossen um eine Klippe und kommt nach einer halben Stunde an einen kleinen Strand. Sie geht an Land, setzt sich. Dann beginnt sie, den Müll am Strand aufzusammeln und ihn zu einem Stapel aufzutürmen. Plastikflaschen, Tüten, Latschen, eine zerriebene Zahnpastapackung. Sie nimmt ihre wasserdichte GoPro, macht Fotos. Den ganzen Haufen lichtet sie ab, einzelne Stücke. Zerschlissene Schwimmreifen, eine alte Shampooflasche, Schraubverschlüsse aus Plastik. Sie fotografiert den Strand, die Bucht. Dann lacht sie mit ihren großen weißen Zähnen in die Kamera, macht ein Selfie von sich und der Welt.

Suzanne mit Meer und Müll.

Am Abend wird sie mit den Fotos ihre Blogs und Internetseiten füttern. Jeden Tag postet sie mindestens eine Nachricht, eine Botschaft. Einen Wink aus ihrer Welt und ihrer Denkweise. Nichts Missionarisches, nichts Dogmatisches. Etwas Aufrüttelndes allerdings sollen ihre digitalen Tagebücher schon haben. Ein Foto von einem Delfin, der neben einer Plastikplane durchs Karibische Meer schwimmt. Das Video eines Mantarochens, der eine Chipstüte verschluckt. Das Bild sich auflösender Badelatschen im Sand von Spanien. Dann wieder sie selbst auf einem Segelboot. Im Meer, beim Tauchen, an einem Strand. Blumen. Dreck. Fischerleinen. Palmen. Eine Bar. Ein im Meer treibendes Stück Isolierschaum. Dann wieder Einheimische. Sie an einem Steg, am Steuer einer Yacht. Wie sie eine vergammelte Styroporboje aus einem Hafenbecken fischt.

Es sind Fotos und Szenen aus den Augen der Suzanne van der Veeken. Momentaufnahmen des Meeres, das sie so vergöttert und das sie beim »Hitchsailing« bereist. Denn das ist das Unterfangen der »Oceanpreneurin«, wie sie sich selbst nennt: Als Segeltramperin zieht sie durch die Weltgeschichte. Geht von Yacht zu Yacht, fragt sich von Koje zu Koje, reist von Hafen zu Hafen und auf diese Weise über die Ozeane. Und propagiert im Zuge dieses vagabundenhaften Segeldaseins obendrein den Schutz der Meere.

Sie kann nicht anders, sagt sie. Sie ist getrieben von Neugier. »Superpowered by the ocean«, wie sie es nennt. Sie hat nicht viel Geld und will in erster Linie nur eins: segeln. Auf Booten sein, am Meer, im Meer. Und sie will, darüber hinaus, etwas tun. Etwas Sinnvolles, etwas Gutes. Etwas, das ihr am Herzen liegt und das ihr als richtig und wichtig erscheint. »Nicht reden, machen. Jetzt!« Sie sagt das noch einmal, als sie da so am Strand sitzt, mit ihren nassen Haaren neben dem Haufen Müll. »Es sind nur kleine Schritte, aber ich tue, was ich tun kann. Und wenn jeder ein wenig mitmachen würde, könnten wir weit kommen.«

Wobei sich das Machen in ihrem Fall eher als eine Form der Entsagung erweist. Als eine Abwendung von gewissen Gewohnheiten. Seit Jahren lebt sie vegan. Null Fisch, null Fleisch. Sie verzichtet, wo sie nur eben kann. Verzichtet auf Reisen mit dem Flugzeug, auf Fahrten im Auto, im Bus, im Taxi. Gelegentlich nimmt sie eine Fähre, aber lieber bewegt sie sich unter Segeln von Ort zu Ort, von Land zu Land. Sie geht viel zu Fuß, schwimmt. Sie besitzt nicht viel. Ihre Siebensachen passen in einen großen Rucksack und eine kleine Tasche. Eine »Slow-Sailing-Philosophie« nennt sie das. »Das Wichtigste, was ich mitnehme, sind mein Laptop und mein Smartphone. Damit bin ich vernetzt, damit komme ich um die Welt.«

Auf der Rückseite ihres Smartphones kleben zehn SIM-Karten Für diverse Länder, die sie bereist hat und wieder bereisen will. Frankreich, Holland, Spanien, Griechenland, die Türkei, die Karibik. Die moderne Technik ist die Tür zu diesem Lebensstil. Der Zugang zur ständigen Kommunikation. Das Vernetzen. Das Posten und schnelle weltweite Kontakten. Das Verbundensein in der Unverbundenheit. Leben und Abenteuer, getragen von den Hashtag-Welten.

Nur bei ihrer liebsten Beschäftigung hat sie irgendwann gar keinen Kontakt mehr. Auf See bricht nach zehn, 20 Seemeilen alles ab. Kein Empfang mehr, kein Netz. Wer ihr dann eine Mail schickt, erhält eine automatische Abwesenheitsnotiz: »Der Ozean hat gerufen. Habe mein Büro auf ein Segelboot verholt. Es kann mit meiner Antwort länger als sonst dauern. Ahoi!«

Zu ihrer Methodik, die Meere zu bereisen und die Umwelt zu schonen, gehören aber nicht nur Handy und bunte Bilder, sondern vor allem gewisse Einschnitte und Entbehrungen. Die Abkehr von Selbstverständlichkeiten. Ein Bruch, der nicht so einfach ist, sondern ein Maß an Selbstdisziplin und Entschiedenheit fordert. Sie sagt: »Ich will nicht mehr warten, dass etwas passiert, dass sich etwas ändert. Ich will auch nicht mehr auf irgendwelche Beschlüsse vertrauen, auf Bemühungen anderer, auf die Initiativen irgendwelcher Unternehmen oder Organisationen. Ich möchte etwas tun. Also fange ich an, wo jeder anfangen sollte – bei mir selbst.«

Sie kauft strikt keine Nahrungsmittel mehr, die eingeschweißt, die irgendwie verpackt sind. Null. Wenn sie sich irgendwo auf der Welt einen frischen Obstsaft bestellt und dieser mit Strohhalm serviert wird, dann nimmt sie den Strohhalm aus dem Glas und gibt ihn dem Kellner zurück. Sie sagt dann: »Nein danke, den möchte ich nicht, bitte nehmen Sie ihn wieder mit.« Mehr sagt sie nicht. Kein Zeigefinger, kein Ökogebet. Nur wer ihr die Frage stellt, warum sie keinen Strohhalm will, dem antwortet sie: »Plastikmüll – Strohhalme stehen da weltweit an fünfter Stelle. Wenn dieser Plastikstrohhalm im Meer landet, wird es 500 Jahre dauern, bis er wieder verschwunden ist.«

Auch hat sie davon Abstand genommen, Wasser in Plastikflaschen zu kaufen. Null. Sie fing damit an, als sie vor einigen Jahren durch Thailand reiste, durch Malaysia und Indonesien, bekanntlich nicht die saubersten Ecken der Erde. Sie kaufte sich eine im Auftrag der NASA entwickelte Trinkflasche mit Vliesfilter und geladener Schichtmembran. »Water-to-Go« heißt das Prinzip. »Mit diesen Flaschen kannst du Wasser aus einem indischen Fluss schöpfen, kannst es filtern und anschließend trinken. Ich hatte nicht ein einziges Mal Magenprobleme.«

Sie kauft wenig, bestellt in Restaurants nur lokales Essen. Wenn ein Wein nicht aus der Region kommt, womöglich gar aus Chile oder Südafrika importiert ist, dann trinkt sie keinen Wein. Dann trinkt sie Wasser. Auf ihrer Website listet sie Tipps auf, um etwas für die Meere zu tun. Regeln, die jeder beherzigen kann: reduce, reuse, recycle. An jedem Strand selbst mindestens drei Stücke Plastik mitnehmen und korrekt entsorgen. Sich informieren. Die Botschaft verbreiten. Mit Gewohnheiten brechen.

Die ihr wichtigste Form der Entsagung aber will sie in Zukunft immer mehr kultivieren: das Unterwegssein auf Segelbooten – nur mit dem Wind um die Welt kommen. Sie war schon auf den australischen Whitsundays, ist in der Südsee gesegelt und im Mittelmeer. In Spanien zog sie von Hafen zu Hafen, auf den Kanaren stand sie an den Stegen der Marinas und fragte, wer demnächst wohin segelte. Früher nahm sie noch das Flugzeug, um an ferne Ufer zu gelangen. In Zukunft will sie auch die langen Strecken segeln. Sie liest die einschlägigen Seiten der Hand-gegen-Koje-Angebote, hinterlässt dort Nachrichten und hängt Zettel mit ihrer Telefonnummer in den Häfen aus. Natürlich, da ist das Handy, das Internet. Der Verbindungskosmos Nummer eins. Das digitale Fluidum unserer Zeit, das fast alles möglich macht. Auch das Meer.

In den Posts, auf den Pages und auf den Zetteln in den Häfen sind dann entsprechende Sätze zu lesen: »Suche Mitsegelgelegenheit, egal wohin. Passe auch auf einsame Boote auf, kümmere mich um Ihr Schiff, wenn es länger allein in einem Hafen liegt.« »Boatsitting« nennt sie das. Oft läuft sie über die Stege, spricht fremde Crews und Skipper an. Hauptsache, auf einem Segelboot sein. Sie hat einen Narren daran gefressen. Darüber hinaus passt es zu ihrem Anliegen, ihrer Sache. Eine Segelverrückte ist sie, die noch immer Erfahrungen sammelt über Navigation, Anlegemanöver, Sturm. Genügend Seemeilen hat sie längst, es müssen schon jetzt um die 10.000 sein. Bald will sie ihre ersten Scheine machen, »in Spanien, irgendwo am Mittelmeer, alles zu seiner Zeit«. Sie sagt das leicht, ohne Hatz und Drang.

An der türkischen Küste sitzt sie in ihrem Zimmer, das sie gemietet hat, um zu schreiben. Zum Meer sind es nur 40 Meter. Nach dem täglichen Schwimmen geht sie in das kleine Café unten am Strand. Die türkische SIM-Karte ist aktiviert. Sie prüft ihre Mails, ihre Seiten. Sie hat Antwort bekommen von der Crew einer 1935 gebauten Schoneryacht, die gerade durch die griechische Inselwelt segelt. An Bord sind noch eine andere Holländerin, zwei Brasilianerinnen, der Skipper und dessen Frau. »Die suchen noch jemanden an Bord«, sagt sie. »Ich muss nur ein Boot finden, das mich von Bodrum nach Paros bringt.«

Sie schickt eine Mail, postet noch schnell ein Foto auf ihrer Internetseite. Sie selbst im Sonnenuntergang mit einem zerfetzten Fischernetz in den Händen. Das Bloggen ist ihre eigentliche Tätigkeit. Sie hat auch schon Reiseberichte geschrieben, Kitesurfreisen organisiert und für Touristikprojekte gearbeitet. »Ich verdiene nicht viel Geld, aber ich brauche auch nicht viel. Mit 1.000 Euro im Monat komme ich gut über die Runden.«

Für ihr Buch hat sie 4.000 Euro per Crowdfunding gesammelt. Sie will es online vermarkten. Das Buch wird vom Segeltrampen handeln. Es soll verraten, was man wissen muss, um auch ohne Boot durch die Weltgeschichte zu segeln. Ihre Erfahrungen, ihre Ratschläge. Wo man Yachten findet, welche Crews man besser meidet. Van der Veeken kann ein ziemlich breites Lächeln aufsetzen, wenn sie vom Segeln spricht. Ihre Augen wandern dann in eine Ferne. Die Boote scheinen wirklich etwas mit ihr gemacht zu haben; es muss über das normale Maß hinausgehen.

Sie trinkt einen Schluck Wein, einen türkischen aus den Bergen, und erzählt aus ihrem Leben.

Geboren ist sie in Holland, nahe Breda im Dorf Gilze en Rijen. Als Kind spielt sie viel Tennis, geht früh zum ersten Mal schnorcheln. Ihre Eltern sind versierte Taucher. Mit 17 beendet sie die Schule und beginnt zu studieren. Psychologie, Soziologie, Marketing. Touristikmanagement wird bald ihr Spezialgebiet, nebenbei arbeitet sie als Snowboardlehrerin in den Alpen, verdient sich Geld als Bedienung in Bars und Restaurants. Sie geht in ein Surfcamp, leitet dort die Aktivitäten und kümmert sich um das Organisatorische. Sie lernt Surfen, Kitesurfen, macht den Tauchschein. Das Meer. Schon damals zieht es sie immer mehr dorthin. Sie studiert dennoch weiter, arbeitet in Holland als verkleidetes Maskottchen in einem Themenpark.

Dann macht sie während des Studiums ein Praktikum, bei dem sie sich ums »Tour Assessment« kümmern muss. Sie soll Berichte schreiben, wie nachhaltig Bikerouten sind, was Quadtouren anrichten, wie man Wanderpfade sauber halten kann. Danach findet sie einen nächsten Praktikumsplatz, diesmal auf Mauritius. Dort besteigt sie während ihrer Recherchen zum Thema »nachhaltiger Tourismus« zum ersten Mal eine Segelyacht. Und dort ist es dann um sie geschehen: Sie sieht erstmals eine Kajüte von innen, liegt in einer Koje, hält eine Schot in den Händen. »Ich wusste sofort, Boote sind mein Ding. Boote und das Meer. Alternativlos.«

Sie arbeitet weiter für ihr Studium und will ihren Master machen. Ihr neues Spezialgebiet heißt: wie sich der moderne Tourismus aufs Klima auswirkt. Es ist nicht schön, was sie lernt, sieht, erfährt und bald in Form von Zahlen und Auswertungen selbst zu Papier bringt. Sie ist in dieser Zeit für das Studium und erste Jobs viel unterwegs: Australien, Tonga, die armen Küstenregionen Kambodschas. Immer wieder sieht sie auf ihren Reisen auch Segelboote. In den Marinas, an den Murings, irgendwo vor Anker. Und landet, wie automatisch, immer wieder auf irgendwelchen Schiffen. Sie segelt zu den Inseln am australischen Barrier Reef, fährt mit auf Törns um die Tongainseln, schwebt zwischen Studium, Holland und einem Traumdasein.

Mit 25 macht sie ihren Abschluss. Bestnote »cum laude«. Dann geht sie nach Peru, um ein Projekt für alternative Einkünfte in einer ärmlichen Bergregion zu erarbeiten. Fünf Monate verbringt sie in den Anden auf 5.500 Meter Höhe. Und entscheidet: zurück ans Meer. Im spanischen Tarifa findet sie einen Job als Kitesurflehrerin, mietet ein Zimmer, untervermietet es teurer über Airbnb und wohnt selbst in einem Zelt. So verdient sie sich ein wenig dazu, um ihr neues Projekt zu starten: Hitchsailing und Bloggen. Seitdem tingelt sie auf Segelbooten durch die Weltgeschichte, schreibt, postet und sammelt Follower.

Die Erfahrungen, die sie macht, sind nicht immer gute. Als sie auf den Kanarischen Inseln ein Schiff sucht, um in die Karibik zu kommen, landet sie eines Tages auf der Yacht eines belgischen Eigners, der bald immer seltsamer wird. An Bord der Bénéteau sind neben ihr noch fünf andere zusammengewürfelte Crewmitglieder, und auch sie werden skeptisch. Der Skipper trinkt, holt ungeplant noch zwei weitere Leute an Bord, verlangt auf einmal mehr Geld. Das Schiff ist in einem bedenklichen Zustand, vieles funktioniert nicht, der Wassertank leckt. Offenbar will der Skipper das Boot mit dem Geld der anderen lediglich finanzieren.

Dann bietet er ihr an, die Kabine mit ihm zu teilen. Er wirft Leute raus, sucht sich neue. Es wird psychologisch, dicke Luft noch vor dem Ablegen Richtung Karibik. Später kommt es sogar zu einer Schlägerei und einer Anhörung vor Gericht. In Las Palmas steigt Suzanne van der Veeken aus, die anderen tun es ihr bald gleich. Auf den Internetseiten der Crewgesuche landen schnell Hinweise, diesen Skipper unbedingt zu meiden.

Es sind Einblicke in die Welt der Blauwasserszene, jene Diaspora, die mit ihren Booten über die Meere zieht oder sich in den Häfen herumdrückt. »Es gibt viele Verrückte da draußen«, sagt sie. »Viele Eigner haben kein Geld und wollen die Crew ausquetschen. Man muss viel Zeit investieren, um einen guten Skipper und ein gutes Boot zu finden.« Sie hat Skipper getroffen, die Menschen illegal über Landesgrenzen schmuggeln wollten, solche, die Crewmitglieder in ihren Kabinen einsperrten. Ein Skipper drohte gar, jemanden zu ertränken. Sie hörte in den Häfen von Meutereien, weil der Skipper sich als Psychopath erwiesen hatte. Aber auch unter den

Ihren Plan, den Atlantik zu überqueren, gibt sie darum nicht auf. Eines Tages hört sie von einem holländischen Eigner, der noch jemanden für seine Ketsch sucht.

Crewmitgliedern gebe es immer wieder schräge Vögel. Leute, die unterwegs durchdrehten und sich inakzeptabel verhielten. »Man lernt viel über Menschen, wenn man sich in der Szene der Langfahrtsegler bewegt, und nicht nur Gutes«, sagt van der Veeken. Auf dem Wasser könne das problematisch werden. »Wenn das Boot erst mal unterwegs ist, gilt ein ungeschriebenes Gesetz: Jeden Tag wird die Yacht einen Fuß kleiner.«

Ihren Plan, den Atlantik zu überqueren, gibt sie darum nicht auf. Eines Tages hört sie von einem holländischen Eigner, der noch jemanden für seine Ketsch sucht. Es sind noch vier andere Holländer mit an Bord. Sie segeln von den Kanaren zu den Kapverden, brauchen danach 18 Tage bis nach Tobago. Es wird eine herrliche Fahrt, ihre erste Ozeanüberquerung als Segeltramp. Sie lernt viel, sitzt oft am Kartentisch, hält Wache, steuert. Und ist begeistert. Ihr »Ding mit den Booten« hat unter der ersten schlechten Erfahrung nicht gelitten.

In der Karibik findet sie schnell eine Yacht für den Rückweg über die Azoren bis nach Mallorca. Auf der 90-Fuß-Ketsch sind der kanadische Skipper, vier Mann permanente Crew, zwei angeheuerte Segler und sie. Sie brauchen einen Monat für die lange Etappe. Großes Boot, großes Meer. An Bord verstehen sich alle prächtig. Suzanne im Glück. Des Öfteren nimmt sie unterwegs Meeresproben, untersucht das Wasser mit ihrem transportablen Minilabor nach Schadstoffen und postet später die Ergebnisse.

Ihre Internetseiten und ihr Projekt geben ihr ein Gesicht, ein Profil, wenn sie sich bewirbt und nach Booten umschaut. Da ist diese junge Holländerin, die etwas bewegen will. Die ihr seltsam entzücktes Lachen aufsetzt, sobald sie vom Segeln spricht, und die Menschen mit ihrer Botschaft erreicht. Erste kleine Artikel erscheinen über sie, auch eine türkische Zeitung schreibt über die Segeltramperin mit Mission. Das öffnet ihr Türen, den Weg auf die Schiffe.

Nach den beiden Reisen über den Atlantik segelt sie weiter durchs Mittelmeer, Mallorca, Sizilien, Türkei, landet bald auf einer klassischen Yacht in der Ägäis. Sie ist inzwischen gut vernetzt in der Szene, kennt viele Leute, Segler, Crews und Skipper. Mitte Oktober springt sie aufs nächste Boot: die 57-Fuß-Yacht EAU TOO. Der Name passt. Auf ihren Seiten lässt sie ihre Follower wissen: »Das Boot ist zu einer Weltumsegelung aufgebrochen. Wir sind zu siebt an Bord, sechs Nationalitäten. Libanon, Polen, Frankreich, Australien, England und ich aus Holland. Wie cool ist das? Wir werden uns viele Geschichten zu erzählen haben. Und ich werde wieder über den Atlantik segeln.«

Nun ist sie erneut unterwegs, da draußen auf dem Meer, mit dem Wind. Inzwischen das dritte Mal über den großen Teich. Sie will weiter durch die Karibik, das erste Mal über den Pazifik. Immer weiter, Daumen raus und Meilen machen. Will eine Dokumentation drehen über ihre Reise. Über die Menschen und das Meer.

Wie schön es ist und wie versaut.

Ihr großer Traum ist es, eines Tages eine eigene Yacht zu besitzen. Nichts Gigantisches, ein Boot um die zehn, zwölf Meter. Das Boot soll nach ihren Vorstellungen modern sein, nur mit grün generiertem Strom auskommen. Wasser filtern, Regen auffangen, Strom durch Sonne und Wind, völlig autark. An ihrer Mission will sie festhalten, in einem Punkt allerdings den Spieß umdrehen. Sie will dann selbst Anhalter mitnehmen, auf eigenem Kiel.

Seit diesen Visionen hat sich viel verschoben. Was sind heute schon vier, fünf Jahre? Die Welt ist nicht einfacher, in kürzester Zeit sogar noch einmal weitaus komplizierter geworden. Zerrissener, bedrohlicher. Klimawandel, Artensterben, Pandemie. Die Realitäten des Anthropozäns machen sich bemerkbar, für die jüngeren

Generationen steht die Zukunft auf dem Spiel. Das deutsche Bundesverfassungsgericht hat dies per höchstrichterlichem Beschluss verkündet. Nun auch noch Krieg, mitten in Europa.

Naheliegend wäre es, eingedenk der Gesamtlage, jetzt vielleicht einen anderen Kurs einzuschlagen. Sicheren Boden zu wählen. Wer aus einem westlichen Industrieland kommt und in diesem Land ein Studium mit Bestnote abgeschlossen hat, nun ja, der könnte sich einen entsprechenden Job suchen. Der könnte in der Marketingabteilung eines Hotels in Amsterdam die Buchungslage nach oben schrauben oder für ein Ferienresort in Kuala Lumpur neue Touren ausarbeiten. Der Tourismus ist die größte Industrie der Welt. Als international versierte Holländerin im besten Alter, ausgestattet mit perfektem Englisch, korrekten Manieren und dem richtigen Drive – nun, es ließe sich eine Menge erreichen.

Suzanne van der Veeken geht lieber segeln. Hinter dem Wort steckt viel für sie. Eine Welt. Eine Art zu leben. Eine Art, nicht zu leben.

Heute hat sie über 30.000 Seemeilen geloggt, ist auf über 50 Schiffen gefahren, vom kleinen Klassiker bis zum ausgewachsenen Schoner. Viermal hat sie den Atlantik überquert, hat ihren »Yacht Master« gemacht, besitzt sämtliche Scheine, um über alle Meere zu fahren. Sie hat Yachten gechartert, ist mit vielen Mannschaften gesegelt. Diesmal als Kapitänin, als unterzeichnende Skipperin. »Einige Dinge liefen nicht so gut, viele Dinge liefen sehr gut«, sagt sie. Das sei wie im echten Leben. »Und dann waren da ein paar epische Momente, die du nur auf dem Meer erlebst. Momente, die du nicht beschreiben kannst. Momente, die sich für immer einbrennen.«

Mehrere Segelreisen hat sie seither ins Leben gerufen, Törns von Holland nach Madeira, auf die Kanaren. Eine ganze Flottille von Segelschiffen hat sie zusammengetrommelt, bemannt mit 30 Menschen aus aller Welt mit Kurs Sizilien. Unterwegs arbeiteten sie mit Meeresbiologen zusammen, nahmen Wasserproben und testeten neue Methoden, Wasser zu filtern, zu recyceln und zu gewinnen. All das, um das Plastik aus der Welt zu schaffen und aus den Meeren zu holen. Es folgten mehr Fahrten unter Segeln, nach Lanzarote, Kroatien, eine Überführung von Mallorca auf die Kanaren. Sie sahen Delfine, Wale. Auf einer weiteren Flottillenreise geht es im Jahr darauf in Richtung Griechenland, dann an die holländische Küste.

Längst hat sie ihr Buch veröffentlicht, 400 Seiten sind es geworden. Auch hat sie sich weiter vernetzt, eine Community aus Gleichgesinnten um sich geschart. Ozeannomaden. Sie kommen aus aller Welt. Brasilien, Finnland, Deutschland, Australien, Israel. Verbundenheit in einer Welt der modernen Unverbundenheit. Nomaden in einer Welt, die sich so langsam selbst auffrisst.

Suzanne van der Veeken sagt, um den Ozean wirklich ins Herz zu schließen, müsse man diesen Ozean erleben. Da draußen, hautnah und mit eigenen Augen. Diese Magie möchte sie teilen, möchte sie möglichst vielen Menschen zugänglich machen. Allen, die es wollen. Allen, die ähnlich denken. Blumig hört sich das an. Kitschig fast, verklärt. Eine Bande Vagabundierender aus aller Herren Länder, die vom blauen Meer singen. Digitale Paradiesvögel. Segler, Surfer, Freediver auf der Suche nach dem Endless Summer, auf der Suche nach dem blauen Delirium.

Natürlich kennen sie alle die Meldungen, die Nachrichten und die Zahlen. Van der Veeken kennt sie besonders gut. Der Great Pacific Garbage Patch, der große pazifische Müllstrudel, er wird nicht kleiner, er wächst. Er hat inzwischen die Ausmaße Mitteleuropas angenommen. Das Mittelmeer, dieses alte azurblaue Paradies, ist inzwischen das drittschmutzigste Meer der Welt.

Überfischung, Landwirtschaft, Erwärmung. Hunderttausende Liter Röhöl, die jedes Jahr zwischen Suez und Gibraltar verklappt werden. Die Ostsee ist frei von Hering und Dorsch, diesmal wohl für immer. Die Meere leeren sich, sie kippen und versauern, und sie tun es vor unser aller Augen.

»Mein Name ist Suzanne«, schreibt van der Veeken auf einer ihrer Seiten. »Mein nomadisches Leben hat eine Konstante: den Ruf des Meeres. Dort bin ich die beste Version meiner selbst. Das Meer gibt mir Kraft und Leben. Und als seine Benutzerin fühle ich mich dafür verantwortlich, dieses Leben dem Meer zurückzugeben.«

Ist das kitschig? Sentimental? Die kollektive Naivität moderner Hippies? Im Netz beschreibt die Diaspora der segelnden Fantasten sich selbst so: »Wir sind viele da draußen, viele auf ähnlichen Reisen. Wir träumen von Ozeanabenteuern und verwirklichen sie, um einen guten Einfluss auf uns zu nehmen. Wir haben gute Ideen, verfolgen Projekte und Träume. Wir möchten etwas erleben und lernen, wollen uns verbinden und Teil von etwas sein. Wir möchten uns mit anderen vernetzen, mit jenen, die einfache, nachhaltige, minimalistische und unkonventionelle Lebensstile ehren. Wir sind besorgt über den Zustand des Planeten. Wir wollen einen positiven Beitrag leisten. Das Meer bringt uns so viel. Wir sind dafür verantwortlich, wieder Leben ins Blaue zu bringen. Wir bauen Brücken zwischen euch allen, zwischen all euren schönen Projekten und Abenteuern.«

Kitschig? Naiv? Vielleicht sind es nur die Worte jener, die sich das Recht nehmen, ein letztes Mal zu träumen. Vielleicht sind es auch nur die Worte jener, die noch wissen, was das eigentlich ist: Leidenschaft fürs Leben.

DER VIERTE MANN

ADO NOLTE

178

Es ist ein schönes Haus, das da am Hamburger Isekai steht, unversehrt thront es inmitten der Trümmer. Es ist das Jahr 1946, die Stadt nach dem Krieg zerbombt und zerschossen. Britische Soldaten patrouillieren auf den Straßen. Eine Million Menschen leben zusammengepfercht auf engstem Raum, über 100.000 Obdachlose hausen in Baracken. Es ist die Zeit des Kohlenklaus und des Schwarzmarkts. Die Menschen ausgemergelt, krank, vom Krieg gezeichnet.

Das Haus hat einen großen Eingang, vier Etagen, Stuck. Und es ist noch gut in Schuss, denkt sich der Hamburger Ado Nolte, als er schweigend im Treppenhaus steht. Er hat in diesen schweren Zeiten nach dem Krieg großes Glück. Das Haus, das er gerade vorsichtig betritt, hat er vor Kurzem geerbt. Es ist nun sein Eigentum. Nolte ist 22 Jahre alt. Ein kräftiger junger Mann, zwei Meter groß, tiefe Stimme. Er weiß nicht so recht, was er mit seinem Leben anfangen soll, jetzt nach dem Krieg. Eine Lehre zum Kaufmann? Vielleicht nach Wien, Schauspielschule? Verwandte werden später über Adonias Nolte sagen, dass er eher ein Abenteurertyp gewesen sei. Er sucht das Weite, hat schon immer fernab der großen Versammlungen geweilt. In späteren Jahren soll er einmal am Starnberger See leben. Aber dort kann er nicht weit genug in die Ferne blicken. Bald zieht er wieder fort.

In den Jahren nach 1946 geht Hamburg gebeugt seinen Weg. Graugesichtig und in Lumpen gehüllt, hocken die Deutschen auf den Tauschmärkten. Aus der Sowjetunion strömen die Kriegsgefangenen zurück in die Heimat, schweigende Schatten auf Krücken. In Konstanz wird Brechts *Mutter Courage* in Deutschland uraufgeführt.

Nolte interessiert das alles nicht. Er hat einen Traum, den viele in diesen Jahren haben: raus aus Deutschland. Ein neues Leben beginnen. Ado Nolte träumt von Brasilien. Da ist es warm, es gibt genug zu Essen, Früchte, Palmen, Mädchen, den Zuckerhut. Und er will segeln. Er ist schon immer gesegelt, als Knirps und Jugendlicher in kleinen Jollen auf der Elbe. Ja, Südamerika soll es sein.

Ado Nolte lebt zu dieser Zeit in der Gryphiusstraße in Hamburg-Winterhude. In das weiße Haus am Isekai wird er nicht einziehen. Er verkauft es. Was ist schon ein Haus gegen das Meer?

Hamburg im Frühjahr 2008. Ein Vorort unweit der Elbe. Jutta Nolte, inzwischen über 70 Jahre alt, sitzt an ihrem Esstisch und erzählt von ihrem Mann Ado, der vor sechs Jahren verstorben ist. 1959 hatte sie ihn kennengelernt, sie war damals eine der frühen Stewardessen bei der Lufthansa. Sie kennt Noltes Geschichte, seinen Lebensweg. Nur über seine unglaublichen Wochen auf hoher See, damals nach dem Krieg, hat ihr Ado nie viel geredet. Es gibt kaum Dokumente darüber, kaum Erinnerungen.

Jutta Nolte breitet eine große Karte auf dem Tisch aus, eines der wenigen Zeugnisse, die von der vergessenen Reise ihres Mannes übrig geblieben sind. Wenn man sie auseinanderfaltet, knistert sie wie frisches Holz auf einem Lagerfeuer. Es ist keine gewöhnliche Seekarte. Sie ist von Hand gezeichnet, auf einem riesigen Bogen Brotpapier, wie man es nach dem Krieg benutzte, bräunlich, leicht transparent. Mit Bleistift ist auf dieser Karte fast der gesamte Atlantik umrissen. Die Deutsche Bucht, die zerfranste Westküste Großbritanniens, Spanien, Afrika, die Kanaren, die Kapverdischen Inseln und die Ostküste Südamerikas bis nach Bahía Blanca in Argentinien, südlich von Buenos Aires.

Die Seegebiete sind in gestrichelten Quadranten eingezeichnet, Längengrade, Breitengrade. Ganz oben links, bei Neufundland, der sauber geschriebene Vermerk: »Oktober, 1 mm Windpfeil entspricht 2 Prozent.« Darunter markieren Pfeile die Meeresströmungen, ihre Richtungen und Stärken in Federn und Zacken, dazu gibt es entsprechende Knotenangaben.

Ein, zwei Bleistifte müssen ihre Seelen auf dieser Karte gelassen haben. Sie wimmelt nur so von Windangaben, nautischen Symbolen, Tagesetmalen. Mit blauem Buntstift sind die Grenzen des Nordostpassats eingezeichnet. Mitten über die Karte zieht sich eine rote Linie: die Seestrecke von Deutschland bis nach Rio de Janeiro. Unten rechts der letzte Vermerk: »75 Seetage, 7844 Seemeilen. In Mittagsetmalen.«

Eine solche Karte konnte keiner zeichnen, der nur auf der Elbe gesegelt war. Diese Karte konnte nur zeichnen, wer den Atlantik wie seine Westentasche kannte. »Der Heinrich«, sagt Jutta Nolte.

Sommer 1947. Ado Nolte hat für das Haus, das er von seinen Eltern geerbt hatte, Geld bekommen. Es ist in diesen Nachkriegsjahren nicht sonderlich viel Geld, aber doch genug für seinen verrückten Traum. Verrückt? Was ist schon verrückt nach diesem Krieg? Gar nichts ist mehr verrückt, verwegen oder heroisch. Noch nicht einmal das: Ado Nolte will sich anstelle des Hauses eine Yacht bauen lassen. Eine große, schöne Yacht. Seetüchtig soll sie sein, schnell und geräumig genug, um auf ihr zu leben.

Direkt nach dem Krieg eine Segelyacht zu bauen, ist kein leichtes Unterfangen. Die Menschen haben andere Probleme, die Werften müssen beim Wiederaufbau der Städte helfen. Ado Nolte hört sich um, er kennt Leute in den Hamburger Yachtclubs. »Geh nach Eckernförde«, raten sie ihm. »Geh zur Siegfried-Werft. Die bauen dir deine Yacht.«

Ado Nolte nimmt sein Geld und fährt nach Eckernförde. Und tatsächlich, die Werft sagt zu. Sie werden ihm eine Yacht bauen, aber er muss selbst mit anpacken. Bald diskutieren sie Pläne, den

Riss der Yacht, den Innenausbau. Sie legen die Segelgrößen fest, das Gewicht des Kiels, die Anzahl der Kojen. Ado Nolte kauft Holz, er fährt es mit einem Trecker zur Werft. Der Traum wird Wirklichkeit. Fast zwei Jahre dauert der Bau der Yacht. Als sie fertig ist, steht sie vor der Werfthalle. Das schöne Haus am Isekai – umgewandelt in eine seetaugliche, weiße Schönheit. Eine 14 Meter lange Yawl mit Besanmast, gebaut nur aus Holz: Fichte, Eiche, Teak. Die Aufbauten sind flach, der Rumpf schlank. Die Yacht besitzt Baumwollsegel, sechs Kojen, eine kleine Kombüse und einen Diesel. 1948 geht das Schiff zu Wasser. Die Korken knallen. Die Yacht trägt den Namen MAGELLAN.

Ado Nolte verholt sein neues Boot an die Elbe, unter immer wieder staunenden Blicken. Wer drei Jahre nach dem Krieg auf einer nagelneuen Yacht daherkommt, ist ein Exot. Ein bunter Hund mit Geld. Dabei will Nolte alles, nur nicht auffallen. Die alliierten Besatzer sind skeptisch, kein Deutscher darf unkontrolliert das Land verlassen. Jeder könnte ein wichtiger Zeuge von Kriegsverbrechen sein, ein Schmuggler, einer der alten Schergen.

Aber Ado Nolte hat noch ein anderes Problem. Er kann zwar auf der Elbe segeln, kann kleine Jollen und Jugendkutter bis nach Krautsand steuern, bis zur Rhinplate oder hinauf in die Seitenarme von Stör und Oste. Doch hat er noch nie eine ausgewachsene Yacht bedient, sich noch nie auf hohe See hinausgewagt. Navigation, Wetterkunde, Sturmpraxis – von all dem hat er keine Ahnung. Damit aber nicht genug, denn es würden noch andere Schwierigkeiten auf dieser Reise warten. Patrouillenboote der Briten und Amerikaner kontrollieren die Seegebiete vor der Elbe- und Wesermündung. In der Nordsee und in der Biskaya treiben überall noch Seeminen. Eine deutsche Yacht würde da schnell auffallen, wollte sich jemand mit einem solchen Vehikel davonstehlen. Es würde also gefährlich werden. Nicht nur wegen Wind und Wetter.

Ado Nolte aber hat einen Plan, und der geht ihm nicht mehr aus dem Kopf. Er will nach Brasilien, Südamerika, und dafür muss er 8.000 Seemeilen über offenes Meer. Er braucht jemanden, der mit ihm segelt. Jemanden, der sich auskennt.

Jutta Nolte legt ein großes braunes Buch auf ihren Esstisch. »Sie hatten damals nicht viel an Bord, aber dieses Buch war dabei«, sagt sie. Es ist das *Segelhandbuch für den Atlantischen Ozean*, herausgegeben von der Deutschen Seewarte der Kaiserlichen Marine in Hamburg im Jahr 1910. Das Buch hat Salzwasserflecken, es riecht nach altem Papier. Dann kramt Jutta Nolte noch zwei alte Fotoal ben hervor. Darin kleben Schwarz-Weiß-Fotos und ein Stück Pergamentpapier, auf dem Ado Nolte damals sämtliche Seemeilen und die angelaufenen Häfen nachträglich mit Schreibmaschine festgehalten hat. Viel mehr existiert nicht von der Reise.

»Es waren auf der Fahrt noch zwei Freunde mit an Bord«, sagt Jutta Nolte. »Aber auch sie besaßen keine Hochseeerfahrung.« Ado Nolte brauchte damals also noch eine weitere Hand. Einen vierten Mann, der genug Erfahrung mitbringen würde. Einen, der den Atlantik kannte. Das Meer und seine Winde, die Schiffe und das Segeln.

Hamburger Hafen, 1948. Ado Nolte klappert in diesen Wochen die Pinten unten an den Landungsbrücken ab, dort, wo die Menschen heimlich Zigaretten tauschen und sich für Jobs im Hafen und auf den Schiffen bewerben. Nolte spricht mit Barkassenkapitänen, Dockarbeitern, Seeleuten. Nach Brasilien? Die meisten gucken ihn an und führen die Zeigefinger an die Stirn. Bis irgendjemand ihm nach einigem Überlegen sagt: »Ich habe eine Adresse, frag mal diesen Mann in Kiel, der ist zur See gefahren.«

Nolte kontaktiert den besagten Mann, und die beiden treffen sich einige Tage später tatsächlich. Wo genau, ist nicht bekannt. Nolte erzählt dem Mann schließlich von seinem Plan. Südamerika, weg von Deutschland, und ja, die Yacht sei bereits fertig. Der Mann aus Kiel hört zu, er sagt nicht viel. Als Nolte ihn fragt, ob er sich vorstellen könne, als Partner mit an Bord zu gehen, kommt zuerst nichts. Aber Nolte hakt nach, bleibt beharrlich. Ob er sich nicht vorstellen könne, das Boot und die Männer sicher über den Atlantik zu bringen? Er sei doch zur See gefahren, oder? Der Mann sagt noch immer nicht viel. Er überlegt, will Bedenkzeit. Ja, er würde das wohl hinkriegen, sagt er noch.

Nach einigen Tagen treffen sie sich erneut. Der Mann aus Kiel macht nicht viele Worte. Aber er sagt zu. Und er habe auch schon einen Plan, wie sie es anstellen könnten.

Auf Weser und Elbe sind Regatten inzwischen wieder erlaubt, die Seglerszene hat sich nach dem Krieg schnell wieder zusammengerauft. Bei einer dieser Regatten, so der Plan, würden sie mit rausfahren, würden sich dann absichtlich zurückfallen lassen und warten, bis die Nacht kommt. In der Nacht würden sie schließlich nicht wieder stromaufwärts segeln, sondern nach Norden, weit hinaus auf See. Danach runter durch den Englischen Kanal, die Biskaya, vorbei an Gibraltar und weiter nach Süden. Wenn sie es durch die Nordsee schaffen würden, sagt der Mann, wäre es ein Leichtes. »Ich kenne all diese Seegebiete.« Viel mehr ist aus dem Mann aus Kiel nicht herauszubekommen.

Es ist nicht bekannt, ob Ado Nolte wusste, wen er vor sich hatte. Der Mann aus Kiel heißt Heinrich Lehmann-Willenbrock und ist U-Boot-Kommandant aus dem Zweiten Weltkrieg. Ein Fregattenkapitän mit Auszeichnungen, Träger des Eisernen Kreuzes 1. und

2. Klasse, Träger des Ritterkreuzes und des Ritterkreuzes des Eisernen Kreuzes mit Eichenlaub. Mit U-96 – das zu den »Grauen Wölfen« gehörte – ist Lehmann-Willenbrock 256 Tage auf See gewesen. Acht Feindfahrten und 180.000 Bruttoregistertonnen stehen auf seiner Liste: 25 versenkte alliierte Schiffe.

Im Krieg war Lehmann-Willenbrock später Chef der 9. U-Bootflottille in Brest gewesen, das Symbol auf dem Turm seines Bootes war der lachende Sägefisch. Lehmann-Willenbrock ist eines der sagenumwobenen »Asse«. Was Nolte noch nicht wissen kann: Mit Lehmann-Willenbrock wird er einen Mann an Bord haben, der später zur Legende werden soll. Er stand Pate für »den Alten«, den Lothar-Günther Buchheim in seinem Buch *Das Boot* verewigte. Dieser Lehmann-Willenbrock ist der echte Kapitän, den Jürgen Prochnow Jahre später in dem gleichnamigen Film verkörperte – das Gesicht des deutschen U-Boot-Krieges.

Auf den Schwarz-Weiß-Fotos ist der echte »Alte« von 1949 zweimal zu sehen. Er ist damals 38 Jahre alt, trägt Karohemd, einen kurzen, fusseligen Bart. Er hat schmale Lippen, eine spitze Nase, zwei tiefe, waagerechte Furchen auf der Stirn. Ado Nolte nennt ihn nur »Heinrich«.

Sie verholen die Yacht bald an die Weser und verstecken das Schiff nahe des Schilfufers. Mit einem Beiboot schaffen sie Ausrüstung und Proviant an Bord. Bekannte und Familien geben ihnen Lebensmittel mit. Sie bunkern Zwiebeln und Kartoffeln und suchen sich einen Bäcker, der ihnen, damals üblich, Schwarzbrot in Dosen verkauft.

Ado Nolte, seine beiden Freunde und der ehemalige U-Boot-Kommandant sind dünn wie Spargel, als sie am 11. September 1949 an Bord der Yacht gehen und über Brake an der Weser auslaufen. Sie mischen sich unter das Regattafeld, lassen sich zurückfallen. Alles läuft nach Plan. Nachts drehen sie nach Norden ab, in Richtung

Schottland. Ado Nolte zeichnet als Skipper, während Lehmann-Willenbrock die seemännische Verantwortung trägt.

In einem weiten nördlichen Bogen fahren sie durch die Nordsee und umschiffen die Westfriesischen Inseln auf der Höhe der Doggerbank. Wie Lehmann-Willenbrock die Seeminen ausmacht und umfährt, ist Nolte ein Rätsel. Er soll kaum ein Wort gesprochen haben, nur hier und da ein schmallippiges Kommando. Ende September laufen sie im Zickzack durch den Englischen Kanal. An der Westküste Frankreichs ziehen Calais, Le Havre und Brest vorbei. Hier war Lehmann-Willenbrock vor wenigen Jahren noch stationiert. Von dieser Küste liefen die meisten deutschen U-Boote aus, 32.000 von 39.000 Männern kehrten nie zurück. Sie gingen für immer auf Tiefe.

Ado Nolte macht nach der Passage des Kanals einige Einträge ins Fotoalbum. »Nach dem vielen Wind und der Nässe: Sachen trocknen!« Auf den nächsten Bildern sind die Segler zu sehen, bärtig, hager, mit Wollmützen auf den Köpfen.

Die Stimmung an Bord soll nicht die beste gewesen sein, es mag Streit gegeben haben. Der U-Boot-Kapitän ist die ganze Fahrt über still. Flach liegt die MAGELLAN im Wasser, damals eine elegante, moderne Yacht. Nolte notiert: »Im Nordatlantik Höhe Vigo – es wird langsam wärmer. Ich freue mich über den guten Stand der Segel. 7 Knoten Fahrt.« Hier und da werden die beiden Bekannten von Ado Nolte erwähnt. Über U-Boot-Mann Lehmann-Willenbrock fällt kein Wort.

»Ado hat nie viel von ihm erzählt«, erinnert sich seine Frau heute. »Von seiner Zeit auf den U-Booten kam offenbar nichts über seine Lippen.« Jutta Nolte sollte den berühmten Fregattenkapitän später noch persönlich kennenlernen. Ado Nolte und Lehmann-Willenbrock trafen sich Jahre nach der Brasilienreise noch einige Male wieder und segelten zusammen mit ihren Frauen im Mittelmeer.

Die Fahrt nach Rio indes verläuft weithin unspektakulär. Mitte Oktober erreichen sie Funchal auf Madeira, Ende Oktober Las Palmas auf den Kanarischen Inseln. Ado Nolte schickt eine Postkarte an einen Freund in Hamburg: »Die Reise verläuft mal so, mal so. Haben viel Arbeit. Wir haben erst auf Madeira gefeiert, da aber gründlich. Nächster Hafen Sao Vicente, Kapverden. Weihnachten: Rio de Janeiro.«

Vier Männer in einem Boot auf dem weiten Meer, die dem Äquator entgegenfahren. Nachkriegsdeutschland ist jetzt weit weg. In der Heimat titeln die Zeitungen im Oktober 1949: »Eine halbe Million deutsche Kriegsgefangene noch nicht heimgekehrt«. Die Krupp-Werke in Essen, die Häfen und weite Teile des Landes liegen noch immer in Schutt und Asche. Täglich explodiert unkontrolliert alte Wehrmachtsmunition und reißt bis zu 40 Meter tiefe Krater in die deutsche Erde.

Mitte November verlässt die MAGELLAN die Kapverden in Richtung Rio. Auf dem Brotpapier verzeichnet Lehmann-Willenbrock penibel alle nautischen Vorkommnisse. Windrichtungen, Windstärken, Strömungen. Ende November stehen sie 400 Seemeilen östlich von Bahía, im Schnitt haben sie 104 Seemeilen pro Tag geschafft. Auf den Fotos ist Lehmann-Willenbrock an Deck zu sehen, wie er mit einem Sextanten die Sonne schießt. Einige Male kommen sie sehr nah an Frachtern vorbei. Lehmann-Willenbrock verzieht sich jedes Mal unter Deck. Schweigt.

An Bord der Yacht segelt neben dem Traum von Ado Nolte noch eine zweite Geschichte mit. Eine Geschichte, die noch keine Worte und keinen Ausdruck gefunden hat. Eine Geschichte des Unsagbaren.

Anfang Dezember erreichen sie Rio. Vielleicht haben sie gefeiert, Rum getrunken, die Copacabana besucht. Es soll Streit gegeben haben, die Männer trennen sich. Ado Nolte hat kaum noch Geld übrig. Er wird draußen vor einem bekannten Yachtclub auf Reede liegen, mit dem Beiboot an Land rudern und in Rio neue Kontakte knüpfen. 1951 muss er seine Yacht verkaufen.

Nolte findet einen Job in Rio, Im- und Export, in den nächsten Jahren arbeitet er sich schnell nach oben. Ado Noltes Traum von der weiten Welt endet in einer Karriere an Land. Er reist viel – São Paulo, Argentinien – und wird Verkaufsleiter. 1959 lernt er schließlich seine Frau Jutta kennen, 1963 betreten sie einen Dampfer und reisen zurück nach Deutschland. Ado Nolte nimmt einen Job bei Pepsi-Cola an.

Auch der ehemalige U-Boot-Kapitän Lehmann-Willenbrock weilt einige Zeit in Südamerika. Später kehrt er ebenfalls nach Deutschland zurück, 1969 wird er Kapitän auf der OTTO HAHN, dem ersten atombetriebenen Schiff Deutschlands. 1981 kommt *Das Boot* in die Kinos. »Der Alte«, der in Wirklichkeit Heinrich hieß, wird das Gesicht des deutschen U-Boot-Kriegs. Ein Antiheld. Ein ausgemergeltes, bärtiges Sinnbild wider das Grauen. »Wir haben ihn in späteren Jahren noch zweimal beim Segeln in der Ägäis getroffen«, erinnert sich Jutta Nolte an ihrem Esstisch unweit der Elbe. Lehmann-Willenbrock hat in diesen Jahren ein eigenes Segelschiff, auf das er sich gern zurückzieht.

»Wir saßen des Öfteren zusammen an Bord, er war ein sehr bescheidener Mann, sehr ruhig und unaufgeregt. Er erklärte uns die Sternenkunde, saß gern im Cockpit unter offenem Himmel. Er liebte seinen Drink am Abend, aber er hatte eine eiserne Regel: erst, wenn die Sonne untergeht.« Von den U-Booten habe er nie ein Wort gesprochen. Niemals.

Nur eine Situation gab es, an die sich Ado Nolte sein Leben lang erinnern sollte. Auch Jutta Nolte kennt diese Anekdote noch heute. Es ist lediglich eine Randnotiz, an deren Ende ein einziger Satz steht.

Vor der französischen Küste bei der Île de Ouessant waren sie auf der Fahrt nach Brasilien in einen schweren Sturm geraten. Die Wellen wurden höher und höher, das Schiff krängte, immer mehr Druck lastete auf den Wanten, Planken und Verbindungen. Die Yacht nahm bald Wasser, viel zu viel Wasser. In der Bilge stieg der Pegel, und das eindringende Salzwasser schwappte schon über die Bodenbretter. Das Schiff war kaum mehr zu steuern und trieb gefährlich nah auf die Küste zu. Der Sturm dauerte drei Tage, alles flog kreuz und quer durch die Kajüte.

Ado Nolte war mit den anderen beiden unter Deck, sie pumpten das Wasser mit aller Kraft aus dem Boot, und nur zwei Handlenzpumpen standen ihnen damals zur Verfügung. Sie taten dies zwei Tage und zwei Nächte lang, am Ende unter Schmerzen, bis sie nicht mehr konnten. Ado Nolte legte sich kurz hin, ging dann hinaus ins Cockpit, wo Lehmann-Willenbrock im Sturm hinter dem Steuerrad saß. Er war der Einzige, der die Yacht in den meterhohen Wellen noch auf Kurs halten konnte.

»Wir können nicht mehr«, sagte Nolte.

Lehmann-Willenbrock soll ihn mit ruhigen, gleichgültigen Augen angesehen haben. Erst sagte er nichts. Dann sagte er durch den rasenden Wind: »Dies ist eine sehr einfache Angelegenheit, mein lieber Ado. Entweder ihr pumpt jetzt, oder wir saufen ab.«

KEINE KLEINIGKEIT

FRANK
DYE

190

Das Objekt, an dem sich die Geister schieden, hängt frei schwebend in der großen Halle des Museums. Selbst wer oben auf der Galerie steht und seinen Arm ausstreckt, kommt nicht heran, kann und darf es nicht berühren. An dünnen Drahtseilen schwebt die WANDERER in fünf, sechs Metern Höhe neben vielen anderen kleinen Segelbooten, die Geschichte geschrieben haben. Ihnen hat das National Maritime Museum Cornwall in Falmouth gleich eine ganze Ausstellung gewidmet. Einen Saal, so groß wie eine Werft.

Aus der Sammlung all der hübschen Jollen sticht eine heraus. Nicht wegen ihres hellblauen Freibords, nicht wegen des noch immer hellgrün gepönten Unterwasserschiffs und nicht wegen des spitzen Schwertes, das wie eine umgekehrte Orcaflosse nach unten zeigt. Die Jolle namens WANDERER, die da mit Mast und den beiden alten Segeln voll aufgeriggt im Museum unter der Decke hängt, fällt aus dem Rahmen, weil sie ein Unikum ist. Weil sie für eine britische Heldengeschichte steht, für ein verschrobenes Stück Wahnsinn, für den wiederholten Ritt zwischen Leben und Tod – und somit auch für Fragen, über die viele bis heute diskutieren: Was darf ein Mensch? Was ist ein Leben wert? Wo endet das Abenteuer – und wo beginnt das Spiel mit dem Tod? Und: Wie weit kann, wie weit darf es einer treiben, wenn es um das geht, was sich getrost blanke Leidenschaft nennen ließe?

Das sagenumwobene Segeldingi, das da vor den Besuchern im Museum schwebt, hatte allemal das Zeug dazu, in dieser Hinsicht eine hitzige Debatte zu entfachen. Fragen aufzuwerfen, die über das Segeln hinausgehen. Dabei ist das Boot eher eine Winzigkeit. Die Jolle der Wayfarer-Klasse ist gerade mal 4,83 Meter lang, 1,85 Meter breit und hat eine Masthöhe von 6,88 Metern. Ein Knickspanter, 1957 von Ian Proctor als Schul- und Wanderjolle entworfen. Ersonnen und bemessen, um auf Seen zu segeln oder in Küstennähe bei leichten Winden. Die Segel besitzen nur knapp über 13 Quadratmeter Fläche, das Gewicht des gesamten Vehikels: lächerliche 170 Kilogramm.

Doch sind bekanntlich nicht immer die Maße entscheidend, sondern das, was man mit ihnen anstellt. Und spätestens hier kommt er ins Spiel, ein schlanker, drahtiger Mann mit überdimensionierter Brille auf der Nase. Ein 1928 in Norfolk geborener Brite, der nunmehr seit einigen Jahren tot ist. Ein Autohändler, der in die Segelgeschichte einging, der gefeiert und verdammt wurde. Ein britischer Haudegen und Wahnsinnssegler im Wortsinn. Ein Lebenskünstler vielleicht – ein mit allen Wassern gewaschener Abenteurer auf jeden Fall.

Sein Name: Frank Charles Dye. Berühmt und berüchtigt wurde er, weil er mit seiner besagten Jolle namens WANDERER Dinge anstellte, bei deren bloßer Beschreibung den meisten angst und bange wird. Weil er mit seinem kleinen Segelboot Sachen machte, für die er lebte und die er liebte. Mit seiner Nussschale brach Frank Dye vor über 50 Jahren zu Reisen auf, für die einige diesen Mann bis heute verehren, während andere ihn noch posthum für verrückt erklären.

Dye war Anfang 30, als er mit dem Segeln begann. Zunächst war nichts Spektakuläres dabei: Er saß in kleinen Jollen, begann auf Seen und Flüssen und steuerte höchstens einmal kurz hinter die Matschbänke der Tidenreviere hinaus, von wo aus man die offene See nur erahnen konnte. 1958 kaufte er sich die erste von mehreren Wayfarer-Jollen. Er trainierte viel und verbrachte fortan jede freie Minute auf dem Wasser. Bereits 1959 ging er mit seiner Jolle zum ersten Mal auf See und segelte die britische Nordostküste bis nach Schottland hoch. Schon diese erste längere Fahrt kam einem Unternehmen gleich, für das die kleine Jolle nicht wirklich erdacht, nicht wirklich konstruiert worden war. Doch das sollte Dye schon bald nicht mehr reichen.

So querte er den Englischen Kanal, fuhr mit seinem kleinen offenen Boot durch die Deutsche Bucht, teils nördlich der Inseln, nördlich der schützenden Baljen und Seegatten. Schon das ein Unterfangen, aufgrund dessen ihn einige der damaligen Seenotretter und Küstenbewohner für lebensmüde erklärten. Aber wer wusste schon von Frank Dye? Er war ein Unbekannter, irgend so ein verschrobener Typ aus England, der eine Brille trug, so groß wie zwei Brenngläser.

Frank Dye arbeitete seine Törns im Stillen aus, und dabei wanderten seine Finger auf den Seekarten immer weiter übers Papier. So strich er über die Breitengrade, mal weiter südlich, mal weiter nördlich, und dabei muss ihm das Wasser seltsam im Munde zusammengelaufen sein.

1961 wollte er von Nordschottland aus zu den Shetlands segeln. Und diese Inselgruppe lag schon ziemlich weit nördlich, vor allem eingedenk der Ausmaße seines Vehikels. Die Strömungen in diesem Meer sind gewaltig, oft schieben sich die Wassermassen mit 5, 6 Knoten durch die Sunde und Engen, und von North Ronaldsay bis zur nächsten Landmasse sind es immerhin 50 Seemeilen. Fair Isle schließlich liegt ungeschützt im offenen Nordatlantik, ein Körnchen in der Wüste, und danach würden noch einmal 50 Seemeilen warten bis nach Sumburgh auf den eigentlichen Shetlandinseln.

Dye, von Seemeilen und Strömungen so schnell nicht einzuschüchtern, brach dennoch wohlgemut auf. Allerdings erlitt er auf dieser Fahrt schon bald Mastbruch und musste umkehren. Doch müssen diese Seemeilen nach Norden etwas mit ihm gemacht haben, denn trotz der kleinen Havarie schien er nur noch mehr Gefallen an Eskapaden ähnlicher Natur zu finden. An kaltem Salzwasser, viel Wind und haarsträubenden Momenten auf dem Meer. Die englische Segelpresse war inzwischen auf ihn aufmerksam geworden und berichtete ab jetzt regelmäßig, wenn der segelnde Autohändler mal wieder eine Fahrt plante – und sie dann auch jedes Mal wirklich antrat.

Im Jahr 1963 brach er schließlich zu einer Reise auf, die ihm den Ruf eines der radikalsten Kleinbootsegler der Geschichte einbrachte. Dye hatte inzwischen einen Vorschoter gefunden, der diese nächste Fahrt mitmachen würde, den Engländer Russell Brockbank, einen Korporal der Royal Air Force. Sie stauten Proviant für 18 Tage an Bord des winzigen Bootes, dazu zwei Gallonen Öl und einen Satz trockener Kleidung. Ansonsten waren an Bord: ein Kompass, ein Sextant und drei Ösfässer zum Schöpfen. Mehr nicht. Keine Koje, keine Kombüse, kein Unterschlupf. Über ihnen nichts als der offene Himmel, Regen, Wind und Sturm. So wollten sie aufbrechen – und es mit ihrer Jolle bis nach Island schaffen.

In der Presse, auch in den Segelmagazinen, meldeten sich erste Kritiker zu Wort. In den Kommentaren war hier und da das Wort »Selbstmord« zu lesen. Andere schüttelten nur die Köpfe.

Ende Juli 1963 setzen sich Dye und sein Kompagnon in die schmale WANDERER und fahren vom schottischen Kinlochbervie im weiten Nordwesten auf den offenen Nordatlantik hinaus. In elf Tagen werden sie 650 Seemeilen zurücklegen und bei Temperaturen nur knapp über dem Gefrierpunkt zwei Stürme der Stärke 8 bestehen. Ihnen wird ein Teil des Riggs brechen und das kleine Boot immer wieder volllaufen. Per Hand müssen sie schöpfen und lenzen, was die klammen Finger hergeben. Sie frieren und hungern und gehen beim Kentern ab und zu sogar über Bord. Es ist ein Trip ohnegleichen, ohne Vorbild. Zudem: ohne Funk und ohne Schutz. Ohne

Rückendeckung und ohne Polster. Und doch überstehen die beiden am Ende die Reise und landen Mitte August auf der isländischen Insel Heimaey.

In England hält Frank Dye daraufhin Vorträge und wird bekannt als der »Madman«, der Derwisch des Atlantiks. Und nun erhitzen sich die Gemüter. Einige werfen ihm Suizidlust vor, sprechen von verantwortungslosen Unternehmungen, die mit Seemannschaft nichts zu tun hätten. Auch das deutsche Segelmagazin *Yacht* schickt einem Artikel von Dye, der ins Deutsche übersetzt und im Blatt abgedruckt wird, damals eine ausdrückliche Warnung hinterher: »Wir teilen nicht die Ansicht des Autors, dass man in einem kleinen offenen Boot ohne Weiteres auf See segeln kann – schon gar nicht im Nordatlantik.«

Frank Dye allerdings erinnert sich in seinem Artikel an noch deutlich haarigere Situationen, als er etwa in der Deutschen Bucht, wie er schreibt, »von acht Windstärken überfallen« wird und »beinahe auf den Sänden der Weser strandet«. Seinen Bericht über die Fahrt nach Island schließt er mit einem nüchternen Lobeslied auf die Tüchtigkeit seiner Jolle sowie den lapidaren Worten: »Zehn Tage in einem offenen Boot auf See sind das Äußerste, wenn die Reise Freude machen soll; dauert sie länger, wird daraus harte Arbeit.«

Auf einer Bootsmesse lernt Dye 1963 seine Frau Margaret kennen, und es bleibt bis heute unklar, ob sie wusste, worauf sie sich einließ. Die beiden heiraten bald und segeln in den Flitterwochen nach St. Kilda, zu den entlegensten und windgeprüftesten Inseln der Äußeren Hebriden, vor denen schon Dutzende Yachten in Seenot gerieten, wo die atlantischen Stürme regelmäßig die Häuser abdecken und die Inseln für Tage von der Außenwelt abschneiden. Natürlich segeln die beiden mit Dyes kleiner Jolle namens WANDERER.

Es werden insgesamt schöne Flitterwochen, ganz nach Dyes Geschmack. Doch auch seine Margaret scheint es durchaus zu genießen. Sie verbringen Tage unter blankem Himmel, ziehen die Jolle auf die Strände und kehren in den Pinten der Fischer ein. Dabei hatten Freunde wie auch der Vater von Margaret sie gewarnt: »Tu es nicht, geh nicht mit diesem Mann segeln, er wird dich umbringen.«

Dye hatte inzwischen bereits mehrere Hochseefahrten in seiner Jolle überstanden. Gern bezeichnete er seine Ausfahrten als »gelungene Sommerurlaube«. Schon 1960 war er übers Skagerrak ins norwegische Kristiansand gesegelt, 1962 die norwegische Küste hoch, bis nach Ålesund. Ein Jahr zuvor hatte er seinen bis dahin waghalsigsten Törn überlebt: einmal quer über die Nordsee nach Norwegen. Unterwegs rissen ihm Klampen und Stage, er geriet in den Nebel und trieb in meterhohen Wellen – doch stets kamen er und seine auserwählten Vorschoter lebend davon. Darunter war bald auch ein weiterer Mann namens Brockbank. Diesmal: Bill Brockbank. Ein Jollensegler, der, nachdem er fasziniert einem Vortrag Dyes gelauscht hatte, partout auf eine seiner Touren mitwollte. Dye sagte erst: »Vergiss es!«, aber dieser Brockbank blieb hartnäckig. Bis Dye ihn auf eine Probefahrt mitnahm und seinen neuen Segelfreund schließlich zu immer herberen Fahrten einlud.

Und Dye schien nun sogar noch mehr Freude an seinen extremen Touren zu entwickeln. In England hatte er längst eine eingeschworene Fangemeinde, viele Segler und Nichtsegler allerdings zeigten ihm offen einen Vogel. In den Zeitungen standen Schlagzeilen wie diese: »Der Mann, der zur Hölle segelt«.

Frank Dye scherte sich nicht groß um die Urteile anderer. Er konterte mit seinen eigenen Weisheiten und Ansichten. Einmal sagte er: »Die Leute reden vom Respekt vor dem Meer, aber Respekt basiert auf Angst. Wenn die Faszination größer ist als die Angst, segele ich weiter. Wenn dies jedoch aus dem Gleichgewicht gerät, dann ist es Zeit, aufzuhören.« Ein andermal formulierte er: »Hochseesegeln in einem offenen Boot kann schwer, kalt, nass und einsam sein, aber es ist auch sehr aufregend. Du musst das Wetter nehmen, wie es kommt, da sind nur du selbst und dein Kamerad, auf den du dich verlassen musst. Du siehst den Sonnenuntergang über den gefährlichen Ozean kriechen – all das ist wundervoll und führt zu einem Selbstbewusstsein, das der modernen, mechanischen und sicherheitsbewussten zivilisierten Welt abgeht.« Worte, gesprochen Mitte der 1960er-Jahre.

Womöglich sind dies die Innenansichten eines Segelverrückten, der so verrückt vielleicht am Ende gar nicht war. Leute, die ihn kannten, sprechen eher von seiner Akribie, von Dyes beinahe fanatischer Hinwendung zu jedem noch so kleinen Detail. Er kümmerte sich um jede Messingschraube an seinem Boot, prüfte jedes Fall und jede Schot nicht einmal, sondern zehnmal. Obendrein hatte er sich mit Überlebenstechniken befasst, studierte vor seinen Fahrten Strömungen, Kaps und mögliche Ausweichbuchten; er las zudem in vielen Berichten, vertiefte sich in die Wetteraufzeichnungen der letzten 35 Jahre, machte sich schlau und bereitete sich vor, so gut es nur ging.

Etwas anderes bewunderten viele jedoch noch mehr als seine seglerischen Taten. Es war sein unerschrockener Geist, der viele fesselte und faszinierte. Seine Vorliebe für das schlichte alte Abenteuer, so wie man es schon damals immer weniger kannte. Das absolut Elementare, das nackte Erleben. Bill Brockbank, der als unerschrockener Vorschoter schließlich die härteste Tour nach Norwegen miterleben sollte, ist heute weit über 70 Jahre alt. Doch im Gespräch will er nicht so richtig über die Reisen von damals in den 1960er Jahren sprechen. Über seine Lippen kommt nur so viel: »Was soll ich heute noch dazu sagen? Frank ist tot, doch um ihn ging es, nicht um mich oder die anderen, die gelegentlich dabei waren. Er war die treibende Kraft, und wir haben immer nur mitgemacht. Wir waren nur die Statisten, die auf den Schultern eines Giganten standen.«

Seinen mit Abstand wildesten Ritt sollte Dye 1964 erleben. Der *Guardian* schrieb rückblickend: »Zwei Männer, eine Jolle und einige der glücklichsten Umstände, um dem Tod von der Schippe zu springen.« Wieder war es Juli, und wieder wollte Dye von Schottland nach Norwegen segeln, mit seinem Fockmann Bill Brockbank quer über die offene Nordsee. Sommerurlaub, ein kleiner Abstecher. Etwas »Nettes erleben«, wie Dye es ausdrückte. Am Ende wurde daraus eine unbeschreibliche Tortur. Sie wurden von einem schweren Sturm mit 50 Knoten Wind und über zehn Meter hohen Wellen erwischt und kenterten viermal. Das alles in der segelnden Kleinigkeit namens WANDERER. Die Fahrt ging weltweit durch die Presse, und Dye hatte danach endgültig seinen Ruf als todesverachtender Haudraufsegler weg – vor allem, weil er und Brockbank den 28. Juli 1964 mitten auf der Norwegischen See erlebten und überlebten – einen Tag, an dem ein besonders heftiger Sturm in die Annalen der Wetteraufzeichnungen einging.

Morgens um 8:30 Uhr ist die WANDERER bereits zweimal gekentert. Dye und Brockbank schwimmen in den Wellen, sie klammern sich am Schwert fest. Am Abend, im wieder aufgerichteten Boot, kommt eine hohe Welle auf sie zu. Laut Dye sollen gut fünf Meter brechendes Weißwasser auf sie herabgestürzt sein, und er wusste, dass sein Boot das nicht mitmachen würde. Die Jolle kippt, läuft voll und treibt abermals Schwert oben in der See. Dye kommentiert das später so: »Es war das dritte Mal an diesem Tag, dass ich dachte, jetzt ertrinkst du.« In einigen englischen Zeitungen steht danach zu lesen, dass diese Fahrt sogar Shackletons Husarenritt nach Südgeorgien überboten habe.

Nach fünf Tagen auf See kommen sie zunächst auf den Färöern an – ein dramatischer Landfall bei Wind und Welle. Die lokalen Fischer empfangen sie mit einem großen Fest. Drei Tage bleiben sie, schlafen sich aus und essen sich die verlorenen Kilos zurück auf die durchweichten Knochen. Am 24. Juli schließlich brechen sie zum großen Seestück auf: 450 Meilen bis an die norwegische Küste. Und seltsamerweise haben beide, Dye wie Brockbank, ein komisches Gefühl im Bauch. Eine Vorahnung, dass sie es diesmal vielleicht nicht schaffen werden.

Am nächsten Morgen türmen sich fünf Meter hohe Wellen auf, und Brockbank ist mal wieder ordentlich seekrank. Apathisch hockt er in der Jolle, hält aber stoisch durch und verrichtet seine Handgriffe. Die beiden kennen das schon. Dye hatte Brockbank nach der ersten Fahrt ein eisernes Durchhaltevermögen attestiert – der Hauptgrund, warum er überhaupt mitfahren durfte. Nachmittags erreicht der Wind abermals Sturmstärke. Sie nehmen alle Segel herunter, legen den Mast und bringen einen Treibanker aus schwerem Tuch aus, den sie am Bug befestigen. Das Boot verhält sich daraufhin »wie eine Wetterfahne«, erzählt Dye später. Frontal marschieren die Wellen auf sie zu, unter ihnen hindurch, über sie hinweg. Immer wieder brechen Sturzseen auf sie herab. Die beiden ducken sich weg wie die Passagiere eines notlandenden Flugzeugs.

Sie tragen lediglich Wollkleidung, darüber einfache Öljacken. An Schlaf ist nicht zu denken. Für Notfälle hat Dye Instrumente für Amputationen eingepackt sowie Morphium, genug, um damit ein Pferd zu töten. Das Funkgerät, das die beiden auf dieser Fahrt nach Norwegen dabeihaben, kann ganz bewusst nur empfangen, nicht senden. Es ist eines von Dyes kompromisslosen Prinzipien: niemals Hilfe rufen. Niemand soll sein Leben riskieren, um ihn zu retten. Also kein Notruf. Wenn schon absaufen, dann ohne Wenn und Aber. Dasselbe verlangt Dye von seinem Mitsegler. Verheiratete Männer schließt er darum von vornherein für seine Reisen aus. Und so sind es neben Bill Brockbank auch nur drei andere Männer, die er hier und da auf seinen Fahrten mitnimmt.

Sonntag und Montag vergehen, der Sturm hält an. Brockbank ist fix und fertig, er hat heftige Magenschmerzen. Weil sie lange nichts gegessen haben, steigt mit der Seekrankheit die Magensäure in seiner Speiseröhre empor. Sie lauschen dem Funkgerät, das nur empfangen kann. Und vernehmen – niederschmetternd nach den beiden wütenden Tagen – eine weitere, noch viel heftigere Sturmwarnung. Der BBC-Bericht vermeldet: nördlicher Wind östlich der Färöer, Stärke 9, Orkanböen.

Sie rechnen beide mit dem Tod, schreibt Dye später in seinem Buch *Ocean Crossing Wayfarer.* »Wir wussten wirklich nicht, ob wir den nächsten Sonnenaufgang noch erleben würden.« Es ist das erste Mal, dass Frank Dye bereut, einen Kameraden mitgenommen zu haben.

Der Wind wird bald so stark, dass sie kaum mehr atmen können, wie Brockbank sich in einem Interview erinnert. Sie sind zu flach über dem Wasser, Schaum und Gischt fliegen ihnen ins Gesicht. Dann reißt die Leine des Treibankers unter dem Druck. Sie nehmen zwei ihrer Rucksäcke, binden einen Anker und eine lange Leine daran fest und lassen die improvisierte Seebremse ins Meer. Es reicht nicht, um das Boot mit der Schnauze gegen die Wellen zu richten. Sie werfen auch noch das Großsegel als Treibanker ins

Meer. Doch die See ist das Problem. Brockbank: »Die Wellen kamen von allen Seiten, gut und gern zehn Meter hohe Pyramiden, die unberechenbar auf uns zu rollten.«

Immer wieder schwimmen die beiden Männer im kalten Meer, sichern den Treibanker und versuchen, die WANDERER vor Bruch und Untergang zu retten. Es ist nun kein Spiel mehr, es ist der Kampf mit dem Tod. Die beiden halten durch und denken sich immer wieder Neues aus, um das Boot oben zu halten. Brockbank sagt später: »Es hat nichts mit Mut zu tun, es ist reiner Instinkt. In so einer Situation tut man Dinge, die man sich vorher nicht vorstellen kann.«

Mit in Fetzen hängenden Segeln, gebrochenem Mast und einem halb vollgelaufenen Boot treiben sie nach überlebtem Sturm 180 Seemeilen vor der norwegischen Küste. Beide sind am Ende ihrer Kräfte. Doch reparieren sie notdürftig den Mast, schaffen es, das feuchte Wrack wieder halbwegs zum Segeln zu bringen. Und es folgt eine weitere Tat des Frank Dye, die seinen Durchhaltewillen ans Licht bringt.

Ein Trawler kommt in Sicht, kommt sogar nahe genug heran, dass sie hätten rot schießen können, um auf sich aufmerksam zu machen. Brockbank schläft. Dye weckt ihn nicht. Tut so, als würde er den Trawler nicht sehen. Er macht – nichts. Segelt weiter. Getreu seiner Devise: keine Hilfe. Allein oder gar nicht. Ende. Aus.

Dye und Brockbank schaffen die Strecke über den Nordatlantik – am Ende sind daraus unfassbare 650 Meilen geworden. Nach elf Tagen erreichen sie die norwegische Insel Nerlandsøya, rund 150 Kilometer nördlich von Bergen. Fischer schleppen sie in den Hafen und fragen, woher sie denn kämen. »Von den Färöern«, sagt Dye. Die Fischer sehen das Boot, sehen Brockbank, der während der letzten Tage acht Kilo abgenommen hat, und sagen: »Ihr seid wahnsinnig.« Und nur dieses eine Mal wird Dye den Vorwurf bestätigen. »Ja«, sagt er. »Da könnte was dran sein.«

Am nächsten Morgen geht er in Norwegen in die Kirche. Brockbank reist als Erster nach Hause. Fünf Tage später kommt er am Bahnhof von Liverpool an und realisiert erst hier, wie knapp er dem Tod entronnen ist. Mitten auf der Straße bricht er in Tränen aus.

Vom Segeln hatte Dye auch nach dieser Erfahrung noch lange nicht genug. Mit seiner Frau Margaret segelte er noch öfter an der englischen Atlantikküste und auf der Nordsee. Einmal verschiffte er seine WANDERER sogar in die Arktis, um sie dort zu wassern und zu segeln. Ein Unbekümmerter, ein Abenteurer Marke Eigenbau. Er schrieb einige Bücher über seine Fahrten, viel Aufsehen um seine Touren machte er jedoch nicht. In der Szene der Extremsegler wurde er zur Berühmtheit. Obwohl oder vielleicht gerade weil er sich niemals größeren, komfortableren Schiffen zuwandte. Seine geliebten Mini-Jollen segelte Dye fast bis ans Ende seiner Tage und hatte dabei vielleicht die Worte Jacques Tatis als Geleit im Sinn: »Wer sich zu groß fühlt, um kleine Aufgaben zu erfüllen, ist zu klein, um mit großen Aufgaben betraut zu werden.«

Frank Dye starb 2010 im Alter von 82 Jahren. Der Film *Summer Cruise* über seine Norwegenfahrt wurde in England zum Kultstreifen. Viele nennen Dye bis heute in einem Atemzug mit Leuten wie Ernest Shackleton und Ellen MacArthur. Jenen Mann mit der riesigen schwerglasigen Brille auf der Nase, der in seiner schwimmenden, 4,80 Meter kurzen Petitesse am Ende über 40.000 Seemeilen gesegelt war. Stets ohne Rettungsweste, ohne atmungsaktives Seezeug, ohne Kartenplotter.

Im National Maritime Museum in Falmouth steht im Mai 2016 Andy Wyke vor Dyes sagenhafter Jolle. Wyke ist selbst Segler, dazu gelernter Bootstechniker. Heute kümmert er sich um die Ausstellungen im Museum und restauriert die Schiffe und Exponate des Hauses. Als die Jolle 2002 erstmals hier ausgestellt wurde, kamen Frank Dye und seine Frau Margaret persönlich vorbei. Sie waren damals schon alt, wollten aber ihren kleinen Liebling noch einmal inspizieren und sehen, ob es ihrer WANDERER gut ging, die nunmehr für immer an Land bleiben sollte und da oben im Museum unter der Decke hing.

Andy Wyke hatte die beiden über die letzten Jahre gut kennengelernt. »Exzentriker waren sie schon«, sagt er. »Zwei passionierte Menschen, allerdings eher still, unaufgeregt.« Die beiden seien noch im hohen Alter oft in ihrem kleinen Campingwagen nach Falmouth gefahren, um ihre Jolle zu sehen, erzählt er. Sie hätten unten am Hafen in ihrem Bus geschlafen, seien ins Museum gekommen und hätten eine Tasse Tee getrunken. »Ich habe nie wieder jemanden wie ihn getroffen«, sagt Wyke. »Sein Enthusiasmus war unheimlich und extrem ansteckend.«

Andy Wyke zückt eine Postkarte, handgeschrieben von Margaret Dye, lange nach dem Tod ihres Gatten. Noch aus dem Altersheim in Norfolk schickte Franks Frau jahrelang zu Weihnachten eine Postkarte ans Museum. Diese Karte, eine der letzten, war nicht an Andy Wyke adressiert, auch nicht an den Museumsdirektor, sondern an die kleine Jolle namens WANDERER. Ein paar Zeilen, verfasst mit blauem Kugelschreiber. Unterzeichnet mit schönen Grüßen und der Frage, ob es ihr gut gehe.

DIE RAKETE
FRANÇOIS
GABART

204

Um kurz vor 10 Uhr an diesem Sonntagmorgen taucht das Raumschiff des François Gabart auf dem Meer auf. Über die Bretagne ziehen tiefe Wolken, ein feiner Nieselregen liegt auf der See. Es ist der dritte Advent 2017, und man könnte fast von einer Erscheinung sprechen. Wie eine Nadel ragt der 35 Meter hohe Mast des Trimarans MACIF neben der Landspitze von Saint-Mathieu in den Himmel, der Rumpf aus dieser Entfernung nur eine flache Silhouette, die über das Wasser zu schweben scheint. Sechs, sieben Schlauchboote haben sich am weitesten aus der Brester Bucht hinausgewagt, jetzt geben sie Vollgas, um einen Mann zu empfangen, der gerade wie ein neuer Heiliger von den Ozeanen zurückkehrt.

Vier Zahlen sind es, um die es am Ende geht. Vier Zahlen, die seit der letzten Nacht in die Segelgeschichte eingegangen sind wie ein Donnerschlag. Sie stehen für einen neuen Weltrekord, doch in diesem Fall reicht das Wort nicht ganz aus. In Frankreich spricht man vielmehr vom Möglichmachen des Unmöglichen. Von einem Wunder, einer neuen Dimension. Seit letzter Nacht benutzen sie in Frankreich darum auch gern dieses eine Verb. Wenn es darum geht, dass ein Mensch allein und in möglichst kurzer Zeit um die gesamte Erde segelt, hat der im westfranzösischen Department Charente geborene François Gabart alle bisherigen Rekorde nicht nur gebrochen, er hat sie »pulverisiert«.

Und das sind die Zahlen: 42 Tage, 16 Stunden, 40 Minuten, 35 Sekunden. So lange hat Gabart gebraucht, um von der Insel Ouessant bis zur Insel Ouessant zu segeln. Einmal um den Globus über den »Course au Large«: die Route um alle berüchtigten Kaps der Erde, eine Strecke, die – von Europa kommend und in Europa endend – durch die Südpolarmeere führt. Man muss diese Zahlen einordnen, um zu verstehen. Es ist die zweitschnellste Zeit, in der Menschen jemals unter Segeln den Planeten umrundet haben. Die schnellste Zeit schaffte im Januar 2017 Francis Joyon auf seinem

Trimaran IDEC. Allerdings hatte der eine ganze Mannschaft an Bord.

Gabart jedoch segelte allein – und war doch nur zwei Tage langsamer. Das wirklich Unfassbare vollzog sich auf dieser Reise denn auch in der Kategorie des Solosegelns um den Erdball. Bis um 2:45 Uhr und 35 Sekunden in der Sonntagnacht hatte der Franzose Thomas Coville hier noch den Rekord gehalten, mit einer Zeit, die praktisch als unschlagbar galt. Gabart jedoch unterbot Covilles Rekord nicht nur um eine Bootslänge – er war am Ende sechs Tage schneller, genauer gesagt: sechs Tage, zehn Stunden und 23 Minuten.

Es ist etwa so, als würde da einer Usain Bolts magischen Weltrekord knacken und die 100 Meter nicht in 9,58 Sekunden laufen, sondern mal eben in unfassbaren acht. Gabarts Leistung war darum auch nicht nur ein weiterer Segelrekord. Seine Fahrt ging in die Sportgeschichte ein. Und zog gleich einen ganzen Reigen weiterer Rekorde nach sich.

Gabart segelte das beste Etmal der Geschichte. Am Eingang zum Indischen Ozean schaffte er in strammen Südostwinden mit einem durchschnittlichen Speed von 35,4 Knoten 851 Seemeilen in 24 Stunden. Das waren 67 Meilen mehr als das bis dahin schnellste Etmal. Die nächste Bestmarkte folgte alsbald. Die Pazifikquerung von Tasmanien bis Kap Hoorn: sieben Tage, 15 Stunden, 15 Minuten. Auch die nächste kapitale Etappe fraß Gabart regelrecht in sich hinein. Von Kap Hoorn bis zum Äquator brauchte er nur sechs Tage, 22 Stunden und 15 Minuten. Zeiten, bei denen sich die restlichen Eckdaten seiner Reise nur noch wie Marginalien lesen.

Seine Durchschnittsgeschwindigkeit über die gesamte Strecke betrug 27,2 Knoten, der maximal erreichte Speed 39,2 Knoten, die gesegelte Distanz 27.859,68 Seemeilen. Es sind Fabelwerte, Traumdaten. Gleichzeitig aber auch Belege dafür, was aus einer Leidenschaft werden kann – wenn Passion zur Profession wird, Spaß zu knallhartem Sport, wenn modernste Technologie zur Ausstattung an Bord gehört, Satelliten und Berechnungsmodelle den Wind prophezeien und die Hydrodynamik dafür sorgt, dass Schiffe zu fliegen beginnen. Segeln gerät dann zur Operation, der Segler zu einem Astronauten der Meere. Und wenn dann alles zusammenkommt und die Zahlen stimmen, dann knallen in Brest schon am Morgen die Champagnerkorken. Dritter Advent hin oder her.

Draußen auf dem Wasser kommt der Trimaran näher. Es wehen nur 2 Windstärken, aber die Motorboote müssen Gas geben, um mitzuhalten. Mit 15 Knoten gleitet die MACIF in der Brise ihrem triumphalen Einzug in Brest entgegen. Mit Segeln, deren Fläche größer ist als zwei Tennisplätze. Mit drei schmalen Rümpfen, drei Rudern, zwei Foils, einem Schwert und einem Gewicht von nur 14,5 Tonnen. Im Inneren arbeiten mehrere Computer, es gibt Satellitentelefon, Kameras, einen Schalensitz wie in einem Rennwagen, eine Nische zum Schlafen und eine weitere zum Kochen von Gabarts Lieblingsgericht: Couscous.

Der 30 Meter lange Trimaran gleicht einer vollvernetzten Rakete unter Segeln und ist nur einer der zahlreichen Gründe, warum diese Rekordfahrt überhaupt gelingen konnte. Maxi-Trimarane dieser Art treiben ein fragiles Verhältnis auf die Spitze, welches das Segeln in den letzten Jahren immer schneller gemacht hat: möglichst wenig benetzte Fläche, möglichst große Segel, möglichst geringes Gewicht. So ein hochnervöses Segelmonstrum zu beherrschen, ist schwierig genug. Es allein sechs Wochen lang um die Erde zu dreschen, eine Extremherausforderung. Technisch wie physisch.

Zudem aber war die Reise letztlich ein mentaler Husarenritt, nicht nur wegen Wind, Wellen und Einsamkeit. Die französische Versicherungsgesellschaft Macif hatte in den letzten fünf Jahren über

20 Millionen Euro in das Boot und das Projekt gesteckt. Kein Pappenstiel im Segelsport. Da kann es durchaus nicht schaden, heil nach Hause zu kommen. Am besten natürlich mit einem neuen Rekord.

Um kurz nach 10 Uhr an diesem Morgen sind es weit über 100 Boote, die Gabart das Geleit zum Hafen geben. Ein Kreuzer der Marine ist rausgefahren, Lotsenboote, Fischer, Schlauchboote voller Journalisten. Hinzu kommen Fähren, Yachten, Motorboote und Ausflugsdampfer mit Zuschauern, die sich bald so dicht um den heimkehrenden Trimaran drängeln, dass die Boote hier und da schon aneinandergeraten. Am Himmel fliegen Helikopter und senden Livebilder ins französische Fernsehen, die bald um die Welt gehen und es in Deutschland sogar in die Abendnachrichten schaffen werden.

Auf der MACIF haben derweil längst die Techniker des Teams das Ruder übernommen. Sie waren schon in der Nacht an Bord gekommen, nachdem Gabart die Ziellinie draußen vor Ouessant durchlaufen hatte. Überall auf dem Wasser schaukeln Kameras, die Menschen zücken ihre Handys und jubeln. »François! François!« Es ist fast wie auf einem Popkonzert.

Und dann kommt er an Deck, der Mann der Stunde. Ein rotblonder Schopf, dunkles Ölzeug, leichter Bart, blass, aber über beide Ohren lächelnd. Gabart, 34 Jahre jung, hebt die Arme, turnt leichtfüßig über die drei Rümpfe, winkt von Backbord, grüßt von Steuerbord. Schreie der Begeisterung fliegen ihm zu. Auf einem Motorboot fügt eine Teenagerin Daumen und Zeigefinger zu einem Herz und schickt ihm den Liebesgruß mit ausgestreckten Armen entgegen. Gabart muss sich fühlen wie Neil Armstrong nach der Mondlandung auf der Madison Avenue, mitten in der New Yorker Konfettiparade.

Ein Feuerlöschboot pustet zwei mächtige Wasserfontänen in die Luft, die sich wie zwei riesige Schwingen hinter dem Trimaran erheben. Sogar Kanuten und einige Stand-up-Paddler fahren raus aufs kalte Wasser, um den Helden zu empfangen. An der Einfahrt zum Brester Hafen herrscht längst Volksfeststimmung. Über 5.000 Menschen haben sich auf der Mole eingefunden, um zu feiern und den jetzt schon Unsterblichen und sein irres Schiff mit eigenen Augen zu sehen. Brest, der »Rekordhafen«, kennt das alles zwar schon, viele Segelstars sind hier bereits von ihren Donnerritten heimgekehrt. Aber das hier ist eine außerordentliche Nummer. Eine wunderliche Bescherung für den französischen Segelsport kurz vor Weihnachten.

Draußen steht Gabart vor dem Bugstag, zündet rote Rauchfackeln und schwenkt sie als Zeichen des Sieges. Er ist klein, wirkt fast zierlich. Mit erhobenen Armen spaziert er über die Trampoline und Rümpfe, als sei er in den letzten sechs Wochen mit seinem Trimaran verwachsen. Sechs Wochen, in denen nicht nur das Segeln einen Superlativ hinzugewonnen hat. In diesen sechs Wochen hat ein Mensch 50.000 Kilometer über offenes Meer zurückgelegt, angetrieben allein vom Wind. Eine Strecke, für die Segelschiffe vor nicht allzu langer Zeit noch viele Monate brauchten, wenn nicht gar ein ganzes Jahr oder länger. Wie kann das sein? Wie geht das? Was ist geschehen?

Am Samstag, dem 4. November, war François Gabart um kurz nach 10 Uhr morgens von Brest aus losgefahren. Es wehten 20 Knoten aus Nordwest, und die atlantischen Winde sahen gut aus – so, als würden sie ihn rasch nach Süden bringen. Ja, gute Winde. Vor allem sie zählten schon immer beim Segeln. Doch über Jahrhunderte gaben sie den Seefahrern eher Anlass zum Rätseln, Bangen und Hoffen. Dabei kamen so allerlei Methoden der Prognostik zum Einsatz, vom schlichten Gebet über das Ablesen des Luftdrucks bis hin zum Studieren der Wolken. Für die abstrusen Rekorde heutiger Tage aber sind gänzlich andere Mittel gefragt. Dafür bedarf es der hochtechnologisierten Kunst, den Wind so präzise wie nur möglich vorherzusagen. Dies ist einer der entscheidenden Faktoren.

Gabart arbeitete dafür mit einem der erfahrensten Männer der Branche zusammen. Sein Wetter-Router Jean-Yves Bernot, genannt »der Zauberer«, hat schon Größen wie Ellen MacArthur oder Michel Desjoyeaux um die Welt gelotst. Diesmal aber glaubte der Papst der Wind-Hellseher, in seinem Segler ein besonderes Talent zu erkennen.

»François ist ein sehr guter Stratege, er denkt enorm präzise und vorausschauend«, hatte Bernot schon vor der Fahrt über den Skipper gesagt. Nach der Reise verkündete Bernot, dass er und Gabart sich unterwegs perfekt ausgetauscht hätten. »Was Wetter und Entscheidungen betrifft, sprechen wir dieselbe Sprache.« Und doch seien es am Ende nicht die optimalen Winde gewesen, die Gabart derart hervorragende Zeiten herausfahren ließen. Denn, wie Bernot später erklärte, in fast allen Seegebieten herrschte Standardwetter, nichts Außergewöhnliches. »Im Indischen Ozean hatten wir sogar eine denkbar schlechte Situation, zwei Tage, die für die Katz waren. Zurück auf dem Atlantik, gab es noch mal einen halben Tag, an dem wir viele Seemeilen verloren.« Am Ende, so erklärte Bernot, könnten die Winde auf einer so weiten Fahrt niemals durchgehend perfekt sein. »Dafür müsstest du schon in die Kirche von Sainte-Anne-d'Auray gehen und Kerzen anzünden.«

Woher aber nahm Gabart dann die enorme Geschwindigkeit auf seiner Reise, bei der er mutterseelenallein um die Erde schoss – ohne weitere Boote, ohne Regatta? Windpapst Bernot sollte dies nach dem Rennen so erklären: »François ist die ganze Zeit gesegelt, als säße ihm ein Gegner zehn Meilen auf den Fersen. Wie er dabei das Boot beherrschte, war absolut beeindruckend.«

Womit wir bei einem weiteren Faktor wären, der neben der Vorhersage des Windes eine zentrale Rolle spielt. Ein Ausufern der Leidenschaft, die Potenz einer jeden Passion: gesteigerter Ehrgeiz, nackte Siegeslust. Und Gabarts Qualitäten in dieser Hinsicht lassen sich nur erahnen. Als er sich im Nordatlantik vor Müdigkeit kaum mehr auf den Beinen halten konnte, weil er tagelang kaum geschlafen hatte, lotste Bernot ihn in einen schwacheren Windbereich, damit er einen halben Tag würde ruhen können. Gabart meldete sich nach wenigen Stunden und meckerte prompt über Satellit: »Was ist das für eine Scheißroute hier? Gib mir Wind!« Selbst Bernot, siegeshungrige Segler durchaus gewöhnt, war baff. »Ich konnte es manchmal kaum glauben, wie er sich selbst und das Boot über so lange Zeiträume immer wieder ans Limit trieb.«

Doch der liebe Wind und eine kernige Grundeinstellung sind letztlich nur zwei Faktoren. Für Rekordfahrten dieser Kategorie muss sich am Ende noch vieles mehr fügen.

Fünf Tage nach dem Start in der Bretagne erreicht Gabart die südliche Hemisphäre. Zu diesem Zeitpunkt segelt er dem bestehenden Rekord noch über drei Stunden hinterher. Das mag wenig klingen, gemessen an der langen Route. Doch bei den rasenden Hochleistungsbooten geht es heute längst um Stunden und Minuten, selbst bei einer Weltumrundung. Die Segler hetzen den Seemeilen inzwischen hinterher wie Bobfahrer den Hundertsteln.

Die zweite Woche wird ein Traum. Gabart kann recht mühelos eine gebrochene Latte reparieren, biegt in den Südatlantik ein und bald in den Indischen Ozean. Nun hat er die Nase schon deutlich vorn. Am Kap der Guten Hoffnung liegt er bereits zwei Tage und sechs Stunden vor der Rekordzeit von Thomas Coville. Windgott Bernot und Gabart haben offenbar eine goldrichtige Entscheidung getroffen, indem sie einen östlicheren Kurs gewählt haben, um ein Hochdruckgebiet zu meiden. Vor dem Trimaran liegt nun die »schwindelerregende Wüste der südlichen Meere«, wie Gabart die folgenden Seeregionen in einem seiner geposteten Videos nennt.

Im Indischen Ozean muss er bremsen, um ein Sturmsystem passieren zu lassen, danach steht ein lästiger Zickzackkurs an. Gabart steuert immer südlicher und segelt bald südlich der Kerguelen. Er befindet sich jetzt in antarktischen Gewässern, muss aber bald schon wieder nördlicher steuern, weil um Heard und die MacDonaldinseln die ersten Eisberge gemeldet werden. Eine Kollision wäre fatal.

Die Fahrt geht in die vierte Woche. Gabart musste inzwischen einige kleine Reparaturen erledigen, die gebrochene Trommel am Furler des Vorsegels, eine defekte Entsalzungsanlage. Der Tri schlägt brutal durch die Wellen. Sein Team in Frankreich, mit dem er regelmäßig in Kontakt steht, merkt, dass sowohl das Boot als auch der Skipper die ersten Ermüdungserscheinungen zeigen. Dann passiert Gabart die Datumsgrenze, tief unten im südlichen Meer, Hunderte Seemeilen unterhalb Neuseelands. Am 25. November um 22:05 Uhr springt die Borduhr um auf den 27. November. Gabart ist jetzt seit 21 Tagen unterwegs. In Europa trinken sie Glühwein, erledigen erste Weihnachtseinkäufe.

Es kommt die gefährlichste Situation der Reise: Völlig unerwartet sichtet Gabart einen Eisberg. »Das war ziemlich surreal«, sagt er später über Satellit. »Es war ein Riesending, wo eigentlich kein Eis hätte sein sollen. Und natürlich hätte es noch mehr Eisberge in der Gegend geben können. Für ein paar Minuten fühlte sich mein Leben ziemlich fragil an.« Gabart steuert nördlich, er muss eh bald in den Pazifik. Er macht 30 bis 35 Knoten, rast in Richtung Kap Hoorn. Und gibt seinem Team zu Hause in Frankreich den lapidaren Satz mit: »Das Südmeer ist wunderschön, aber es ist jedes Mal das Gleiche. Du bist heilfroh, wenn du da raus bist.«

Gabart kennt diese gottverlassene Ecke des Planeten bereits. Schon bei der Vendée Globe 2013 war er hier unten rumgeturnt, bevor er die härteste Soloregatta um die Erde gewann – als schnellster und damals jüngster Teilnehmer des berüchtigten Rennens. Nun ist er wieder einhand unterwegs, ohne ausgerufene Regatta, ohne mitfahrende Konkurrenz. Er segelt allein gegen die Zahlen, allein gegen die Zeit.

Nach 29 Tagen rundet die MACIF Kap Hoorn, Gabarts Vorsprung ist auf zwei Tage und acht Stunden angewachsen. Und er zeigt eine erste emotionale Regung. »Ich kann es nicht fassen, ich hätte nie gedacht, das Kap in dieser Zeit schaffen zu können.« Doch prompt bekommt er einen Sturm auf die Nase: 50 Knoten Wind. Gabart kommentiert solche Situationen nautisch nüchtern. »Der Südatlantik ist eines der schwierigsten Meere.« Und wieder macht ihm die Trommel am Furler zu schaffen: Er kann die Fock zeitweise nicht einrollen, schießt mit viel zu viel Segelfläche durch den Starkwind.

Danach geht es in die sechste Woche, und die läuft formidabel. Am 10. Dezember erreicht er die nördliche Hemisphäre, und seinen Vorsprung konnte er inzwischen ausbauen: auf sagenhafte fünf Tage und 13 Stunden. Im Nordatlantik aber schleicht nun der Rücken eines Hochdruckgebiets umher, das ihm schwache Winde bescheren und die Fahrt elend verlangsamen könnte. Gabart und sein Team sehen es positiv. Lieber in ruhigem Wetter ankommen. Lieber auf Sicherheit gehen und den Vorsprung halten. Doch es kommt anders. Gabart ist unermüdlich, noch immer reizt er den Trimaran bis aufs Letzte aus. Und kann zum Schluss sogar noch weitere Zeit gutmachen. Bis er am Ende über sechs Tage schneller ist als der alte Rekordhalter Coville.

Dass Gabarts Fahrt ein höchst
außergewöhnlicher Coup ist,
hatte auch schon der vorherige Rekord
von Thomas Coville gezeigt.
Mehrere Versuche und acht Jahre
hatte der gebraucht, um die lange
nicht antastbare Bestmarke von
Francis Joyon zu überbieten.
Erst Anfang 2017 schaffte es Coville,
aus 57 Tagen 49 zu machen.

Kurz vor der Ziellinie spricht er diese Worte in sein Funkgerät an Bord: »Von dieser Zeit hätte ich nie zu träumen gewagt. Ich wusste, dass ich mit dem besten Wetter, mit allen guten Prognosen, diesem Boot und meiner besten Leistung den Rekord vielleicht würde schlagen können. Im besten Fall um einen oder zwei Tage. Aber sechs? Das ist ziemlich außergewöhnlich.« Niemand kann diese Zeit fassen, mit der er nun nach Brest heimkehrt. Gabart selbst ist sprachlos. In einem Video, gesendet kurz vor dem Ziel, schluchzt er vor Glück. Ein Wunder. So fährt er auf die französische Küste zu und schließlich über die Linie. Es ist Nacht, über der Bretagne regnet es.

Was sich so leicht liest, war nicht leicht. Es war ein 42-Tage-Ritt auf der Rasierklinge, bei dem in jeder Sekunde etwas hätte schiefgehen können. Yves Le Blevec war fast zur gleichen Zeit mit seinem Trimaran losgesegelt, um die Erde gegen den Wind zu umrunden. Ebenfalls allein, ohne Regatta. Erst riss ihm der Traveller aus dem Fundament, dann kenterte er vor Kap Hoorn. Der Wind wehte mit 50 bis 70 Knoten, Orkan, sieben Meter hohe Wellen marschierten durchs Meer. Die Struktur der Rümpfe hielt den Schlägen des Sturms nicht stand, Le Blevecs Trimaran gab nach und ging kopfüber. Ein Helikopter der chilenischen Marine konnte den Franzosen retten. So schnell kommt das Aus auf so einem Galopp um die Welt.

Dass Gabarts Fahrt ein höchst außergewöhnlicher Coup ist, hatte auch schon der vorherige Rekord von Thomas Coville gezeigt. Mehrere Versuche und acht Jahre hatte der gebraucht, um die lange nicht antastbare Bestmarke von Francis Joyon zu überbieten. Erst Anfang 2017 schaffte es Coville, aus 57 Tagen 49 zu machen.

Dann kam Gabart. Dass er das Unglaubliche schaffte, liegt aber auch an der perfektionistischen Planung des Törns. An der peniblen Ausarbeitung der Route, an den drei Experten für Wind und

Wetter, die Teil des 15-köpfigen Teams waren, an zwei Experten für die Performance-Analyse und zwei weiteren für die Überwachung und Instandhaltung des Tris auf seiner Fahrt. Sie hatten sich in der Basis an Land eine Art zweites Inneres der MACIF zurechtgelegt, wo nur das zur Hand war, was sich auch an Bord befand. Auf diese Weise konnten sie Schäden und Reparaturen simulieren, sehr schnell die beste Lösung finden und diese an Gabart übermitteln. Eine Methode, die sie sich von den Apollo-Missionen abgeschaut hatten.

Das Unfassbare war ferner nur möglich durch Satelliten, das Internet, modernste Technik, Datenbanken und die jahrelange Erfahrung von Bootsbauern, Konstrukteuren, Segelmachern, Wetterleuten und Strukturspezialisten. Eine grandiose Teamleistung. Glück muss hinzukommen, auf jeden Fall. Zudem das richtige Gespür, ein Näschen für Fahrten dieser Größenordnung. Und das beginnt schon mit dem Start. Gabart beschrieb diesen so: »Der Moment loszufahren, ist nicht einfach. Es ist am Ende allein meine Entscheidung, wann es losgeht, trotz aller Wetterdaten und Beratungen im Team. Das Fenster muss stimmen, das Bauchgefühl. Es ist wie vom Zehner zu springen. Du stehst da oben, und irgendwann springst du. Zack. Dann bist du unterwegs. Und auf einmal ganz allein.«

Der Erfolg der Rekordfahrt liegt auch am Menschen Gabart. Er ist jung, diszipliniert und talentiert, schon die Schule schloss er mit Bestnoten ab. Seine Schwester beschrieb ihn nach seinem Sieg bei der Vendée Globe als äußerst zielstrebig. Er sei in seinem Leben kaum auf Partys gegangen und habe als Teenager nichts exzessiv betrieben. Nur eines liebte er schon immer: den Wettkampf. Beim Scrabble bestand er auf der Einhaltung der Regeln und wollte auch beim Kartenspielen immer gewinnen.

Natürlich und wohl in erster Linie ist es aber der Segler Gabart, der diese Fahrt real werden ließ. Dafür genügt ein Blick in seine Biografie. Sie liest sich wie die Fieberkurve seiner größten Leidenschaft. Sie gilt dem Wasser, dem Wind, den Booten und dem Sieg. 1997: französischer Champion im Optimisten. 1999: französischer Champion auf der Moth. 2003: Junior World Champion im Tornado. Und so weiter und so fort. Er wird Zweiter und Vierter beim Transat Jacques Vabre, französischer Meister im Einhand-Offshore-Racing. 2013 sahnt Gabart dann in einem Jahr fast alles ab, was beim Hochseesegeln zu haben ist. Er gewinnt die Trophée Azimut mit Michel Desjoyeaux, die Artemis Challenge, das Fastnet Race und schließlich auch noch auf Anhieb die Vendée Globe, die härteste Einhandregatta der Welt. Mehr geht nicht. Eigentlich.

Brest, halb 12 Uhr mittags. Endlich ist die MACIF angekommen, Schlauchboote ziehen den riesigen Trimaran ins Hafenbecken am Quai Malbert. Und nun darf Brest seinen neuen Supermann der Ozeane feiern. Am Ufer wehen Flaggen, auf denen steht: »Bravo François«, »Héro des mers«. Kinder lassen Luftballons steigen, unten an der Pier streckt ihm eine wuselnde Horde Journalisten Mikrofone ins Gesicht. Überall Schreie, Kameras, Handys.

Gabart macht das alles problemlos mit. Und so gerät sogar sein Auftritt an Land – nach 46 Tagen brutalem Sport, Alleinsein und radikalem Schlafmangel – höchst professionell. Er gibt Interviews, begrüßt die Menge, lässt den Schampus knallen, nimmt nur einen kleinen Schluck. Und wirkt noch immer erstaunlich frisch. Er greift sich einen schweren Segelsack, wuchtet ihn über das Trampolin des Trimarans und setzt sich zum Fotoshooting artig in Position. Er kann strahlen, kaum ein Satz, der ihm schwerfiele. Und auch eines vergisst er nicht zu sein – vielleicht, weil er es tatsächlich ist:

bescheiden. Nachdem das Mikro kurz ausgefallen ist, sagt er: »Ich rede bestimmt mal wieder zu viel.« Sein Dank gilt seinem Team und den Bürgern von Brest, die ihn so grandios empfangen. Nachdem er die Gangway hochgegangen ist und oben auf der Tribüne steht, sagt er vor der jubelnden Menge ins Mikrofon: »Ich bin euch allen unendlich dankbar.«

Ein Bilderbuchheld. Es fliegt Konfetti, laute Musik spielt. Dann muss er vor laufenden Kameras seine Hände in eine blaue Masse pressen: ein Abdruck für den Brester »Walk of Fame« der Segler. Dort wird seine Signatur auf einer Messingplatte bald in die Steine der Promenade eingelassen. Neben Namen wie Franck Cammas, Philippe Monnet und Florence Arthaud.

Und dann steht er noch eine einstündige Pressekonferenz durch, weil dies die modernen Zeiten sind, weil Medien und Sponsoren es so verlangen und weil dieser Gabart einfach nicht umkippen will. Zwei Stunden später erscheint er im kleinen Saal des Hafenbüros, mit dunkler Jeans und grauem Fleece. Er ist aufgeräumt, lacht, ruft sein Team herbei und nennt jeden einzeln beim Vornamen. Gabart steht dabei nicht in der Mitte der Reihe. Er stellt sich an den Rand.

Alle großen französischen Nachrichtenagenturen, Pressevertreter, Sender und Radiostationen sind anwesend. Reuters, AFP, Canal+, Paris Match. Ob er unterwegs Angst gehabt habe, will ein Reporter wissen. »Nicht wirklich«, sagt er. Selbst wenn er vor Kap Hoorn gekentert wäre, Hilfe wäre schließlich schnell gekommen. Nur im tiefen südlichen Meer sei ihm hier und da mulmig geworden. »Da hätte ich drei Wochen auf Rettung gewartet. Ziemlich unschön.«

Fast unscheinbar sieht er aus, wie er da auf einem Hocker vor der Menge im Raum sitzt. Er könnte auch als Berufsanfänger in einer Bank durchgehen, mit den ein, zwei kleinen Pickeln im Gesicht. Und noch immer reagiert er geduldig, fast enthusiastisch auf die

Fragen. Der Schlüssel zu seiner Bestzeit? »Ich habe nicht so viel so gut gemacht«, sagt Gabart. »Ich habe aber auch wenig falsch gemacht.« Ob er viel gefoilt sei? Das könne er gar nicht so genau sagen, antwortet Gabart. »Wenn du da oben auf dem Tri stehst und mit 30 Knoten durchs Meer rauschst, dann siehst und spürst du bei der Größe des Bootes nicht, ob es gerade ein, zwei, drei oder vier Meter über dem Wasser schwebt. Es passiert zu viel auf einmal.«

Es sind schlichte Statements, keine Überhöhungen. Und im Grunde sei es doch sogar recht gemütlich auf dem großen Boot. Beim Volvo Ocean Race würde man viel nasser segeln. Und ja, es gebe noch immer viel zu tun. Gabart drückt das so aus: »So ein Boot zu segeln, ist sehr kompliziert, und wir entdecken dabei sehr vieles, was noch zu verbessern ist.«

Das sagt einer, der gerade mit scheinbar müheloser Geste auf den höchsten Thron des Segelsports gehüpft ist.

Alle verneigen sich vor diesem jungen Franzosen, auch die ganz Großen. »Eine unfassbare Zeit«, schreibt Robin Knox-Johnston. »In 49 Jahren haben wir es von meinen 312 Tagen auf 42 gebracht. Das ist, als würde man die Gebrüder Wright mit der Concorde vergleichen.« Der bekannte Segler Antoine Gautier postet, François Gabart sei »monströs. Für solche Sachen ist er gemacht. Für genau so etwas.« Eine amerikanische Seglerseite schreibt online, noch in der Minute von Gabarts Rückkehr: »Er hat über 27 Knoten Durchschnitt auf der Uhr. Mit einem Lächeln und einer blonden Locke im Wind.« Staatspräsident Emmanuel Macron twittert: »Was für eine Ausbeute. Meine Glückwünsche zu dieser außergewöhnlichen Leistung.«

Gabart, kurz bevor er sich von der Menge verabschiedet und endlich nach Hause darf, sagt, er habe all die Glückwünsche, Tweets und Bekundungen erhalten. Und er werde sie alle in Ruhe lesen. Kurz vor Weihnachten, wenn er wieder aufgewacht ist.

DER UM SEIN LEBEN SEGELT

SIR FRANCIS CHICHESTER

220

Es liegt sich gut in Francis Chichesters Sarg. Eine mit dunkelblauem Tuch bespannte Mulde, schmal, gemütlich. Die Engländer nennen die schlichte Hundekoje im Achterschiff wirklich so. Coffin Bank, die Sargkoje.

»Schlaf an Bord«, hatte Pete Rollason am Abend vorher gesagt. Die Offerte vom Chef des Gipsy Moth Trust kam mir gelegen, denn im südenglischen Cowes sind an diesem Sommerwochenende sämtliche Zimmer ausgebucht. 6.000 Segler sind zur Isle of Wight gereist, morgen wollen über 1.000 Yachten zum Round the Island Race starten. Selbst am hintersten Bed and Breakfast im Ort hatte man abgewunken: »Sorry, no more rooms.«

Also dann, Schiff statt Hotel, Koje statt Bett. Und in diesem Fall ist das ein besonders erhebender Tausch. Das ausgewaschene Stück Stoff, auf das ich mich in dieser Nacht zur Ruhe legen darf, ist nichts anderes als das heilige Schlafgemach von Sir Francis Chichester, dem letzten großen Seehelden Englands. Eine kleine Rohrkoje an Bord einer der berühmtesten Yachten der Segelgeschichte. Einer schneeweißen, 16 Meter langen Ketsch, designt von John Illingworth, erbaut von Camper & Nicholsons.

Ich bette mich vorsichtig, liege eng am Rumpf, wage kaum, mich umzudrehen. Beim Blick an die Decke sehe ich weißen Lack und eine kleine Kajütlampe. Wie oft muss er hier unten gelegen haben, während draußen die Wellen rollten und der Himmel raste? Durch ein kleines Luk fällt letztes Tageslicht ins Schiff, draußen wird es langsam dunkel. Ich liege ohne Buch, ohne Handy, liege einfach nur da und lasse mich in der Zeit zurückfallen.

Mit seiner GIPSY MOTH IV brach Chichester vor über 50 Jahren zu einer bahnbrechenden Langfahrt auf. Zum ersten Mal überhaupt segelte eine Yacht ohne Landfall so weit über die Ozeane. Am 27. August 1966 legte der damals 64 Jahre alte Chichester in Plymouth ab. Er fuhr ums Kap der Guten Hoffnung, durch den

Als Chichester am 28. Mai 1967 - nach insgesamt 29.617 Seemeilen und 226 Tagen auf See - wieder in England ankam, warteten 250.000 Menschen an der Pier, um ihn zu empfangen. Die britische Artillerie ließ die Kanonen knallen, in London wurde zum Salut die Tower Bridge geöffnet.

Indischen Ozean, ohne Halt bis nach Sydney. Dort blieb er nur einen guten Monat. Dann segelte er wieder los, rundete als Nächstes Kap Hoorn, steuerte durch den Atlantik und zurück nach Plymouth. Wieder: ohne Stopp.

Als Chichester am 28. Mai 1967 – nach insgesamt 29.617 Seemeilen und 226 Tagen auf See – wieder in England ankam, warteten 250.000 Menschen an der Pier, um ihn zu empfangen. Die britische Artillerie ließ die Kanonen knallen, in London wurde zum Salut die Tower Bridge geöffnet. Die Queen sollte Chichester später sogar zum Ritter schlagen, denn Sir Francis hatte mit seiner Fahrt gleich mehrere Rekorde gebrochen.

Seine Reise nach Australien und zurück war die bis dahin schnellste Weltumrundung auf einem kleinen Schiff. Mit 8.000 Seemeilen am Stück ohne Landgang folgte das nächste Bravourstück. Chichester hatte die bisher größte von einem Einhandsegler gemeisterte Distanz mal eben mehr als verdoppelt. Nebenbei heimste er mit seiner »streunenden Motte« noch einen Geschwindigkeits- und einen Etmal-Rekord ein. Das Schwert, mit dem Queen Elizabeth ihn adelte, soll jenes gewesen sein, das 400 Jahre zuvor schon auf die Schulter des Freibeuters Francis Drake niedergegangen war.

Jetzt liege ich also in dieser Koje. An Schlaf ist kaum zu denken. Vom Kopfende fällt der Blick auf den kleinen Airguide-Kompass, den Chichester während seiner Monate auf See stets im Auge hatte. Noch im Liegen las er den Kurs ab. Daneben die alten Instrumente aus den 60er-Jahren: Windmesser, Logge, Einfallswinkelanzeige. Da ist der schmale Niedergang zum spartanischen Cockpit. Das große Rohr der alten Petroleumheizung, das quer durch die Kajüte verläuft. Mitten im Salon der kleine rote Lederhocker zum Ausklappen. Die Kombüse, der Kartentisch. Der mit Klettband gesicherte Handpeilkompass in der Navigationsecke. Der alte Lautsprecher der Funkanlage, bespannt mit Rattanbast. Ich schließe die

Augen. Wie riecht ein Schiff dieser Kategorie? Es mag Einbildung sein, aber es riecht nach Seemeilen.

Vor allem frage ich mich: Was war das für ein Mann, der solche Segelpartien unternahm? Der es wagte, als erster Mensch so weit und so allein zu segeln? Chichester hatte ein bewegtes Leben hinter sich. Und weder galt er als gestandener Seemann noch als besonders erfahrener Segler. Zum Segeln war er erst spät gekommen. Nur zehn Jahre vor seinen ozeanischen Langstreckenfahrten hatte er zum ersten Mal überhaupt an einer Pinne gesessen. Woher kam seine enorme Begeisterung? Woher sein Feuer, derartige Fahrten zu riskieren?

Immerhin – wir dürfen es beim Lesen nicht ganz vergessen: Segelreisen dieser Dimension wuchsen sich damals schon nach wenigen Wochen zu ungeheuren Strapazen aus. Kaum Schlaf, feuchtes Essen, Sturm, meterhohe Wellen. An Bord gab es kein GPS, kein Telefon, kein Goretex, keine Astronautennahrung. Auch kreisten noch keine Satelliten um die Erde. Ein Signal per EPIRB? Ein Rettungsruf per sekundenschneller Orbitalnachricht? Fehlanzeige. Dies waren Fahrten auf Leben und Tod. Der Untergang segelte ständig mit.

Am nächsten Morgen dümpelt die GIPSY MOTH still am Ponton der United Kingdom Sailing Academy, unweit der Altstadt von Cowes, umgeben von Schiffen, Yachten, Schlauchbooten. Schon um 7 Uhr morgens kommt Leben in den Hafen, die Segler treffen aus allen Himmelsrichtungen ein. Dann höre ich Schritte an Deck. Pete kommt an Bord. Als Manager der Stiftung kümmert er sich um den Erhalt der alten Yacht. Kümmert sich ums Segeln, um Jugendliche, um weit gereiste Chichester-Fans und manchmal auch um Stargäste, die einmal auf der berühmten »Motte« segeln wollen.

»Gut geschlafen?«, fragt er.

»Formidabel!«

Als Nächstes betritt Dick Saltonstall das Schiff, ein alter Salzbuckel der Royal Navy und langjähriger Ausbilder. Er wird heute den Skipper machen, die Yacht mit fünf Gästen und drei Mann Besatzung durch das Rennen und die See prügeln. Draußen im Englischen Kanal sind für den Nachmittag 30 Knoten Wind angesagt, aber Saltonstall, knallrote Sonnenbrille im Gesicht, wirkt tiefenentspannt. Auf die vorsichtige Frage, ob man während des anstehenden und wahrscheinlich nicht ganz trockenen Segeltages an Bord womöglich ab und an eine rauchen dürfe, sagt der inzwischen fast 70 Jahre alte Navy-Mann: »Dies ist ein 16,50 Meter langer Aschenbecher, hier rauchen alle.«

Ähnlich unaufgeregt nimmt Saltonstall denn auch die Handhabung des Schiffes in Angriff. Kaum ist der letzte Mann an Bord, lässt er die Leinen lösen, tuckert hinaus und mischt sich mitten ins Yachtengetöse, zwischen Tausende von Masten und Seglern. Kurz vor dem Start der Regatta herrscht blankes Chaos. Saltonstall ficht das nicht an, er lässt Vollzeug setzen und knüppelt die alte Yacht mit 6 Knoten über die Startlinie.

Sofort geht es an eine heftige Kreuz, das Meer ist weiß. Der Wind pustet schon jetzt ordentlich, sogleich spritzt Gischt an Deck, schießt der leewärtige Seezaun durchs Wasser. Die alte Yacht macht anstandslos 7 Knoten, ackert sich unbekümmert in Richtung der Needles, jenen Felsnadeln am Westende der Insel, die aus dem Meer ragen wie Haifischzähne.

Entsprechend uneitel und seegeprüft sieht die berühmte alte Mahagoniyacht aus. Nicht groß hochgelackt ist sie, hier und da blättert Farbe. Verwaschenes Teaksüll, grün angelaufene Bronzelüfter, weiche, alte Segel – man würde es sofort glauben, behauptete jemand, das Schiff sei soeben aus Australien heimgekehrt. Nein, kein Chichidampfer. Dies ist ein Salzwasserboot.

»Fast alles ist noch im Originalzustand«, erzählt Pete Rollason, der selbst ein erfahrener Segler ist und schon zweimal die Welt umrundet hat. »Nur die Winschen und den Besanmast mussten wir ersetzen.« Der alte Mast kam von oben, er brach, als sie während einer früheren Cowes-Regatta mittschiffs von einer anderen Yacht gerammt wurden.

Die GIPSY MOTH macht bald mühelos 8 Knoten. Am Wind zieht sie durch die See, in Lee sprudelt das Meer übers Deck. Die Krängung scheint Skipper Saltonstall nicht zu stören, noch immer lässt er nicht reffen. Den ganzen Tag über wird die GIPSY MOTH unter Vollzeug fahren, während fast alle anderen ein bis zwei Reffs gesteckt haben. Beim Blick in die Alumasten, in die doppelten Bug- und Kutterstage mag man es kaum glauben, doch bei uns steht noch die gesamte Garderobe. Besansegel, Groß, Foresail, Staysail. Saltonstall sagt: »Das kann sie ab, sie ist noch ganz anderes gewöhnt.«

Tatsächlich musste die weltberühmte Yacht schon einiges einstecken – auch nach der großen Fahrt Chichesters, die einige als »Reise des Jahrhunderts« bezeichneten. Nach der historischen Weltumrundung landete das Boot zunächst in einem umzäunten Schaukäfig im Londoner Stadtteil Greenwich, wo es neben der CUTTY SARK bittere 39 Jahre lang als Ausstellungsstück an Land darben musste. Und dabei langsam vor sich hin gammelte.

»Am Ende lagen Eisbecher und Chipstüten auf ihrem Deck«, sagt Pete Rollason zerknittert. Als die GIPSY MOTH dann veräußert werden sollte, kauften englische Geschäftsleute sie, um zu verhindern, dass das Boot ins Ausland ging. Schließlich wurde die Yacht von der Gypsy-Moth-Stiftung erworben, für den symbolischen Preis von einem Pfund und einem Gin Tonic. Die Aufgabe des Trusts liegt bis heute darin, die Yacht zu erhalten und möglichst viel mit ihr zu segeln. Sie soll der Öffentlichkeit zugänglich sein, dem Abenteuergeist Chichesters huldigen und zukünftige Generationen inspirieren.

Kaum hatte die Stiftung das Boot gerettet, machte man sich an die Arbeit. Bootsbauer möbelten die »GM IV« wieder auf, und die Verantwortlichen nahmen alsbald Großes ins Visier. Zum 40. Geburtstag schickten sie Chichesters Schmuckstück 2006 prompt ein zweites Mal um die Welt, und auch dies sollte eine denkwürdige Reise werden. Zehn wechselnde Skipper übernahmen im Laufe der Fahrt das Steuer, über 100 verschiedenste Crewmitglieder jeden Alters gaben sich die Hand. Es war ein kunterbunter Haufen, der zu den einzelnen Etappen aus- und eingeflogen wurde, darunter krebskranke Kinder, Ex-Drogensüchtige und ehemalige Knastinsassen nebst Millionären und Dukes, die auf manchen Passagen mitsegelten.

Die GIPSY MOTH besuchte auf ihrer zweiten Weltreise 32 Länder. Sie ankerte in den glasklaren Lagunen der Südsee und lief in Rangiroa auf ein Riff, wonach ein drei Meter langes Loch in ihrem Rumpf klaffte. In einer haarsträubenden Rettungsaktion wurde sie geborgen, ihre zerstörten Planken mit Honduras-Mahagoni erneuert und der gesamte Rumpf überlaminiert. So überlebte Chichesters Yacht ihren eigenen Tod – und segelte weiter. Auf den Tuamotus brach ein Feuer an Bord aus, in der Tasmanischen See fuhr sie durch einen 50-Knoten-Sturm. In Australien kam Prinzessin Anne an Bord, und so ging die Reise immer weiter. Nach abermaligen 28.264 Seemeilen und 610 Seetagen legte die »Motte« erneut in Plymouth an. Eine Million Pfund soll diese zweite und letztlich wohl weitaus verrücktere Reise um die Erde verschlungen haben. Doch die Engländer waren stolz auf ihre Mission: den Namen Chichester in Ehren zu halten.

Seit ihrer Rückkehr liegt die GIPSY MOTH nun in Cowes, unternimmt Ausfahrten mit Gästen, segelt zu Events an der englischen Küste, nach Frankreich, Irland, Schottland. Berühmte Rugbyspieler und Fernsehmoderatoren waren schon an Bord, Segelstars wie Ellen MacArthur, Pete Goss und Mike Golding kamen und wollten die Yacht des Francis Chichester einmal segeln.

Und ja, segeln kann sie. Am Nachmittag sind die Needles gerundet, mit 8 Knoten rollt und schiebt die GIPSY MOTH auf raumem Kurs durch den Englischen Kanal. Von achtern laufen drei Meter hohe Wellen heran, während links und rechts von ihr Dutzende Masten und Boote durch die See marschieren. Die »Motte« hält gut gelaunt mit, auch mit der Mehrzahl moderner Yachten. »Big Roller!«, ruft Pete Rollason, wenn eine Welle von hinten naht. Die Yacht, so schlank sie ist, so flach ihr Freibord, hebt kurz das Heck, lässt die reisenden Wasserwände unterm Rumpf passieren. Legt sich auf die Seite, giert leise nach Luv, um gleich wieder Fahrt aufzunehmen. Die alte Windsteueranlage wird heute nicht mehr benutzt, man spürt die Macht an der Pinne. Beim Abreiten der Wellen müssen die Muskeln mit aller Kraft an der Pinne zerren, damit das Schiff nicht in den Wind schießt.

Ich sitze mit geschlossenem Kragen in der Plicht und frage mich im Stillen: Wie hat Chichester das damals gemacht? Monatelang, allein. Kochen im Sturm, Reffen in der Nacht, Frieren im Wind. Ohne jeglichen Kontakt zur Außenwelt. Was treibt einen Menschen, so etwas zu tun? Was trieb ihn?

Am Nachmittag geht es längst wieder gegenan, durch ein verteiltes Meer aus Masten, die inzwischen um den östlichen Zipfel der Isle of Wight biegen und Kurs auf Cowes nehmen. Wieder hübsche Schräglage, der Steuerborddodger ist längst zerfetzt, weil er ständig durch die See schleift. Ans Reffen aber denkt Skipper Saltonstall noch immer nicht. Keines der beiden Vorsegel lässt er bergen, verkleinert das Groß über das Rollreff am Baum um keinen Zentimeter. »Mit einem neuen Rigg und neuen Segeln würde ich ihr glatt zutrauen, auch noch eine dritte Reise um die Welt zu schaffen«, schiebt er stattdessen nach, den Blick auf das silberne Wasser vor dem Bug gerichtet. Ein Satz ganz in Chichesters Sinne, denke ich. Nicht aufgeben, weiter, weiter. Komme, was wolle. Komme, was das Leben bringt.

Vielleicht war das Chichesters Rezept. Vielleicht gründete darauf seine Leidenschaft. Sein Wille, sein Durchhaltevermögen. Seine Kraft, die am Ende weit über das Segeln hinausging und es mit Stürmen noch gänzlich anderer Natur aufnahm.

Was war dieser Chichester für einer?

In Shirwell, Devon, wird er 1901 geboren. Er ist eines von vier Kindern, der Sohn eines strengen anglikanischen Pfarrers. Der Vater ist ein unnachgiebiger Mann, hart und unsentimental. Wie Chichester sich später erinnern soll, zerriss sein Vater jeden Wunsch, den die Kinder äußerten, jeden Traum, den sie träumten, jäh in der Luft. Der Sohn Francis sagt einmal über seinen Vater: »Er schien alles abzulehnen, was ich tat, und wartete nur darauf, jeden Anflug von Enthusiasmus meinerseits zu zermalmen.« Einmal wird der kleine Francis auf dem Land von einer Schlange gebissen, er ist noch ein Junge. Der Vater sagt zu ihm, er soll das Fahrrad nehmen und zum Arzt fahren. Zehn Kilometer weit.

Als Schüler muss er bald eine konservative Privatschule besuchen, das Marlborough College in Wiltshire. Die Lehrer tun sich vor allem dadurch hervor, drakonische Strafen zu verhängen, während die älteren Mitschüler die Novizen mit diversen Demütigungen traktieren. Chichester muss das lange aushalten. Er ist 17, als er dieses Gefängnis endlich verlassen kann – nunmehr mit dem Plan im Kopf, der britischen Kolonialadministration in Indien beizutreten.

Drückt sich darin ein erster Wunsch nach Flucht aus? Verspürt Chichester hier zum ersten Mal den Drang, sich über alle Berge davonzumachen? Über alle Ozeane? Eine verständliche Idee. Doch der Vater macht auch diesen Traum zunichte. Er verdonnert den Sohn stattdessen dazu, als Aushilfskraft auf einer Farm zu schuften. Dort fällt der junge Chichester bald darauf von einem Pferd, weil es bockt. Beim Herunterfallen gehen eine Tränke und mehrere blecherne Milchkannen zu Bruch. Der Bauer peitscht ihn aus, schimpft ihn einen Taugenichts und schickt ihn zurück nach Hause. Endlich lenkt der Vater ein, vielleicht, weil er diesmal keine Wahl mehr hat. Der Sohn will fort, so weit wie nur möglich. Und dann dauert es nicht mehr lange bis zur großen Flucht. Chichester ist noch immer ein Teenager, als er an der Reling eines großen Dampfers lehnt und auf die englische Küste zurückblickt. Vor ihm liegt eine wochenlange Fahrt. Ziel: Neuseeland.

An Bord der GIPSY MOTH spritzt die Gischt, als wir weiter um die Insel segeln. Durch den Himmel fliegen graue Wolken, stur arbeitet sich die Yacht durch die See, als ich unweigerlich wieder an ihren früheren Eigner und Skipper denken muss. An den jungen Mann, der dieser einst war. 100 Jahre ist das nun her. Doch was waren das für Zeiten? Welche Abenteuer warteten damals? Welche Ungewissheiten, aber auch welche Möglichkeiten?

Wie einen Wink aus der Vergangenheit, bekomme ich eine Ladung Salzwasser ab – eine vom Wind soufflierte Geste Chichesters?

Neuseeland also. 1919 kommt der schlanke junge Mann am anderen Ende der Welt an. Er hat 10 englische Pfund in der Tasche und schwört sich, nicht eher heimzukehren, bis daraus 20.000 geworden sind. Er arbeitet in einem Kohlebergwerk, verdingt sich als Holzfäller, probiert es danach als Goldsucher und verdient schließlich ein wenig Geld, indem er von Tür zu Tür zieht und Zeitungsabonnements verkauft. Chichester arbeitet hart, nimmt alle Jobs an. Er spart sein Geld, bis er sich eines Tages am Kauf eines kleinen Stücks Land beteiligen kann. Auf dem Grund und Boden pflanzen sie Bäume an. Die Bäume wachsen und gedeihen, lassen sich bald an die Holzindustrie verkaufen und spülen fortan gutes Geld in die Kasse. Chichesters Vorsatz geht auf. Er kann sich ab jetzt ein regelmäßiges Gehalt auszahlen. Geld, das ihn viele Jahre lang finanzieren wird.

1923 heiratet er und wird Vater, sechs Jahre später stirbt seine Frau. Doch Chichester wirft die Flinte nicht ins Korn. Im Gegenteil: Er hat neue Pläne, und diesmal reichen sie noch weiter, noch höher. Und nein, diesmal wird kein Vater seinen Traum zerschmettern, kein Glaubensdiener ihn am Boden halten.

Chichester will: fliegen.

Er ist 30 Jahre alt, als er mit einem Partner eine kleine Fluggesellschaft gründet, um Passagiere auf erste Flüge mitzunehmen. Chichester ist begeistert von dieser neuen Form der Fortbewegung, von den frühen Propellermaschinen. Erstmals reist er nun wieder zurück nach England, auch um dort seinen Flugschein zu machen. Er büffelt Theorie, Motorenkunde. Bald sitzt er neben einem Fluglehrer im Cockpit und hebt wirklich ab. Drei Monate später hat er seine Lizenz. Damit aber nicht genug, denn kurz darauf kauft er sich ein eigenes Flugzeug, einen Doppeldecker von De Havilland, Typ Gipsy Moth. Er tauft ihn auf den Namen »Madame Elijah«.

Über 80 Jahre später schiebt das Segelschiff namens GIPSY MOTH ordentlich Lage, als wir auf die Südküste hinter Cowes zusegeln. Wasser weht über Deck, über die Seereling, der Wind hat den Himmel über Südengland komplett freigeblasen. Hinter Saltonstall steht Rollason, schiebt sich das Käppi in die Stirn, damit es nicht von dannen fliegt. Sein Gesicht ist wettergegerbt, sein Haar rostfarben. Natürlich weiß er um das Leben von Chichester, kennt dessen Geschichten. Die wilden, die schönen. Die bitteren, die traurigen. Ihm genügt ein Satz, den er in den Wind schickt. »Chichester hat sich nie lange bitten lassen. Wenn er für eine Sache Feuer gefangen hatte, brannte ein ganzer Wald in ihm.«

So geschieht es. Als Chichester sich damals in England sein eigenes Flugzeug kauft, geht es erst richtig los mit den Abenteuern. Er löst die Leinen – im Inneren wie im Äußeren, im Kleinen wie im Großen. Einen Monat lang fliegt er mit seinem Doppeldecker über das Land seiner Kindheit. Er steuert die Maschine über das alte Haus der Familie, die Höfe und die Felder der Grafschaft Devon. Ohne Karte, ohne Plan. Orientierung bieten ihm die Eisenbahnschienen. Bald fliegt er zum ersten Mal über den Englischen Kanal, fliegt rüber nach Frankreich. Starten, landen. Fliegen. Meilen sammeln. Im Dezember 1929, auf dem Flugfeld von Croydon, macht er schließlich eine Ansage, die selbst die Bodencrew im Hangar erblassen lässt. Chichester verkündet, er wolle bald nach Australien zurück. Wohlgemerkt: zurückfliegen. Mit seinem Doppeldecker, allein. Erst ein Mensch hatte so einen Trip zuvor gewagt: mit einem kleinen Flugzeug ans andere Ende der Welt fliegen, von Land zu Land, von Landebahn zu Landebahn – bis nach Australien in 15 Tagen.

Bald hebt Chichester tatsächlich ab, und es wird eine heikle Reise. In Libyen überlebt er eine Bruchlandung und muss einen Ersatzpropeller aus London organisieren, dann fliegt er weiter. Er schafft die 20.300 Kilometer bis nach Australien in einer addierten Flugzeit von nur 180 Stunden.

Daraufhin wird er als Pionier bekannt, als wagemutiger Gentleman, und schreibt sein erstes Buch, *Solo to Sydney*, das 1930 erscheint. Von da an lesen sich seine Taten wie eine Serie von Tollkühnheiten. Im nächsten Jahr fliegt er als erster Mensch über die Tasmanische See, landet auf zuvor montierten Kufen im Wasser, kracht vornüber und überlebt. Dann will er mit seinem Wasserflugzeug einmal den gesamten Erdball umrunden. Und auch das geht er an. Unerschrocken, weiter, weiter. In Japan, in der Nähe des Hafens von Katsuura, rast er in eine Telegrafenleitung, stürzt ab und überlebt nur knapp. Im Hospital wacht er auf, mit 13 Knochenbrücken und einem Wust aus Verbänden um den Körper.

Fünf Jahre wird es dauern, bis Chichester sich von diesem Unfall erholt hat. Doch der innere Wald brennt noch immer. Er kauft sich eine neue Maschine, diesmal eine De Havilland Puss Moth, und fliegt erneut los. Von Sydney nach London, einmal über ganz Asien.

Im Zug seiner Eskapaden lernt er in diesen Jahren eine Dame kennen, sie heißt Sheila Craven und scheint kaum unerschrockener als er. Als sie 1937 heiraten, stellt sie jedenfalls keinerlei Versuche an, ihn von seinen Vorhaben abzubringen. Im Gegenteil, sie ermutigt ihn sogar, wie Biografen schreiben, »aus vollem Herzen«.

Der Zweite Weltkrieg beginnt. Erfolglos versucht Chichester, der Royal Air Force beizutreten, wird jedoch dreimal abgewiesen, denn er ist kurzsichtig und leidet unter einer Hornhautverkrümmung. Stattdessen heuert er bei der britischen Navigationsschule an und verfasst für das britische Luftfahrtministerium Handbücher zur Navigation in der Luft. Für Kampfpiloten wird er bald sogar neue Methoden der Navigation entwickeln. Nach dem Krieg ist sein Tatendrang ungebrochen. Diesmal gründet er ein Kartografieunternehmen, noch am selben Tag, an dem er ins zivile Leben zurückkehrt. Mit seiner zweiten Frau baut er das Geschäft auf, verkauft Landkarten und Reiseführer, und die Firma Francis Chichester Ltd. macht sich gut.

Der Pfarrerssohn hat es weit gebracht. Ein Selfmademan im besten Sinne. Er hat sich in all diesen Jahren obendrein als Immobilienmakler versucht, hat als Holzfäller geschuftet und ist Pilot geworden. Obendrein hat er die Welt bereist, ein Buch geschrieben und ein eigenes Unternehmen gegründet. Vom Fliegen allerdings nimmt er nun Abstand. In den 1950er-Jahren beginnt das Zeitalter der großen Flugzeuge, der Jets und der kommerziellen Luftfahrt. Chichesters Lust am Abenteuer ist deshalb jedoch nicht erloschen. O nein! Immer weiter sucht er nach neuen Ideen und neuen Herausforderungen. Nach mal mehr, mal weniger pragmatischen Wegen, für das Leben zu brennen. Ein Dasein als reiner Geschäftsmann kann ihn dabei wenig locken. Zu trocken, zu tumb ist ihm das Ganze. Verkaufszahlen, Verträge, Vereinbarungen – für ihn sind das eher fade und blutleere Angelegenheiten.

Und dann kreuzt auf einmal dieser Bruder des Fliegens seinen Weg. Ja, natürlich! Auch hier geht es um Flügel, um Formen des Auftriebs und Vortriebs. Die entsprechenden Vehikel üben einen Reiz aus, dem Chichester ebenfalls nicht widerstehen kann. Reisen, vorankommen. Unabhängig und frei sein. Das ist, ohne Frage, ganz nach seinem Geschmack. Chichester entdeckt nun also das Segeln: 1953 kauft er sich prompt seine erste Yacht und tauft sie auf den Namen GIPSY MOTH. Und er kann zu diesem Zeitpunkt noch nicht wissen, dass es ebenfalls ein Segelschiff sein wird, mit dem er durch die dunkelsten Zeiten seines Lebens navigieren soll.

Kurz vor Cowes herrscht Chaos. Hunderte Yachten nähern sich dem Ende der Regatta, drängen sich ins Nadelöhr vor der Ziellinie. Eine Wende folgt auf die nächste, das Segeln wird zur Arbeit. Skipper Dick lässt das Groß fieren, wieder dichtholen, er nutzt jeden Meter seines Kursrechts aus. Zwei, drei Yachten kommen bedenklich nah heran, schneiden den Kurs, ziehen nur wenige Meter vor uns vorbei. Hier und da wird geschrien: »Wenden, verdammt noch mal, wenden!«

Unten hängt alles schief, als die GIPSY MOTH IV den letzten Anlieger hoch am Wind fährt, mit weit über 30 Grad Krängung.

Tampen und Trockentücher baumeln in der Kajüte, und man wünscht sich den legendären kardanisch aufgehängten Sessel herbei, den Chichester sich für seine lange Reise damals hatte einbauen lassen. Darin saß er gemütlich und halbwegs horizontal in der Kajüte, selbst wenn seine »Motte« noch so heftig durch die Seen stieg. Ich schiele kurz runter in den Salon. Genau dort unten saß er also in seinem schaukelnden Seesessel und zapfte sich sein Bier. Ein großes Fass Ale hatte er sich ebenfalls für seine große Ozeanfahrt installieren lassen, samt bordeigener Zapfanlage.

Als die »Motte« die letzte Wende vollführt hat und schließlich unter dichtem Yachtengetümmel ins Ziel fährt, hat man den leisen Eindruck, dass sie sich nach den alten Tagen zurücksehnt. Wie ein weit gereister Fregattvogel mutet sie an, neben all den Yachten von heute. Nein, bloß nicht auf nervösem Zickzackkurs um eine Insel herumsteuern. Lieber die Segel tagelang, wochenlang auf einem Bug stehen lassen, einen weiten Kurs nehmen und für Monate auf die großen Meere hinausfahren. Begleitet nur vom stillen Applaus der Wellen, vom Wind, vom Himmel. Sonst nichts.

Chichester muss insbesondere diese entrückten Momente gemocht und vielleicht sogar geliebt haben. Niemand weiß es genau, doch vielleicht waren es eben jene unbeschreiblichen Wochen auf See, die ihm am Ende sogar sein Leben zurückgaben.

Im Jahr 1958 betritt Chichester ein Krankenhaus, heraus kommt er mit einer bösen Nachricht: Lungenkrebs, unheilbar. Die Ärzte geben ihm sechs Monate, mehr nicht. Unter Umständen könnten sie ihm noch einen Lungenflügel herausschneiden und dadurch sein Leben verlängern. Um ein paar Monate vielleicht – ein Hauch mehr von diesem Leben. Chichester lehnt ab. Mit seiner Frau geht er nach Südfrankreich, um dort eine holistische Therapie zu beginnen. Er wird Vegetarier und soll es für den Rest seiner Tage bleiben. Er hält sich tapfer in diesen schweren Monaten, ohne eine Ahnung, wie lange es noch gehen wird. Seine Frau pflegt ihn nach Kräften und macht ihm Mut. Chichester, dünn und zäh wie eine Spiere, spaziert über die französischen Feldwege, blickt über die Klippen aufs Meer und besteigt zwischendurch immer wieder mal ein Segelschiff.

Dann kommt das Jahr 1959 – und mit ihm wieder so eine verrückte Idee. Sein Freund Herbert »Blondie« Hasler, Mitglied des Royal Ocean Racing Club, tritt auf einmal die bis dato unerhörte Idee los, ein Rennen auszurufen. Eine Wettfahrt unter Segeln von England nach New York, einmal über den gesamten Atlantik. Teilnahmegebühr: ein Halfpence.

So etwas hatte es noch nie gegeben. Edmund Hillary und Tenzing Norgay waren 1953 auf dem Mount Everest gewesen, 1957 hatten die Russen ihren Sputnik in den Orbit geschossen. Aber so was? Wochen auf dem offenen Ozean, Tausende Seemeilen nur mit dem Wind, aus reiner Abenteuerlust – und das alles allein auf einer kleinen Segelyacht?

Chichester, lebenslüstern, fackelt nicht lange. Er sagt zu. Sofort. In einem Interview, das er später der *New York Times* geben wird, erinnert er sich an diesen Moment. »Rückblickend wundere ich mich selbst, wie blauäugig ich war, als ich mit dem Ozeansegeln begann. Meine einzige Erfahrung mit Meer und Seemannschaft bestand im Grunde darin, ein Wasserflugzeug handhaben zu können.«

Am 11. Juni 1960 geht es los. Kein Zaudern, weiter, weiter. Chichester und seine Kontrahenten setzen die Segel und fahren von Plymouth hinaus auf See. Die kühne Wettfahrt über den großen Teich trägt den Namen OSTAR: Original Single-Handed Trans-Atlantic Race. Chichester erreicht den Hafen von New York am 21. Juli 1960. In 40 Tagen ist er, inzwischen auf seiner GIPSY

MOTH III, über den Atlantik gesegelt – eine Woche schneller als Hasler und die anderen drei Yachten, die mit von der Partie sind.

Chichester geht als Sieger in die Segelgeschichte ein. Im Yachtclub von New York werden Reden gehalten, Champagner fließt. Doch Ruhm und Ehre dürften Chichester wenig interessiert haben. Er lebt. Und er lebt weiter. Seine Segelreise von Plymouth nach New York, so sagt er später einmal, sei Teil seiner Hoffnung gewesen, die Krankheit zu besiegen. Vielleicht glaubt er an die Seeluft, die in seine Lunge strömt, an das Salzwasser, das ihm ins Gesicht fliegt. Vielleicht glaubt er auch an das Meer. An den Himmel, die Fische, den Regen, den Wind – und am Ende an alles zusammen.

Zwei Jahre später, 1962, segelt er die nächste Ausgabe des Atlantikrennens noch einmal. Diesmal wird er Zweiter, schafft die Reise unter Segeln jedoch in 33 Tagen, noch einmal sieben Tage schneller als zuvor.

Das Meer, der Wind – und die Schiffe, die nicht mehr als diese beiden Zutaten benötigen. Außer vielleicht noch ein paar verlorenen Seelen, die auf ihnen sitzen und dabei zuschauen, wie die Boote übers Meer segeln, übers Meer fliegen. Das alles war offenbar das wirkmächtigste Medikament, das Chichester auftreiben konnte. Er schluckte es fortan regelmäßig. Soff es geradezu. Mehr und mehr davon, weiter, weiter. Nach dem Atlantik kam die vierte »Motte«, dann kam Australien. Die ganze Welt, im Segelboot.

Aus den sechs Monaten, die man ihm gegeben hatte, wurden am Ende 13 Jahre. 13 Jahre Leben und Tausende Seemeilen Wind und Meer. Sir Francis Chichester starb erst im August 1972. Er wurde über 70 Jahre alt.

Und wenn einer diesen Spruch aus vollem Herzen aussprechen konnte, dann er. »Ich segele, also bin ich.«

VOM GLÜCK DES SCHWEIGENS

THEODOR FONTANE

238

Die Einladung zum Segeln bekam der große Meister per Brief. Am Vormittag des 6. Juli 1874 hielt er das Schreiben eines Unbekannten in Händen, öffnete den Umschlag und las die Zeilen: »Sehr geehrter Herr. Es würde mich außerordentlich freuen, Sie an einer Bootsexpedition teilnehmen zu sehen, die seitens der ›Sphinx‹ am 7. früh von Köpenick aus unternommen und bis Teupitz ausgedehnt werden soll. Es handelt sich um ein Vordringen bis zu den See- und Quellgebieten der Wendischen Spree, Gebiete, die selbst Ihnen vielleicht auf Ihren märkischen Wanderungen unerschlossen geblieben sind.«

Der verehrte Herr, der hier auf eine dreitägige Spritztour durch die Teupitzer Seen und Flusswelten südlich von Berlin gebeten wurde, war niemand anderes als Theodor Fontane. Der Schriftsteller, der heute zu den Klassikern der Literatur zählt, war damals 55 Jahre alt und gerade dabei, die Mark Brandenburg zu erkunden. Er suchte Stoff für seine Gedichte und Romane, vor allem für die aufkommende Gattung von Reiseberichten, die damals viele lasen.

In ihren Beschreibungen der verschiedensten Landstriche verwoben die Autoren seinerzeit Historie und Poesie, ergingen sich in schwelgerischen Worten über Mensch und Natur und versuchten, einer Gegend ein literarisches Gesicht zu geben. Und die Mark Brandenburg hatte noch keinen Autor gefunden. Fontane notierte: »Jede Quadratmeile märkischen Sandes hat ihre Geschichte, nur erzählt, gefunden muss sie werden. Es fehlt östlich der Elbe noch die Wünschelrute, die den Boden berührt und die Gestalten entstehen macht.«

Da kam der Ruf zu einer Segelpartie durch diese Gegend gerade recht. Die Wälder, Wiesen und Schlösser vom Wasser aus sehen, die Welt aus der Perspektive der Bootsplanken betrachten: Für Fontane war das Neuland – und für seine Feder eine spontane Verlockung. Der Brief schloss mit den Worten: »Einer brieflichen

Rückäußerung bedarf es nicht; ich und einige Freunde sehen Ihrem Eintreffen am 6. Juli abends mit Bestimmtheit entgegen. Sie finden uns an Bord.«

Das Schiff, die besagte SPHINX, würde an der Südspitze der Köpenicker Schlossinsel vor Anker liegen und auf ihn warten. Und immerhin, hier sollte einer der größten deutschen Autoren seinen Fuß auf ein Segelboot setzen.

Es sind, aus heutiger Sicht, so kuriose wie seltene Szenen, die diese drei Tage hervorbrachten. Komische, teils bizarre Skizzen eines Binnentörns, verfasst von einer Landratte. Aber ja nun mal nicht irgendeiner. Fontane bei seinem Segeltörn aus heutiger Sicht noch einmal über die Schulter zu schauen, das ist wie eine Zeitreise in ein vergessenes Deutschland – aber auch in die Geschichte des Segelsports.

Die Einladung zum Segeln versetzte Fontane in eine Aufregung, als handele es sich bei dem Vorhaben um ein Vordringen zur Quelle des Nils. Prompt beugte er sich über eine Karte, die er zur Hand hatte. »Ich war sofort entschlossen, an der Expedition teilzunehmen, breitete den Kreis Teltow vor mir aus und schwelgte in den blauen Seeflächen.« Er hatte damals ein prächtiges Revier vor sich. Jene Gebiete, in denen die Spree und die Wendische Spree, heute die Dahme, zusammenfließen und in mehrere Seen münden. Ein deutsches Amazonien, das Fontane so beschrieb: »Ein Befahren dieses Flusses bewegt sich in Gegensätzen, und während eben noch haffartige Breiten passiert werden, auf denen eine Seeschlacht geschlagen werden könnte, drängt sich das Boot eine Viertelstunde später durch so schmale Défilés, dass die Ruderstangen nach rechts und links hin die Ufer berühren.«

Dazwischen: Erdtrichter, Krater, Pfuhle und Tümpel, in denen selbst das flachgehendste Boot auf Grund laufen muss. Wenige Dörfer, keine Städte. Vor Fontanes Augen öffnete sich eine herrlich wässrige Walachei, die man damals die »Wendei« nannte. Fontane: »Selbst der Eisenbahnzug geht nur wie eine Erscheinung durch sie hin.«

Am Abend trifft er am Köpenicker Ufer ein und nimmt ein Beiboot zur Yacht. Still und friedlich liegt die SPHINX »unter einem Dach weit vorgestreckter Ulmenzweige«. Ein leiser Rauch steigt aus der Kombüse und verfliegt in der lauen Sommerabendluft. Fontane greift in die Taue und Wanten, springt an Bord und lernt die Besatzung kennen. Kapitän Backhusen steht vor ihm, der Mann, der ihm den Brief geschrieben hat. Des Weiteren sind ein Leutnant Apitz an Bord und der Supercargo Nettermann. Die drei sind Mitglieder eines der frühen Seglerclubs und werden unterstützt vom einzigen »Nicht-Gentleman« an Bord: dem Faktotum Mudy. Dieser dient als Vollmatrose, Koch und Kajütsjunge, sein halbes Leben hat er auf Kalk- und Torfkähnen zugebracht.

Die Herren begrüßen sich. Fontane mustert staunend das Schiff, dann plaudern sie ein bisschen über den Törn und die Schriftstellerei, über Gott und die Welt. Fontane macht große Augen, als schließlich der Proviant an Bord gebracht wird. Drei Träger stiefeln mit großen Deckelkörben heran und reichen Essen und Trinken in Einzelstücken vom Ufer aus aufs Boot: »120 Flaschen Tivolibier, 120 Flaschen Sodawasser, 30 Flaschen Bordeaux, 3 Filets, 2 Schock Eier, 1 Butterfaß, 1 Zuckerhut, 1 Baumkuchen, 6 Flaschen Scharlachberger und 1 Dutzend Flaschen Champagner.« Alles verschwindet im Rumpf der Yacht, die Butter und das Fleisch lagern auf großen Eisblöcken, und bald ist auch die letzte Buddel verstaut. Fontane wundert sich: Was haben die Herrschaften vor? Wollen wir ins Nordmeer aufbrechen?

Matrose Mudy braut im Vorschiff Tee, während Fontane und die Herren auf der Rundbank zwischen Steuer und Niedergang sitzen und reden. Auf der dunklen, breiten Wasserfläche spiegeln sich die Sterne, die Lichter der Häuser und Villen, die versteckt an den grünen Ufern stehen. Dann will Fontane mehr über das Boot und seine Bauart wissen. Die SPHINX – der Name klingt recht hochtrabend – sei eine der schönsten Yachten im Club, erzählt stolz der Kapitän. Genauer aber wird er die Yacht nicht bezeichnen und benennen können. Denn definierte Bootstypen oder Bootsklassen gibt es noch gar nicht.

Dies war, so könnte man sagen, die Geburtsstunde des Segelsports. Yachten für Privatleute, die sich auf Regatten messen und die heimischen Gewässer erkunden, waren damals ein Novum. Die Fischer besaßen ihre Boote, die Kapitäne im Frachtgewerbe ihre Kähne und die Reeder ihre Vollschiffe, die über die Meere fuhren. Dass jedoch ein Privatmann ein Segelschiff besaß und dieses auch noch aus Lust am Abenteuer ausfuhr – nein, so hatte man den Begriff »Freizeitspaß« zuvor noch nie verstanden.

Doch nun waren erste Werften dabei, Boote und Schiffe für Privatleute zu bauen, die lustig und betucht genug waren, das Segeln umzudeuten: zu einem Sport. Vermutlich war die SPHINX dabei eine Art Vorläufer eines Jollenkreuzers – um die zehn Meter lang, derb und massiv gebaut, ausgestattet mit unhandlichen Gaffelsegeln, Schwert und Kajüte. In der Bilge lagerte ein Innenballast, und es gab noch keinerlei Normen und Klassenregeln, jedes Schiff war ein Einzelstück. Beim Bau eines so kuriosen Dinges wie einem »Sportboot« orientierten sich die Werften an den Kähnen der Fischer, beim Innenraum allerdings eher am Möbelbau. Hier entstand schließlich eine völlig neue Bootsgattung. Und natürlich gab es auch noch keinerlei Infrastruktur für irgendeine Form des Bootssports. Keine Häfen und keine Anleger. Keine entsprechenden Seekarten und keine schicken Segeluniformen.

Fontanes kleine Segelfahrt durch die Mark Brandenburg ist auch darum heute so interessant: Die Reise steht für einen Wandel in der Gesellschaft, sie steht generell für das aufkommende Phänomen namens »Sport«. Für den ungeheuren Luxus, sich seine Zeit überhaupt frei einteilen zu können und dabei auch noch so etwas Unerhörtem wie der körperlichen und geistigen Ertüchtigung nachzugehen. Ein beachtlicher Sinneswandel. Was über Jahrhunderte harte Arbeit gewesen war, wurde auf einmal in leidenschaftlichen Zeitvertreib umgedeutet: Segeln – zum reinen Vergnügen!

Die Herren unterhalten sich über die aufkommenden Segelvereinigungen. Kapitän Backhusen erklärt: »Ich weiß nicht, um welche Zeit unser Club ins Leben trat, aber seit einer Reihe von Jahren ist er da. Er hat wohl an die 100 Mitglieder. Zwischen Treptow und dem Eierhäuschen ankert seine Flottille, die eine Musterkarte schöner und lieblicher Namen aufweist.« Auch berichtet der Kapitän von ersten Regatten, die sie bestreiten würden, von Preisrichtern und Pokalen, Chronometern und Flaggen, die zum Einsatz kämen.

Und es herrschte offenbar schon ein sehr kameradschaftlicher Geist unter den frühen Seglern, als Folge »gemeinschaftlich überstandener Gefahren«. Denn ungefährlich war das Segeln zu Fontanes Zeiten nicht. Selbst nicht auf den vermeintlich geschützten Binnengewässern.

Der Kapitän erzählt dem Schriftsteller prompt von so manchen Hinterlistigkeiten, die da draußen auf dem Wasser warten würden. »Aller Sport hat seine Gefahr, aber keiner mehr als der Segelsport. Ob es an uns liegt oder an der Perfidie unserer Gewässer, lasse ich dahingestellt sein; nur so viel, es vergeht kaum ein Jahr, wo nicht die Spree ihre Opfer fordert. Und immer nimmt sie uns die Besten.«

In der Tat, so einige Segler kenterten und ertranken damals. Vor allem der Müggelsee muss tückisch gewesen sein. Plötzlich aufkommende Winde legten die Yachten auf die Seite, und selbst gute Schwimmer »verfilzten« sich im Schilf und gingen auf Tiefe.

Die Wendische Spree hingegen nutzten die Segler weiland für ihre Regatten. »Eine pompöse Wasserfläche, die Themse bietet nichts Ähnliches«, trompetet Kapitän Backhusen.

Beim Café Lubow, zwischen Köpenick und Grünau, begannen die Segelbahnen, durchschnitten der Länge nach den Langen See und liefen an der Krampenbaude vorbei auf das Flaggenschiff zu. Und schon damals befasste man sich mit einem komplizierten Regelwerk, um die Leistungen der unterschiedlichen Schiffe und Mannschaften fair zu bemessen.

Kapitän Backhusen doziert sogleich über die Herausforderung, das Segeln vergleichbar zu machen. »Das Schiedsrichteramt ist das Schwerste von allem. Es handelt sich nämlich immer wieder darum, durch minutiöseste Rechnungen festzustellen, wie viele halbe und viertel Sekunden Vergütigung jedes Boot im Verhältnis zu seiner Größe zu empfangen oder zu gewähren hat. Nur nach dem Resultat dieser Berechnung werden die Preise verteilt, so dass es vorkommen kann, dass das drittschnellste Boot leer ausgeht und das drittlangsamste gewinnt.«

Fontane ist beeindruckt und will am liebsten gleich einer solchen »Wettfahrt unter vollen Segeln« beiwohnen. Die Szenen sollen dramatisch sein bei diesen Rennen, »wenn es stark windet und nun allerhand Unberechenbarkeiten zu Havarien führen und Boot und Mannschaft mit Niederlage bedrohen«.

Den Booten brachen damals nicht selten die Masten, ganze Takelagen krachten in den Seddiner See, andere Boote fuhren sich fest oder ihnen platzten vom Segeldruck die Verbolzungen der Wanten. Eine Yacht namens STURMVOGEL zog bei einer Regatta Wasser, und die an den Schoten kauernden Fockaffen mussten Gummiplatten auf die Lecks nageln, um nicht zu sinken. Bei der UNDINE riss auf einer Wettfahrt der Leitwagen aus, wonach die Segler sich »als lebender Ballast auf den Leitwagen hockten und sich halb durch die Wellen schleppen ließen«. Nun, an dramatischen Schilderungen des Segelns jedenfalls mangelte es schon damals nicht.

Und Fontane scheint diese windige Angelegenheit nach all den Geschichten nur noch mehr zu reizen. Obwohl sie bislang nicht einmal abgelegt haben, wird er fürs nächste Jahr zur Regattasaison eingeladen.

Doch die Seglergemeinde um die Gewässer Berlins hatte Mitte des 19. Jahrhunderts keineswegs nur Sportsegeln im Sinn. Einige Segler zwischen dem Café Lubow und der Krampenbaude wurden zu Chinafahrern ausgebildet, darunter ein Viktor von Graefe. Schon 20 Jahre zuvor hatte er in Stettin eine Brigg bauen lassen, sie befrachtet und war mit ihr nach England gesegelt. Von Graefe wurde Schiffsreeder und Kapitän zugleich und nahm sich einige der frühen Berliner Segler zur Mannschaft. Sie fuhren Fracht bis nach Ceylon, weiter nach Hongkong und in die ostasiatischen Gewässer, zurück ging es mehrere Male über die Route Singapur und Kalkutta. Sie transportierten Tee und Reis, rundeten Kap Hoorn, verdienten auf ihren Reisen offenbar einen Haufen Geld und tauchten erst drei Jahre später wieder an der pommerschen Küste auf.

Fontane sitzt an Bord der SPHINX und lauscht wie verzaubert den Erzählungen aus der Welt des Segelns. Es kommt ihm vor, als würde ihm jemand aus einem Abenteuerroman vorlesen. Es wird Mitternacht an diesem ersten Abend auf dem Wasser, draußen leuchten die Johanniskäfer im Gebüsch, oben die Sterne. Laut Fontanes Schilderungen nimmt die illustre Runde dabei so einige »energische Getränke« zu sich, aber dann mahnt Kapitän Backhusen zum Schlafen, und die Herren begeben sich in die Kojen. Mit einem Windlicht im Cockpit gegen die Mücken und Motten »schliefen wir unbelästigt unserem ersten Reisetag entgegen«.

Als Fontane am nächsten Morgen erwacht, womöglich nicht ganz ohne schweren Kopf, sind sie bereits unterwegs und ziehen von Köpenick nach Dolgenbrodt, die SPHINX unter vollen Segeln. Eine scharfe Morgenbrise weht sie den Langen See hinauf. Sie frühstücken unten in der Kajüte, laut Fontane ein nur zehn Fuß im Quadrat messender Raum. Mudy trägt auf, es gibt frisches Wasser, frische Milch und frische Semmeln.

Oben in der Plicht schweift Fontanes Blick über die herrliche Landschaft und den weiten See. Eine Welt, die er später in seinem Werk *Wanderungen durch die Mark Brandenburg* so beschreiben wird: »Sein Wasser ist hellgrün, frisch und leichtflüssig; Hügel mit Feldern und Hecken fassen ihn ein, und außer der schmalen Halbinsel, die das Schloss trägt und sich bis tief in den See hinein erstreckt, schwimmen große und kleine Inseln auf der schönen Wasserfläche umher.«

Vor allem aber fasziniert ihn immer wieder das Vehikel, das ihn über das Wasser trägt. In der Kajüte mit ihrer »kompendiösen Einrichtung« fehlt es an nichts, wie er sich in seinem Werk später erinnert. »Von der in Zapfen hängenden, alle Bewegungen des Bootes mitmachenden Lampenvorrichtung an bis zu der kleinen Druckmaschine, die die Zigarrenspitzen abschneidet, war alles da. Flaschen, Gläser und Flacons standen eingepaßt in ihren Behältern; überall Polster und Kissen, jeder Gegenstand des Komforts und der Toilette vertreten. Eß- und Spieltische konnten aufgeklappt oder ausgezogen werden.«

Man darf sich heute noch wundern, wie nobel und beinahe luxuriös die Herrschaften damals durch die Lande kreuzten. Trotz des derben Schiffbaus muss es in der Kajüte ausgesehen haben wie in einem englischen Salon. Vor dem Bug indes: die Wald- und Wasserlandschaft der Mark, dazu blauer Himmel und Sonne, untermalt von einem grauen Nebelschleier, der hier und da über das Wasser geistert.

Bald erreichen sie eine haffartige Stelle, wo vier Seen aufeinandertreffen. Der Lange See, der Seddiner See, die Krampe und der Zeuthener See. Der Nordwester wird stärker, inzwischen fliegt die Gischt. Um einen besseren Ausblick zu haben, klettert Fontane ein Stück die Wanten hoch. Und ist entzückt.

An der Schmöckwitzer Brücke kommt die halbe Dorfjugend herbeigelaufen, um sich dieses fantastische Gefährt unter Segeln anzusehen. In den einfachen dörflichen Gegenden des Hinterlands muss es damals gewirkt haben, als würde eine Bande übermütiger Fantasten des Weges schweben.

Nach einem kurzen Stopp segeln sie weiter zur Südspitze des Zeuthener Sees. Damals noch eine deutsche Wildnis voller Natur und verwunschener Winkel. In einer alten Chronik aus der Zeit heißt es: »Der Dreißigjährige Krieg kam nicht hierher, weil ihm die Gegend zu arm und abgelegen war.« Die Fahrt mit der SPHINX muss fast einer Art Entdeckungsreise gleichgekommen sein. Viele Flussläufe, Auen und Seeufer waren damals vermutlich erst von sehr wenigen Boote angesteuert worden.

Auf dem Dolgensee schließlich: Flaute. Sie schweben in der einsamen Wasserwelt wie in einem Ölgemälde. Am Abend fällt eine tiefschwarze Dunkelheit über den See, und sie ankern hinter Bäumen und Rohrgehegen inmitten dreier Torfkähne, die ebenfalls dort liegen. Mudy hängt die Sturmlaterne auf, die sie als warnendes Ankerlicht nutzen. Kapitän Backhusen zeigt auf eine dunkle, sternlose Stelle am Horizont und runzelt die Stirn. Er befürchtet, dass über Nacht ein Sturm, vermutlich ein Gewitter, heraufzieht. Und erklärt so dramatisch wie feierlich: »Zieht ein Wetter herauf und diese drei ›großen Christophs‹ reißen sich los, so werden wir zerquetscht wie ein Polarschiff im Eismeer. Die Laterne tut nicht alles, aber viel. Wenigstens zeigt sie die Stelle, wo wir untergehen werden.« Darauf trinken sie noch einen. Und hauen sich in die Kojen.

In aller Herrgottsfrühe setzen sie ihren Streifzug durchs brandenburgische Niemandsland fort, wollen von Dolgenbrodt bis nach Teupitz segeln. Leutnant Apitz ist schon in der Nacht aufgestanden; er und Mudy angeln. Fontane später: »Ein guter Frühfang hatte ihre Anstrengungen belohnt. In einer neben ihnen stehenden Wanne zappelte es bereits von Schlei und Hecht, von Giesen und Karauschen, die für unser Mittagsmahl einen vorzüglichen zweiten Gang in Aussicht stellten.«

Es ist insgesamt ein erquicklicher Morgen. In dem fallenden Tau gibt sich die Natur »wie gebadet«, schreibt Fontane. Ein Flachboot fährt dicht an ihnen vorüber, ein junger Dolgenbrodter sitzt im Boot, mit angehängtem Fischkasten, und steuert stromabwärts. Dann geht die Sonne auf. Ein Glutball hinter dünnem Nebel.

Fontane saugt alle Eindrücke in sich auf. Die seglerischen und die nicht seglerischen. Und wie sah das Leben damals aus, an diesen so wenig belebten Ufern? Vor den Häusern stehen Birnbäume, zur Hälfte vermoost, oben noch frisch und mit Früchten überdeckt. Bienen sind am Werk, am Stamm lehnt die Sense, zwischen den Zweigen hängt das Netz. Fontane wird dazu später schreiben: »In dieser Dreiheit lag das Dasein dieser einfachen Menschen beschlossen. Das Sammeln des Honigs, das Mähen der Wiese, das Fischen im Fluss. In so engem Kreislauf vollendet sich tagtäglich ihre Welt.« Und so kreuzen sie weiter, durch den »Zauber dieser Einsamkeitsdörfer«.

Seit sechs in der Früh ist die SPHINX unter Segeln. Der Wind flaut bald ab, und in einer Schmalung nehmen sie die großen Stoßruder, um sich von der Stelle zu schieben. Es dauert Stunden und endet in schweißtreibender Arbeit. In einer nächsten Bucht gehen sie vor Anker und besuchen einen nahen Reiherhorst. Nach einem Nachmittagsschlaf löst sich die SPHINX aus dem Schatten des flachen Ufers, immer neue Landzungen schieben sich durch die Kulisse, und bald gleiten sie aus der Schmölte in den Hölzernen See.

Und dann sitzen sie auf einmal fest. Fontane nennt es damals einen »Accident«, seltsamerweise auf Englisch. Es gibt kein Vorwärtskommen mehr, die SPHINX steckt im Modder und hat sich festgesogen. Und natürlich gab es damals keinen motorisierten Schlepper, keine Seenotretter um die Ecke, die zur Hilfe kamen. Die Herrschaften müssen selbst ran. Und was tun sie?

Versteckt hinter einem Schilfgürtel sehen sie ein Brückenwärterhäuschen. Mudy soll mit der kleinen Schiffsjolle übersetzen und wird »mit der Anfrage deputiert«, ob man bereit sei, den aus dicken Eisenplatten bestehenden Ballast der SPHINX zwei, drei Tage zu beherbergen. Denn genau das ist der Plan: die großen Eisenbarren, die im Rumpf als Ballast dienen, aus dem Schiff zu wuchten, um es leichter zu machen und aus dem Schlick freizubekommen. Abermals: Handarbeit, bis der Schweiß strömt. Alle packen mit an, hieven die schweren Platten aus der Bilge, setzen mehrmals mit dem Dingi über, um die sperrigen Gewichte vom Schiff zum Zollhaus zu schiffen. Ein reichlich derbes Manöver, heute fast unvorstellbar. Aber so bekommen sie ihr Boot wieder flott.

Kurz darauf schwebt die SPHINX am Brückenhaus vorbei. Die Herren an Bord schwenken vor Freude die Hüte und holen aus ihrem Waffenschrank zwei Vogelflinten. Zum Dank feuern sie mehrere Salutschüsse in die Stille, worauf eine Schar Krickenten aufgescheucht wird und kreischend über Wald und Wiesen in die Weite flattert.

Was müssen dies für Tage gewesen sein? Ein so herbes wie mondänes Abenteuer in einer leeren und heute längst versunkenen deutschen Traumlandschaft. Kaum Menschen, kaum Häuser. Viele Vögel, viel unbeflecktes Wasser. Und mittendrin dieses beflügelte Fahrzeug. Dieses Schiff unter Segeln, das auch für die Geburtsstunde des deutschen Segelsports steht. An Bord drei frühe Segelnarren, ein Arbeiter des Wassers und ein berühmter Schriftsteller. Fünf vermutlich ziemlich glückliche Seelen auf unstetem Boden. Es wird aus der ganzen Sache am Ende eine Eskapade, die zum Glück – wenn auch nur in kurzen und herrlich verklärten Szenen – in Fontanes späteren Schilderungen überlebt hat.

Es beginnt schon zu dunkeln, als sie zwischen Groß und Klein Köris in ein weiteres schwieriges, aus mehreren flachen Becken bestehendes Seegebiet fahren, das den Namen Moddersee trägt. Fontane darüber: »Das Wasser in diesen Becken stand nur etwa fußhoch über einem aus gelbgrünen Pflanzenstoffen bestehenden Untergrund, der so weich war wie ein mit Hilfe von Reagenzien eben gefällter Niederschlag. Unser Schiff durchschnitt diese reizlosen, aber für die Wissenschaft der Torf- und Moorbildungen vielleicht nicht unwichtigen Wassertümpel, die vor uns in smaragdner Klarheit, hinter uns in graugelber Trübe, wie ein Quirlbrei von Lehm und Humus, lagen.«

So nehmen diese drei kostbaren Tage ihren Lauf. Mudy setzt noch ein neues Segel, der Wind bläst hinein, und immer weiter und tiefer entschweben die fünf in die Quellgebiete der Wendischen Spree. Immer tiefer hinein in ein Gewirr aus Tümpeln und Engen, hinein in ein Bild aus Wasser, Sonne und Nebel.

Und nun, zum Ende des Törns, hören selbst die vom Segeln euphorisierten Herren plötzlich auf zu palavern. Sie lauschen den Wallungen des Bootes, dem Kleckern des Wassers, den feinen Regungen der Natur. Ein jeder für sich, ein jeder versunken. So sitzen sie an Bord, nur noch vor sich hin blickend und leise in die Welt sinnierend. Es ist dies einer der schönsten Momente, die man da draußen auf dem Wasser erleben darf. Damals wie heute – denn daran hat sich nichts geändert.

Genießen wir also zum Schluss Fontane. Für die bis heute vielleicht größte Magie, die das Segeln kennt – auf dem Meer, auf einem

See, egal, wie groß das Schiff, egal, in welchem Revier –, der schreibende Feingeist fand dafür folgende Worte:

»Es wurde still und stiller an Bord. Jene Schweigelust überkam uns, die nach einem schönen, an Bildern und Eindrücken reichen Reisetage auch den Heiter-Gesprächigsten anzuwandeln pflegt und, weder in Ermüdung noch in Verstimmung wurzelnd, ihren Grund in dem plötzlichen Berührtwerden vom Ausgehen allen Glückes, von der Endlichkeit aller Dinge hat.«

ZU DEN GESCHICHTEN

Die vorliegenden Porträts und Reportagen wurden im Laufe der letzten Jahre in verschiedenen Publikationen gedruckt. Hier sind sie erstmals in einem Buch versammelt – in ihren ungekürzten Fassungen und vom Autor noch einmal überarbeitet. Als Grundlage für die historischen Rekonstruktionen dienten Biografien, Autobiografien, Material aus Archiven, alte Zeitungsberichte, Quellen im Internet sowie, wenn möglich, Gespräche mit Zeitzeugen. Für die Porträts der zeitgenössischen Segler traf der Autor die Protagonisten unterwegs auf ihren Reisen und Schiffen oder auch bei der Ankunft nach langen Ozeanetappen. Für die Recherchen reiste er unter anderem nach Schweden, Frankreich, England, Malta sowie in die Türkei.

LITERATUR

Autor und Verlag danken den Kollegen anderer Verlage, die die Abdruckrechte für die verwendeten Zitate gewährt haben. Diese Bücher sind mit einem *Stern gekennzeichnet. Alle anderen Titel sind lediglich mittelbar in die Texte eingeflossen oder dienen zur tiefergehenden Information der interessierten Leserschaft.

Autor und Verlag haben sich bemüht, sämtliche Rechteinhaber ausfindig zu machen. Sollten dabei Fehler unterlaufen sein, bitten wir um Nachricht an den Verlag.

VORWORT

* Roger Willemsen: *Wer wir waren. Zukunftsrede.* S. Fischer, Frankfurt a. M. 2016 (S. 12, 13)
* Antoine de Saint-Exupéry: *Die Stadt in der Wüste.* © 1956 und 2009 Karl Rauch Verlag, Düsseldorf (S. 13)

KAPITEL 1: BERNARD MOITESSIER

* Bernard Moitessier: *Tamata,* Aequator Verlag, Sipplingen 2015 (S. 22, 25)
* Zitat von Donald Crowhurst aus: https://www.spiegel.de/geschichte/golden-globe-race-1969-donald-crowhurst-segelte-sich-um-den-verstand-a-1114537.html (S. 29)
* Bernard Moitessier: *Der verschenkte Sieg.* Delius Klasing Verlag, Bielefeld 2022 (S. 31)

Ron Hall, Nicholas Tomalin: *Die sonderbare letzte Reise des Donald Crowhurst,* Piper Verlag, München 2016

KAPITEL 2: MATTHES SIERK

* Erich Fromm: *Haben oder Sein.* dtv Verlagsgesellschaft, München 2005. Copyright © 1976 Erich Fromm. Titel der englischen Originalausgabe: *TO HAVE OR TO BE?* Harper & Row Publishers, New York. © 1976 der deutschsprachigen Ausgabe: Deutsche Verlagsanstalt, München (S. 42)

Gerald Hüther: *Würde,* Pantheon, München 2019

Henry David Thoreau: *Walden,* Reclam, Ditzingen 2022

KAPITEL 3: GUY DE MAUPASSANT

* Guy de Maupassant: *Auf See.* © 2012 by mareverlag, Hamburg (S. 51, 53, 54, 56, 58, 59, 60, 61, 62)

* http://maupassant.free.fr/textes/mouche.html, nach: De Maupassant, Guy, *Die Fliege.* (S. 55)

Guy de Maupassant: *Die Fliege.* hörbuch.cc, 2020

KAPITEL 5: HANS ROGGE

* Hans Rogge: *Postadresse Südatlantik.* CW Nordwest Media, Grevesmühlen

KAPITEL 6: SCHIMMELMANN

* Laura Marholm: *Eine imposante, gewinnende Erscheinung. Die Evangelistin Adeline Gräfin von Schimmelmann,* in: *Hamburgische Kirchengeschichte in Aufsätzen, Teil 4,* Hamburg University Press, Bibliothek Hamburg; https://adelineschimmelmann.wordpress.com/quellen/die-zukunft/ Text von Laura Marholm (S. 98)

Ruth Albrecht, Martin Rosenkranz, Kristina Russeau: *Adlig, fromm, exentrisch. Adeline Gräfin von Schimmelmann.* Wachholtz, Neumünster 2010

KAPITEL 8: RUDOLF UDE

Rolf Ude: *Mein Schiff geht nach See.* Nach Briefen und Berichten gesammelt von Irmgard und Inge Ude. Klasing, Berlin 1936

KAPITEL 9: JACK LONDON

* Jack London, *Die Reise mit der Snark.*
© 2016 by mareverlag, Hamburg (S. 149, 151)

Jack London: *Martin Eden.*
LiWi Literatur- und Wissenschaftsverlag, 2019

Jack London: *Der Ruf der Wildnis.*
Reclam, Ditzingen 2021

Jack London: *Der Seewolf.*
Detebe Diogenes, Zürich 2001

Jack London. *Der Schriftsteller und das Meer.*
Delius Klasing, Bielefeld 2010

Thomas Ayck: *Jack London.* Rowohlt, Reinbek 2000

KAPITEL 10: SUZANNE VAN DER VEEKEN

* Zitat Suzanne van der Veeken: https://oceannomads.co/about/ (S. 177)

Suzanne van der Veeken: *OCEAN NOMAD: The Complete Atlantic Sailing Crew Guide - How to Catch a Ride & Contribute to a Healthier Ocean.* BigBuisiness Publishers

KAPITEL 11: ADO NOLTE

Lothar-Günther Buchheim: *Das Boot.*
Piper Taschenbuch, München 2015

KAPITEL 12: FRANK DYE

Frank and Margaret Dye: *Ocean Crossing Wayfarer.*
Bloomsbury Publishing, 2006 (englisch)

KAPITEL 14: CHICHESTER

Frances Chichester: *Gipsy Moth Circles the World.*
Policy PR, 2012 (englisch)

Frances Chichester: *Lonely Sea and the Sky.*
Summersdale Publishers, 2012 (englisch)

KAPITEL 15: FONTANE

Theodor Fontane: *Wanderungen durch die Mark Brandenburg.*
Spreeland. Beeskow-Storkow und Barnim-Teltow. Berlin 1882

MIX
Papier | Fördert gute Waldnutzung
FSC® C014496

Bibliografische Information der Deutschen Nationalbibliothek
Die Deutsche Nationalbibliothek verzeichnet diese Publikation in der Deutschen Nationalbibliografie; detaillierte bibliografische Daten sind im Internet über http://dnb.dnb.de abrufbar.

1. Auflage
ISBN 978-3-667-12515-6

Lektorat: Katja Ernst, Birgit Radebold, Johanna Schwarz
Coverbild: Silke Lipsmeier
Backcoverbild: Marc Bielefeld
Fotos: S.1 Bernard Moitessier: ullstein bild – mirrorpix; S. 2 Matthes Sierk: Marc Bielefeld; S. 3 Guy de Maupassant: Archives Charmet / Bridgeman Images (u.r.), mauritius images / The Picture Art Collection/ Alamy (o.), ullstein bild (u.l.); S. 4 der namenlose Wanderbootsbauer: Marc Bielefeld; S. 5 Hans Rogge: Marc Bielefeld; S. 6 Adeline von Schimmelmann: public domain / Peter Newland; S. 7 Yvan Bourgnon: Denis Tisserand (o.), Marc Bielefeld (u.l.), Yvan Bourgnon (u.r.); S. 8 Jack London: ullstein bild (o.), mauritius images / Pictorial Press Ltd / Alamy (u.l.), Jack London – Concerning the Snark, JLP 486 Alb. 48, p. 41, Jack London papers, The Huntington Library, San Marino, California (u.r.); S. 9 Suzanne van der Veeken: Marc Bielefeld; S. 10 Ado Nolte: Jutta Nolte; S. 11 Frank Dye: Marc Bielefeld; S. 12/13 François Gabart: Marc Bielefeld; S. 14 Sir Francis Chichester: mauritius images / mirrorpix / Alamy (o.), Ajax News / Alamy (u.); S. 15 Rudolf Ude: Rudolf Ude; S. 16 Theodor Fontane: ullstein bild
Einbandgestaltung und Layout: Felix Kempf, www.fx68.de
Druck: GGP Media, Pößneck
Printed in Germany 2022

Delius Klasing Verlag
Siekerwall 21, D - 33602 Bielefeld
Tel.: 0521/559-0, Fax: 0521/559-115
E-Mail: info@delius-klasing.de
www.delius-klasing.de